VISUAL IDENTITY IN CHICAGO

The Best of American Corporate Identity Design
アメリカのコーポレート・アイデンティティ／シカゴ編

稲垣行一郎編

CONTENTS

Murrie White Drummond Lienhart & Associates — 5

H₂O PLUS 10 / Marshall Field's 12 / Carter's 14 / Corporate Communications and Publishing 16/Industrial Design 18

Liska and Associates, Inc. — 19

Chicago Mercantile Exchange, GLOBEX 22/Quintessence paper, Bradley Printing Company promotion, Consolidated Papers, Inc. 24/Miraweb and Miragloss 26/ NEC CD-ROM, Magnum Photos, Inc., Burch Printing Inc. 28/ Marc Hauser, Shotwell, Tim Bieber 30/Montgomery Court Studios, PetroCap, Forma Three, The Wexan Group. Horticultural Design, American Society for Aesthetic Plastic Surgery, Information Industry Council, The IntarExchang Group, Martin Rogers, CHI, Van Kampen Merritt 32

Concrete — 33

Founders Financial Corporation 38/Peat Marwick 39/Wheeler Kearns 40/ Florabunda Ltd. 41/Triangle Ranch 42/Arthur Andersen & Co 43/ACE 44/ Donors Forum of Chicago 45/Pappageorge Haymes /46

Crosby Associates — 47

Illinois Tool Works Inc. Identification Program 50/Champion International Whitewater Series Identification Program 1990 51/First Chicago Marketing Communications 52/John Nuveen & Co. Incorporated Identification Progmam 53 / American Hospital Association Identification Program 54/American United Life Insurance Company Identification Program 55/Goldman, Sachs Funds Group Marketing Communications 56/Searle Identification Program 57/Andrés Fotolab Inc. Idenfication Program 58/Typographic Resource Limited Identification Program 59/U.S. Canoe and Kayak Team Identification Program 60

Frankel & Company — 61

A bucket of the best, Special K all the way, Scott Paper and Romald McDonald House on Video, Open house, Happy Birthday 65/Racy, Team Player 66/ Howdy Pardner, Team Spirit 67/A world of information at your fingertips, Art for life's sake, You deserve a raise! 68/Happy time! Happy meal! Join the Apple Corps! 69/Old Style Beer Insta-Win, Corvette-to-go, Look up! 70/New kids On The Block Party, A picture is worth a thousand yums! Ole! Mac Tonight! Focus on fajitas, Fajita Pin up 71/Corvette clout, Fun run, Noteworthy 72/The News Unfolds, World class, Rise and shine, Goods as gold 73/Rrrrring! Meet Pearl 74

Michael Glass Design — 75

Sekiguchi Design — 89

Yoshimation!™, Pink Whale Chocolatiers, Japan Air Lines 92/Marlboro Cigarettes, Reebok Sport Shoes 93/Magazine Cover, Magazine Insert 94/Compact Disc/Record Packaging, Promotional Campaign 95/McDonald's Seasonal and Educafional Promotion, Signage 96/Educational Aids, Children's Book 97/ Invitations and Greeting Cards, Animated Corporate Identity 98/Premium Thermal Mugs and Glasses, Bottles and Fine Glassware 99/Public Awareness Campaigns 100/Six-Step Animation with/Magic Lens ™ 101/Animated Logos 102

A. Ma Design — 103

MG Design Association, Corp. 106/First National Bank of Chicago. Personal Investment Department 107/Society of Typographic Arts. Patrons Night Announcement/Poster 108/Jolly Mon Salsa. product identification and Packaging 110/Marilyn Miglin Cosmetics. package design structure 111/Ten in One Gallery 112/RJ Imports/Red Stripe Beer 113/A New Age Restorative Approach 114/Life is Bliss, World Tattoo Gallery/Dennis Scott Productions, Creative Marketing Events 116

Qually & Company, Inc. — 117

Print Ads: Borg-Warner, Taito America, International Multifoods, Lange 120/ Crain's, Illinois Film Office, Standard Brands, Dynaquest 121/Broadcast(TV): IL Lottery, Bigsby & Kruthers 122/Broadcast(Radio): Chris Bohus for Chicago City Treasurer, Bigsby & Kruthers' 123/Multi-Page Brochures: Railvest, Magna Group, GATX Airslide Car, Bitter 124/Outdoor & Transit Posters: LEY, Illinois Lottery, Crain's/BMW Golf Challenge, MBC 125/Logos: CPA, APE, BAL, E.B. 126/I.D.Programo & Collateral: CPA, APE, Cityscape, BVA 127/Posters: Wilson, Pollock, Viking, Child Abuse 128/Packaging Design & Naming: INEX Timi, Arkanoid, Lottery 129/Our Own Products 130

Carol Naughton+Associates — 131

Exhibit Design: Permanent and Temporary Spaces 136/Real Estate Presentations/138/Corporate Identity: Collateral Print 140/Signage Design 142/Signage System Design 144

Cover Design: Mamoru Shimokochi

Visual Identity in Chicago
Edited by Koichiro Inagaki ©
First published in Japan 1991
by Seibundo Shinkosha Publishing Co., Ltd.
1-13-7 Yayoicho, Nakanoku, Tokyo 164 Japan
All rights reserved. No part of this book may be reproduced
in any form without written permission from the publisher.
ISBN4-416-69104-1
Printed in Japan

Thirst — 145

Details/148/Cooper Lighting, Legends Co. 149/In Living Color Television 150/Lyric Opera of Chicago 151/ESSE by Gilbert 152/Consolidated Paper 153/Gilbert Paper Company 154/Ottava 155/Details 156/Catcher in the Rye Series, Capital Records 157/Zotos/shiseido 158

Samata Associates — 159

HMO America, Inc. 162/LEAF, Inc 163/International Minerals & Chemicals 164/Illinois Bell 165/Helene Curtis 166/Underwriters Laboratories, Inc. 167/Kemper Reinsurance 168/Boulevard Bancorp, Inc. 169/Lincoln National Corporation 170/Abbott Laboratories 171/YMCA of Metropolitan Chicago 172

Art Paul Design — 173

Little Orphan Annie 176/Golda's Hot Dogs, Playboy 177/A logo sketch for Art Paul 178/the Chicago Lyric Opera 179/Drawing of imagined mask, Drawing for Playboy Magazine 180/poster for the Shoshin Society 181/Poster for Simpson Papers, Promotion for Hopper Papers 182/NAPLES Poster 183/a series of personal heads, Logos suggested for MCA 184/Alexander Technique Program 185/Face 186

Postscript — 187

クリア・コミュニケーション — 6
Murrie White Drummond Lienhart & Associates

良いデザインは、人と会話する — 20
Liska+Associates, Inc.

クライアントのためのCI — 34
Concrete

良いCIは、企業の真実の姿を反映する — 48
Crosby Associates Inc.

デザインはわかりやすく — 62
Frankel & Company

コンセプトを持った問題解決 — 76
Michael Glass Design, Inc.

誰にでも理解される創造性 — 90
Sekiguchi Design

クライアントの適切なコミュニケート — 104
A. Ma Design

大衆にわかりやすいデザイン — 118
Qually & Company, Inc

クオリティの高いデザイン — 132
Carol Naughton+Associates, Inc.

良いデザインは、ハートと頭脳に訴える — 146
Thirst

良いデザインは、自由な発想を促す — 160
Samata Associates

新しいことへのチャレンジ — 174
Art Paul Design

各社とのインタビューとまとめ：稲垣行一郎

MURRIE WHITE DRUMMOND & LIENHART
ASSOCIATES

クリア・コミュニケーション

Murrie White Drummond
Lienhart & Associates

ページ
8　MWDLは、マーケティングやコーポレート・コミュニケーションとグラフィック、パッケージング、工業デザインを結びつける、高度にクリエイティブな人材を有するユニークな集団である。25年余にわたって、国内の一流企業の仕事に携わっている。
　デザインで成功するには、きっちり定義されたビジネスの目的を高度にクリエイティブなソリューションに翻訳する特別な才能を要する。その成果が問題解決のスタイルであり、国内の製品やビジュアル・アイデンティティの発表に一役買っている。
9　1、MWDL入口
　　2、2つのビルの間から見た中庭
　　3、コンピュータ・ルーム
　　4、リンダ・ヴォールのデザイン・オフィス
　　5、中庭とオフィスの魚眼図
　　6、ロビー
　　7、ジム・ラインハルトのデザイン・オフィス
10　H_2O プラス
　ユニークでシンプルかつコンテンポラリな H_2O プラスのロゴやCIは、パッケージングやサイン、ディスプレイをマーケティング・コンセプトに完全に統一するビジュアル・イメージである。
　欧米の店頭をシックに飾る H_2O プラスのアイデンティティは、基本に帰る、自然で水をベースにしたスキンケアへの復帰を望む小売店の前向きな哲学を明白に反映している。
　H_2O のアイデンティティの鍵は「ウェーブ」商標のサインであり、商品環境のあらゆる側面にわたって主題的に用いられている。外装のグラス・ウェーブ・ファサードや入口上部のロゴから、店内で販売している100種を超えるバス用品やスキンケア・パッケージに至るまで、「ウェーブ」商標は水のモチーフを強調し、製品と店の緊密なつながりを作り出している。
　　1、シカゴ1号店
　　2、子供用スキンケア・パッケージ
　　3、成人用スキンケア・パッケージ
　　4、石鹸いろいろ
　　5、文具アイデンティティ
　　6、ショッピングバッグ
　　7、スキンケア・パッケージいろいろ
12　マーシャル・フィールド
　シカゴの小売業者マーシャル・フィールドのために、MWDLはパッケージングのデザインをやり直し、高級品としての強烈な独占イメージを示唆するようにした。

　私たちは長い間デザインの仕事をやってきているが、いちばん大切だと考えているのは「はっきりしたコミュニケーションの方法」である。私たちがデザインする時には目的がある。目的に対して正確に焦点を当ててデザインする。デザインには私たちの感情に訴える部分がある。大切なことはこの感情に訴えるパッケージとかグラフィックがイメージとして適当なものであることだ。例えば子供用のソフトドリンクのパッケージの場合、衛生学的に適性があると思える、感覚に訴えるイージ作りが必要である。大低の食物のパッケージに紫色を使わないのは、食物に対して適当と思えないからだ。内容に対して誠実であろうとすれば、いかにハイファッションのカラーであっても使わない。良いデザインは良いビジネスとイコールの関係にある。それは同時に商品のユニークさを訴えることにもなる。

　わが社でこれまでに成功したクライアントとしては、シャーロッテ・チャールズ、H_2O プラス、シュア、キーブラー、ジョッカリーカーターズなどが挙げられる。

　クライアントが私たちを選んでくれる理由は、細やかな心遣いとスマートさ、創造性の開発にも勤勉さが必要だと自己分析している。

　CIの仕事を始める前には、とにかくコンセプトを明確にし、研究を重ね、綿密な検討を行う。わが社のクライアントに対するいちばんの貢献は素晴らしい問題解決の方法を提案することと自負している。

　デザイン開発においてリサーチは重要な部分である。私たちはマーケティング、コンペティション、ストラテジィのあらゆる情報を得て顧客はどんな人々か、スーパーで売られるのか、また若い人を対象とした商品か、年配の人を対象とした商品か、など、それらに加えて自分たちの経験を重ねてデザインする。リサーチ専門の会社に依頼し、クライアントは直接リサーチ会社に料金を支払う。リサーチには私たちが直接関わらない方が、偏見のないデザインができる。

　プレゼンテーションにコンピュータを使うのは便利だからである。スケッチしたものをコンピュータに入れ、カラー、サイズなどの変化を見るのに大変な時間の節約となる。今で私たちはコンピュータが代わってくれている部分を、人間の手で何度も何度も作り直してきた。コンピュータのおかげでいろいろな種類のデザインを見るだけで作業を進めていくことができる。しかし、私たちのアイデアなしでデザインを制作することはできない。何よりも大切なのはデザイン・コンセプトである。もし私たちが鉛筆でコンセプト・アイデアを書き留める作業の時間を惜しんだりしたら、私たちはアイデア開発の能力を失ってしまうだろう。アイデアというものは開発されるべきものである。私たちは作り出そうとしているものを本当の意味でよく理解し、コンピュータにインプットしなければならない。

　私たちがクライアントに対してCI計画を実施した結果、マーケット・シェアや敗売実績が上がらなかったとしても、その責任を取ることはしないし、責任の取り方について事前に契約を交わすこともしない。

　私が最近の若いデザイナーについて思っているのは、才能があり頭脳明晰な人が多いということである。

　私が人を雇う時、いちばん大切だと考えているのは創造性の豊かさである。他にはデザイン教育におけるバックグラウンド、パッケージの経験、そして素材を正確に、きれいに扱えるかどうかの技術である。わが社では入社後あるレベルに達するまでトレーニングを行っている。

　私は始めアートスクールではイラストレーターを希望していた。しかし次第にイメージ開発に興味を覚え、コンセプトをクリエイトすることの方がイラストレーターとしてデザインの一部として使われるより面白い気がした。私が影響を受けたデザイナーは、ビル・ゴールドン、ソウル・バス、ハーブ・ルバリン、ル・ドーフスマンである。特にソウル・バスからは子供の頃、多大な影響を受けた。例をあげれとトレードマークではYMCA、CIではユナイテッド航空の力強さのあるデザイン、映画のタイトル・バックでは「黄金の腕」「ウエストサイド物語」などである。彼はあらゆる分野に自分の創造性を発揮してオリジナリティのあるデザインを開発した。私は彼の中に他に類を見ないほどのエキサイトなクリエイティビティを発見した。

　日本のクライアントがアメリカのデザイン会社を選ぶにあたってのポイントは、経験とこれまでにどれだけCI計画を成功させたかという実績である。日本のクライアントとの間に生じる誤解を解くためには、とにかくコミュニケーションをよくすることだと思っている。

　私が日本人について感じることは、神秘的な伝統と深遠な教義を持っていて、大きなプレッシャーを抱えていても性格や表情が穏やかであるということだ。また、アメリカ人は自分の考えを率直に口にするが、日本人はあまり自己主張することがない。逆に日本人に理解してほしいことは、アメリカ人は現在を重視し、過去や未来のことは殆ど気にかけないし、チームワークよりは個人を重んじ、良い品質の商品を作りだす日本人の能力を大変尊敬しているという点である。

　私がCIブームの後にグラフィック・デザイン業界で起こると考えているのは、さらに包括的なビジュアル・イメージである。

　私たちがこれから計画として考えていることは、クライアントとの関係を深めることと、創造性（思考）とコンピュータの分離である。

James Lienhart／President
Murrie White Drummond
Lienhart & Associates
58West Huron Street
Chicago, Illinois 60610-3806
Tel No. 312-943-5995
Fax No. 312-943-6922

「私は目的にそって正確に焦点を合わせてデザインする」J. ラインハート氏

ユーモアのあるラインハートのシンボル・マークとCI作品

リッチでグルメのイメージを喚起するようなフランゴの新しいパッケージをデザインしてほしいというクライアントの希望を十分に考慮した結果、できあがったコンセプトは、より強烈なブランド・イメージを伴った最新の外観を呈す。この高級感を強調し、フランゴのRを大きな曲線を描くようにして、フレーバーの違いを表すユニークかつ記憶に残りやすいものにした。
フランゴの劇的な成功をもとに、MWDLはマーシャル・フィールドの全てのグルメ特製品およびアメリス石鹸について、個性的なマークをデザインした。

13
1、マーシャル・フィールドのグルメ・ワイン
2、フランゴのチョコレート・パッケージ
3、昔のパッケージ
4、フランゴのためのコンセプト開発デザイン・シリーズ
5、マーシャル・フィールドのアメリカ石鹸
6、キンタロウの高級フローズン・アントレー・シリーズ
6a、キンタロウのためのコンセプト開発デザイン・シリーズ
7、ワイン・バイ・デザイン:ネーム入りワイン・ラベル・デザイン特注シリーズ
8、シャーロッテ・チャールズ:グルメ製品、特製品
9、ケイティ・ワイルド・バード・フード:バード・フード・パッケージ

14 カーターズ
125年の歴史をもつ幼児・子供服メーカーが200種の製品のパッケージをやり直すにあたり、MWDLは商標とロゴを製作し、4つのカテゴリー―幼児、男児、女児、高級品のカーターズ・クラシック・コレクション―の統一を図った。
この「ハート・フラワー」商標は、愛、質の高さ、信頼を象徴し、カラー・コンビネーションを変えて、各カテゴリーを分けている。例えば、幼児のパッケージは柔らかいティールブルー、ブルー、ピンクで、女児服は明るい紫紅色、ティールブルー、パープルにしている。ハート・フラワーは、あらゆるCI・販売ツールにも付されている

1、カーターズ・ステーショナリー
2、カーターズの4つの基本製品カテゴリーを示すカラーコードのハングタグ
　A. 幼児　B. 女児　C. 男児　D. プレミアム・コレクション
3、カーターズの4つの製品カテゴリー

16 コーポレート・コミュニケーションズと出版
1、H₂Oプラス社のインターナショナル・スキンケア製品
2、プロトタイプ・サービス
3、カーターズ幼児・子供服メーカー
4、キーブラー食品会社
5、ヘリテージ・バンク・グループ
6、フィルム・センター／シカゴ・アート・インスティテュートのフィルム・センター
7、ファミリー・サービス・オブ・シカゴ
8、モンタナ・ストリート・カフェ・シカゴ・レストラン
9、リードゥック・バインディング＆フィニシング
10、カーティス・キャンディー会社
11、シカゴ教育組合ボランティア団体
12、雑誌、パンフレット、会社案内各種

18 工業デザイン
工業デザインは、見かけが美しければ良いというだけではない。パッケージや製品は、美意識以上に、実用レベルで機能しなければならない。資金や環境面の必要条件から素材や人間工学、フォームまで、まず機能あってのことである。パッケージ製品は、どんなに見かけが良くても、うまく機能するかどうかで価値が決まる。その解を求めるのが当社のビジネスである。パッケージ構成であれ、製品デザイン、建築信号であれ、工業デザインのスタッフが難しい問題について、想像力に富み、かつ実用的な解を求める。

1、デザイン・アイディア社向け「フレックスカン」ゴミ箱
2、ブリストルマイヤー社向けエキセドリンPMリキッド
3、ディクソン社向け手持ち用デジタル赤外線温度センサー
4、トーンズ・ブロス・スパイス用に開発された透明なパッケージ

MURRIE WHITE DRUMMOND LIENHART AND ASSOCIATES

MWDL is a unique blend of highly creative people combining marketing and corporate communications with graphic, packaging and industrial design. We've been working with the nation's most successful companies for over twenty-five years.

We believe design success requires a special ability to translate tightly defined business objectives into highly creative solutions. The result is a style of problem solving that has helped launch many successful national products and visual identities.

MWDL Partners from left to right
Wayne Krimston, Millie Miller, Herb Murrie,
Jim Lienhart, Mike Kelly, Dan Carstens,
Sheldon Rysner, and Linda Voll

1 MWDL Entrance
2 Atrium view between two buildings
3 Computer room
4 Linda Voll design office
5 Fish eye view of atrium and offices
6 Lobby
7 Jim Lienhart design office

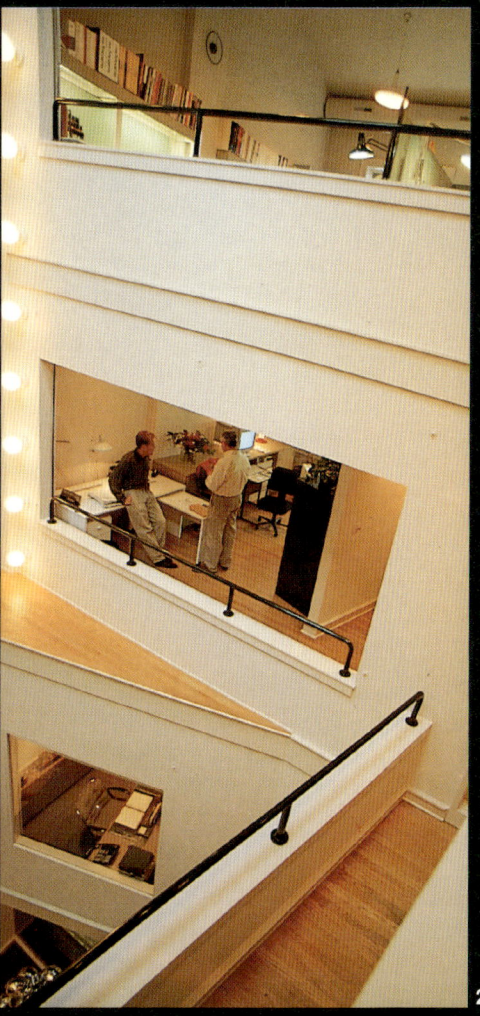

H₂O PLUS

Unique, simple and contemporary, the H₂O Plus logo and corporate identity is the central visual image unifying a wide array of packaging, signage and displays into a totally integrated marketing concept.

Distinctly identifying stores throughout the U.S. and Europe, the H₂O Plus identity clearly reflects the retailer's progressive philosophy for back-to-basics, natural and water-based skin care.

Key to the H₂O identity is the signature "wave" trademark, carried thematically throughout all aspects of the merchandising environment. From the store's exterior glass wave facade and logo above the entrance to the more than one hundred bath and skin care packages sold inside, the "wave" trademark emphasizes the water motif, creating an intimate connection between product and store.

1 First store in Chicago
2 Kids skin care packages
3 Adult skin care packages
4 Range of soaps
5 Stationery identity
6 Shopping bags
7 Various skin care packages

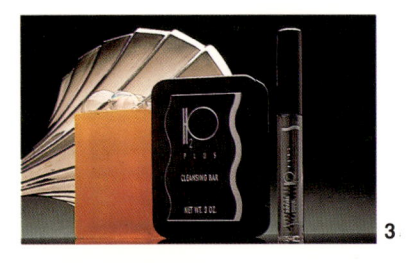

5

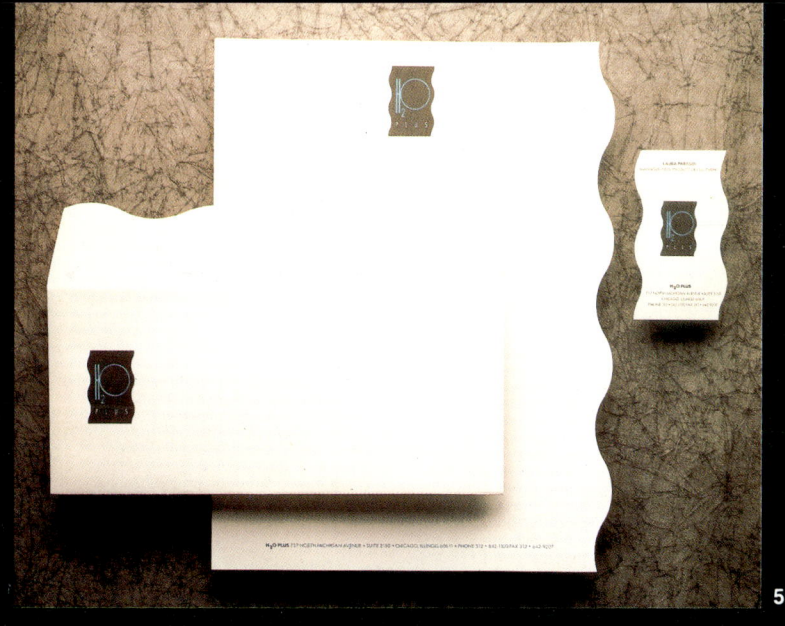

6

7

11

MARSHALL FIELD'S

MWDL's packaging redesign for Chicago retailer Marshall Field's projects a strong proprietary image of premium quality.

After much consideration of the client's objective to design a new Frango package that evoked a rich, gourmet image, the winning concept was an updated look with stronger brand authority. Accentuating this premium impression, the sweeping Frango "R" is a unique mnemonic for differentiating flavors.

Frango's success was so dramatic that MWDL designed a mark of distinction for the entire line of Marshall Field's Gourmet specialties and for Americe soaps.

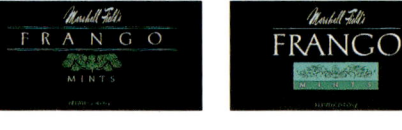

1 Marshall Field's gourmet wines
2 Frango chocolate packages
3 Old package
4 Series of concept development designs for Frango
5 Marshall Field's Americe soaps
6 Kintaro line of authentic, superior frozen entrees
6a Series of concept development designs for Kintaro
7 Wines by Design: Series of personalized wine label designs
8 Charlotte Charles: A line of gourmet and specialty products
9 Kaytee wild bird food: Line of bird food packages

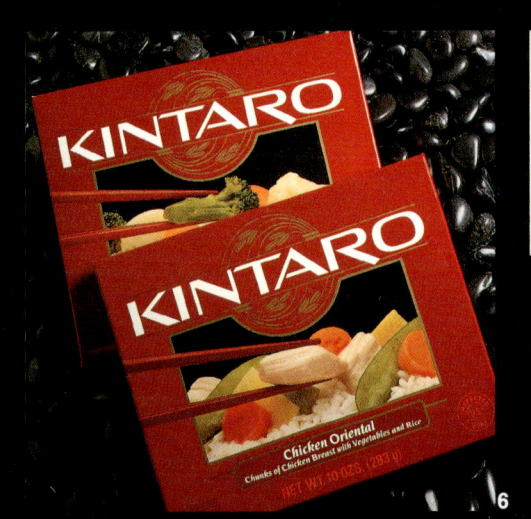

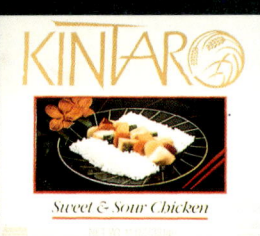

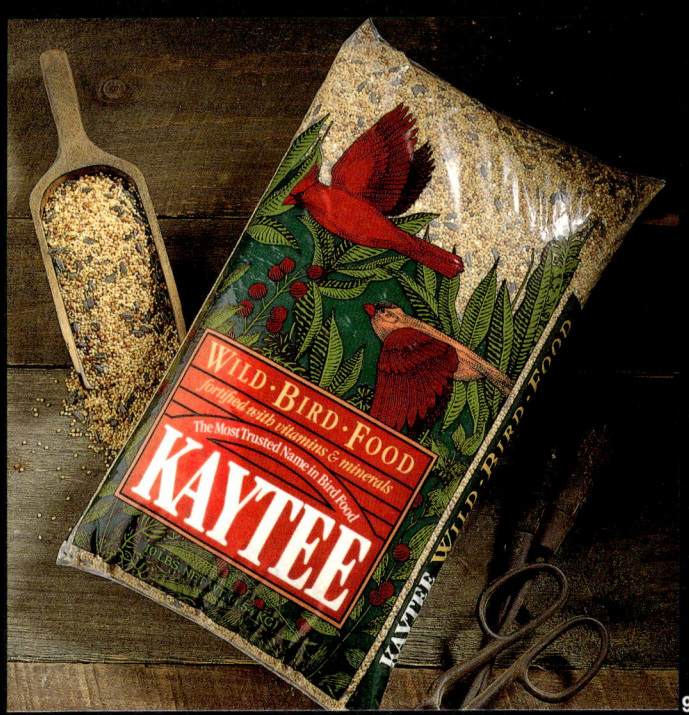

CARTER'S

When this 125-year-old manufacturer of infant's and children's clothing needed a packaging face-lift for its line of 200 products, MWDL created a trademark and logotype to unify four categories: infants, boys, girls and the premium-priced Carter's Classic Collection.

Varying color combinations of this "heart-flower" trademark—symbolic of love, quality and trust—differentiates each category. For example, the infant packaging is soft teal, blue and pink, while the packaging for girls' clothing is treated with bright fuchsia, teal and purple. The heart-flower also marks all corporate identity and merchandising vehicles.

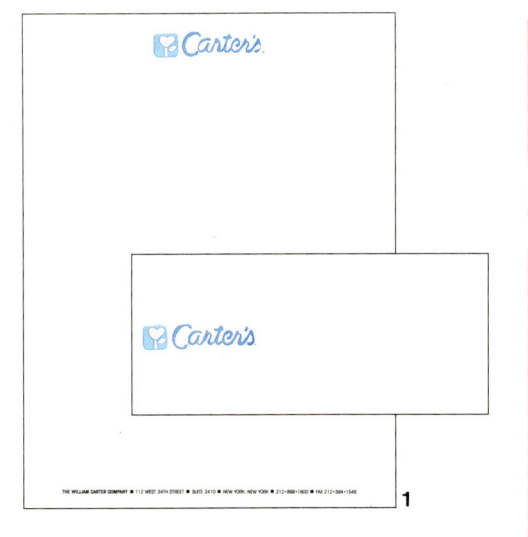

1 Carter's stationery
2 Series of hang tags showing color coding for Carter's four basic product categories.
  A. Infant B. Girls C. Boys D. Premium Collection
3 Carter's four product categories

Carter's
Infant Receiving Blanket
Fitted Porta-Crib Sheet
Boys' V-Neck T-Shirts
2 SHIRTS
100% COMBED COTTON
MADE IN THE U.S.A.
Girls'
2 CAMISOLES
100% COMBED COTTON

CORPORATE COMMUNICATIONS AND PUBLISHING

1. H₂O Plus, Inc. International skin care products
2. Prototype Services
3. Carter's Infant and children's clothing company
4. Keebler Food products company
5. Heritage Bank Group of banks
6. The Film Center Chicago Art Institute's Film Center
7. Family Services of Chicago
8. Montana Street Cafe Chicago restaurant
9. Liedtke Binding and Finishing
10. Curtiss Candy Company
11. Chicago Education Corps Volunteer organization
12. Various magazines, brochures, and corporate capabilities materials

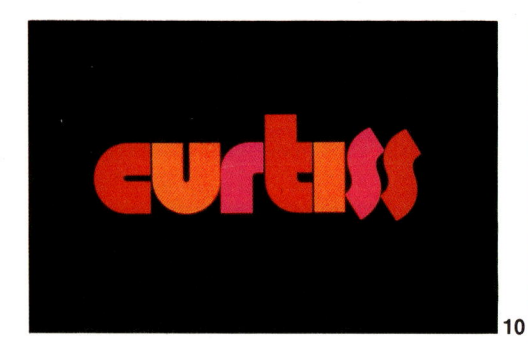

SAVINGS INSTITUTIONS
WHAT IT TAKES TO BE THE BEST OF THE BUNCH
OCTOBER 1989
MARKET EXCELLENCE
MEDIA PRECISION
SAVINGS INSTITUTIONS

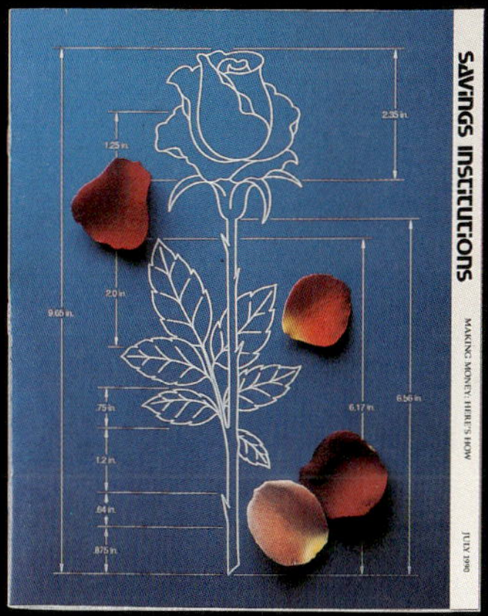
SAVINGS INSTITUTIONS
MAKING MONEY: HERE'S HOW
JULY 1990

SAVINGS INSTITUTIONS
THE RIGHT REWARDS GUARANTEE BETTER WORKERS
FEBRUARY 1990

Sanctuary At the Summit

SAVINGS INSTITUTIONS
DECEMBER 1989

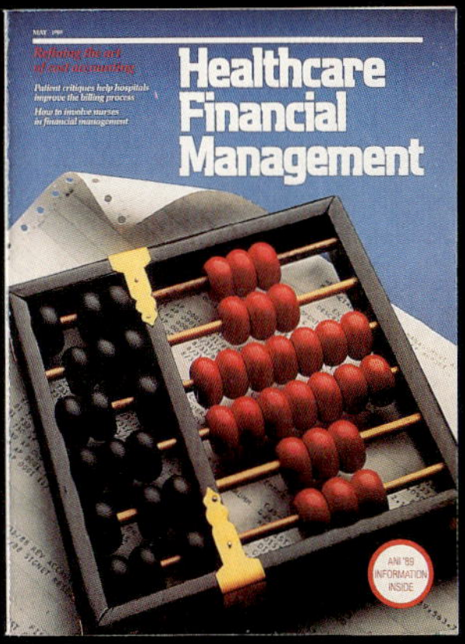
Healthcare Financial Management

Healthcare Financial Management
Working smarter: Putting a harness on productivity

THE SMALLEST
R
THE LARGEST
B
HMS SEADOG
SWEET PEAS

MURRIE WHITE DRUMMOND & LIENHART

INDUSTRIAL DESIGN

Industrial design is more than just a pretty face. Beyond aesthetics, a package or product must work on the most practical of levels. From capital and environmental requirements, to materials, ergonomics and form, all must follow function. Because no matter how good it looks, a package or a product is only as good as it works.

Finding solutions that work is our business. Whether it's a package structure, product design or architectural signage, industrial design staff creates imaginative, practical solutions for the most demanding problems.

1 *"FLEXCAN"* poseable waste basket for the Design Ideas Co.
2 Excedrin PM Liquid for Bristol Myers Inc.
3 Hand-held, digital, infrared, temperature sensing instrument for the Dickson Company.
4 Crystal clear packaging developed for Tones Bros. spices.

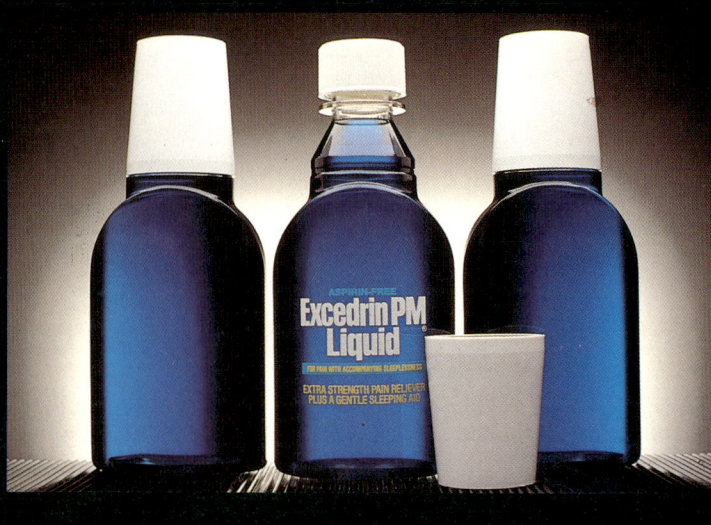

Liska and Associates, Inc.

Liska and Associates, Inc. was founded thirteen years ago by Steven Liska. In that time, the firm has produced award-winning work in many areas of corporate communications for a diverse group of clients. Annual reports, capabilities brochures, corporate identity, marketing collateral and publications comprise most of the firm's work with clients such as NEC Technolgies, The Chicago Mercantile Exchange, Magnum Photos and The International Paper Company.

良いデザインは、
人と会話する
Liska＋Associates, Inc.

私の会社は10人の社員から成り、クライアントはペーパー・カンパニー、テキストブック・カンパニー、ファイナンシャル・カンパニーなど15社となっている。

私はデザインが単に装飾的なものとは考えていない。デザインするということは、プロジェクトに対してのニーズがあると考える。そのためにはシンプルであり考え深く、クライアントのニーズを考えることと常識があることが必要である。クライアントによってはデザインを理解せず、装飾することがデザインと考えているところがある。私たちの考える過程はそういった場合、理解されないことが多い。またクライアントの目的がはっきりしておらず、私たちに対する期待だけが大きい場合、私たちは良い仕事を提供する自信がないので依頼された仕事を断ることがある。

私たちは毎日数千に上る多くのデザインなりパッケージを目にしている。その中で良いデザインとは、多くのものの中で人々の足を止めさせ、考えさせ、エキサイトさせ、さらに教育することができるものである。視覚に訴えることにより、商品、サービス、人について誰かに教えることができる。良いデザインは人と会話をする。

現在、CIは私の会社の仕事のうち20％の割合を占めている。CIというのは単にロゴだけを指しているのではなく、会社全体のイメージチェンジである。あるいは会社全体の文化とも言えるし、会社のパーソナリティを打ち出すものである。そのある部分として、デザインと関わることになる。例えばいかに会社が公的に会社自体をプレゼンテーションするか、いかに手紙を書くか、などコミュニケーションのニーズをコンサルテーションする。CIのプレゼンテーションでは大きい会社の場合、フォーマルな形で行うことが多い。第一段階ではリサーチを目的とした質問に始まる。ロゴの変化、その他のアプリケーションを見せる。小さな会社の場合、いつでも私たちなりのリサーチができる。また大会社の場合、話す相手はマネージャークラスとなるが、小さい会社の場合は直接経営者と話し合うことになるので、私たちの考えているプロセスに直接関わってもらって一緒に考え、その過程で経営者を教育することもできる。通常デザインのプレゼンテーションでは、大低スケッチなどでスタートする。私たちはプロジェクトに関し説明を行い、ゼロックス、カラーイメージ、それからタイトカンプとなって終了となる。この段階でコンピュータは非常に便利である。私たちが行うのはブロシュアなどが多く、プリントの段階で訂正するのはコストがかかるのでカンプはタイトなものにする。問題の解決方法は一つでも、示し方は2通り、3通りのことがあるのでアイデアは通例2～3案出す。

クライアントは時々計画の途中で心変わりすることがある。しかし、これは私たちにも起こることで良く深く考えた場合、違う方向がベストであることに気づくことがある。若い時はこのためにトラブルもあったが、最近はクライアントが私たちの知恵を信じていてくれて、デザインをビジネスの重要な一部と考えていて、トラブルになることは起こらない。

コンピュータはデザイン・ツールとしては大変便利である。しかしコンピュータにはやはり限界があると思う。コンピュータができるのはあくまで物の生産であって、コンピュータは考えないしクリエイトしない。イマジネーションもない。

学校を卒業してくる若いデザイナーたちは、コンピュータに関して技術的にはよく学んできているし操作も早い。しかし、このため彼らは考えることを忘れがちだ。若いスタッフにはできるだけ高いレベルでフロンティア精神を養いながら、自分を表現してもらいたいと考えている。ただしクライアントあっての仕事なので、最終的には調整した上で私の言葉で決定を行う。私たちはデザインのプロフェッショナルなので、プロフェッショナルなオフィス、ビジネス環境に自分を置くことが必要である。そこから創造性のある仕事が生まれてくる。

私は日米間のデザイナーたちの交流に大いに興味を持っている。シカゴの会社には300人のデザイナーが所属している。相互に理解を深めることは日米両方のデザイナーにとって有益だと思う。これからはぜひシカゴのデザイナーと日本のデザイナーとの交流に役立ちたいと思っている。

Steve Liska／President
INA-A003-03-05
Liska＋Associates, Inc.
676 North Street, Clair #1550
Chicago Illinois 60611-2922
Tel No : 312-943-4600
Fax No : 312-943-4975

「クライアントのニーズを考えることと常識が必要」リスカ社長

ロビーは写真のコレクションで楽しい

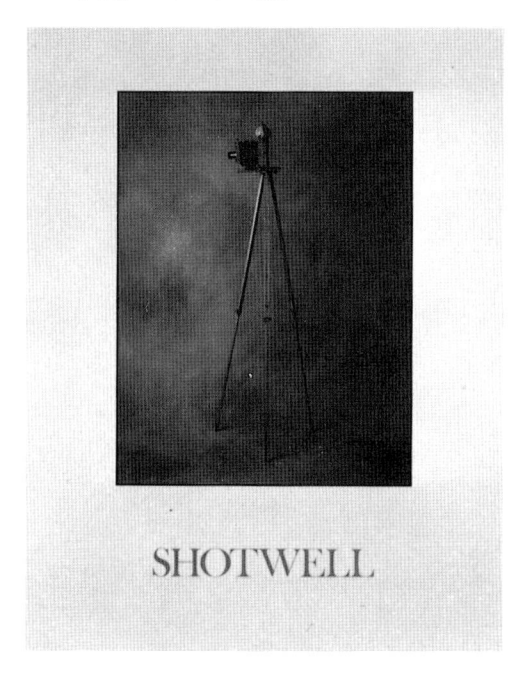

プライベート・コーナーに可愛いい小犬の彫刻

ページ
22　1、（日本語と英語で書かれた）国際金融市場における
　　　シカゴ商品取引所の役割を示す一般向けパンフ
　　　レット
　　2、（日本語、仏語、英語で書かれた）シカゴ商品取
　　　引所が開発した国際的なコンピュータ・ネットワー
　　　ク、GLOBEXについての紹介パンフレット
　　3、シカゴ商品取引所が提供する教育プログラムにつ
　　　いての会員向け報告書
　　4、シカゴ商品取引所の1986年、87年、88年、89年度、
　　　営業報告書
　　5、シカゴ商品取引所の先物オプション取引について
　　　の一般向けの気軽なガイドブック、ザ・メルク・ア
　　　ット・ワーク
24　1、白黒4色印刷のいろいろなフォトグラファーの作
　　　品を特集した、ポットラッチコーポレーション出版
　　　のクイッテセンス紙のためのプロモーション
　　2、トリトーン印刷プロセスを特集した、ブラッドリープ
　　　リンティング社のペット・アズ・インスピレーション
　　3、コンソリディーテッド社の作成したリフレクション紙
　　　のためのプロモーションでは、イラストレーターが
　　　お互いの作品を解説している。
　　4、ブラッドリープリンティング社のためのプロモーショ
　　　ン、ザ・クリエイティブ・サイクル
26　1、3、インターナショナル・ペーパー・カンパニーの
　　　雑誌用のウエブペーパー、ミラウエッブとミラグロ
　　　スを扱った5冊シリーズのパンフレットの中の2
　　　冊
　　2、4、様々な印刷方法や、紙の重さなどの仕様を示
　　　す、ミラウエッブとミラグロスのプロモーション。
29　1、NECテクノロジーのデスクトップパブリッシング
　　　用CD-ROMソフトウエアのためのディスク・
　　　サイズの入門書
　　3、（日本語、仏語、英語で書かれた）国際的な写真
　　　会社、マグナムフォトの会社案内と絵葉書シリー
　　　ズ
　　2、4、バーチ・プリンティング社のためのアイデンテ
　　　ィティ・システムを含むカレンダーと宣伝用のイン
　　　サート
30　1、独特な色調のポラロイド・ポートレイトをプロモー
　　　トする写真家マルク・ハウザーのための6枚シリ
　　　ーズのポスター
　　2、ポラロイド転写画像を使った写真家チャールス・ショ
　　　ットウエルのためのプロモーションの抜粋
　　3、風景写真家チム・ビーバーのための、現在も継続
　　　中のポスターシリーズの一部
32　これらのアイデンティティは、下記の会社のためにデザ
　　インした。
　　1、アールデコ調の建物開発会社モントゴメリー・コー
　　　ト・スタジオ
　　2、石油とガス税のシェルタープログラム、ペトロキャ
　　　ップ
　　3、美術ポスター出版のフォルマ・スリー
　　4、土地開発のウエクサン・グループ
　　5、造園デザインのホーティカルチュラル・デザイン
　　6、米国美容整形外科学会
　　7、シカゴ市の職員募集のためのハイテク、インフォメ
　　　ーションインダストリーカウンシル
　　8、金融取引、アービトラージュ取引のインターエクス
　　　チェンジ・グループ
　　9、テキスタイルデザイナー／メーカーのマーティン・
　　　ロジャース
　　10、コンピューターと人間の対話会議、CHI
　　11、金融商品とサービスの取引業者、ヴァン・カンペ
　　　ン・メリット

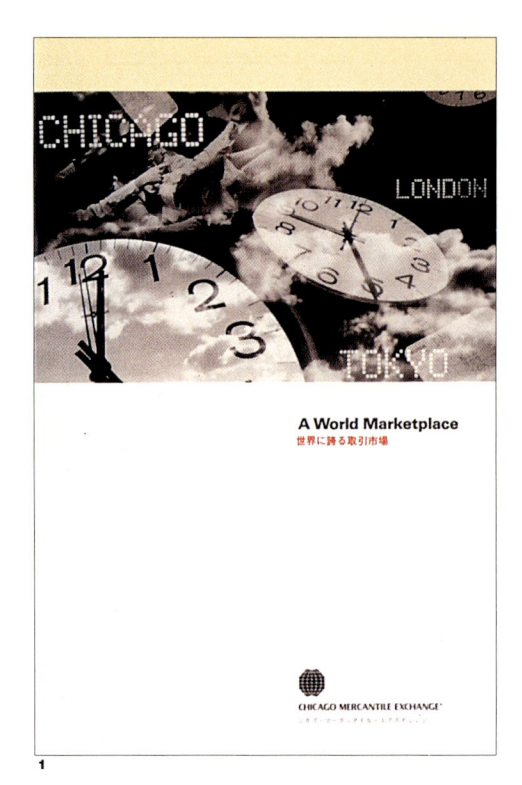

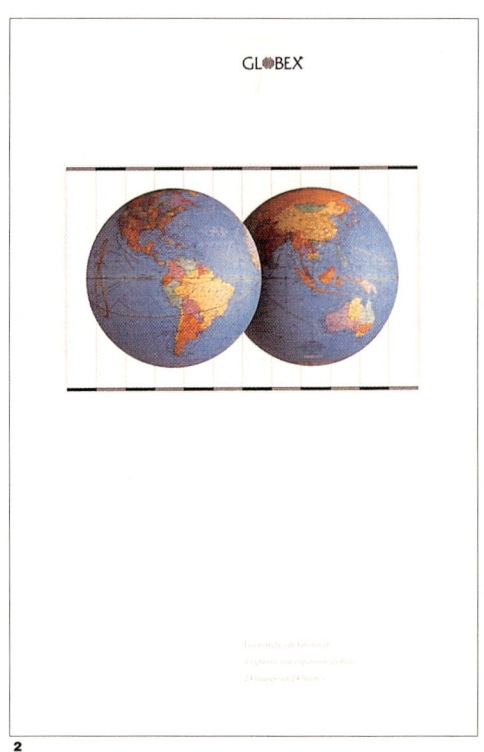

1
An overview brochure on the role of The Chicago Mercantile Exchange in the world financial marketplace (English and Japanese versions)

2
Introductory brochure on GLOBEX, a global computer network developed by The Chicago Mercantile Exchange (English, French and Japanese versions)

3
A report to membership on educational programs being offered by The Chicago Mercantile Exchange

4
Annual reports from 1986, 87, 88 and 89 for The Chicago Mercantile Exchange

5
The Merc at Work, a light-hearted, layman's guide to the business of futures and options trading at The Chicago Mercantile Exchange

4

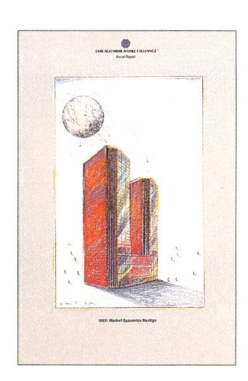

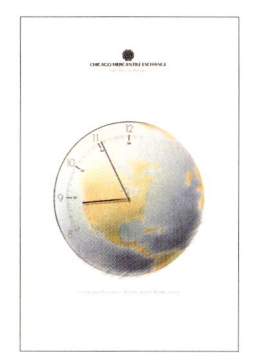

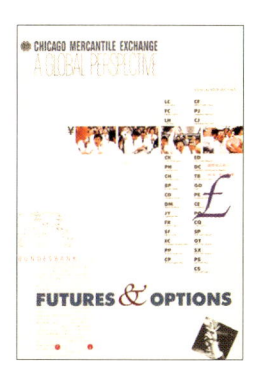

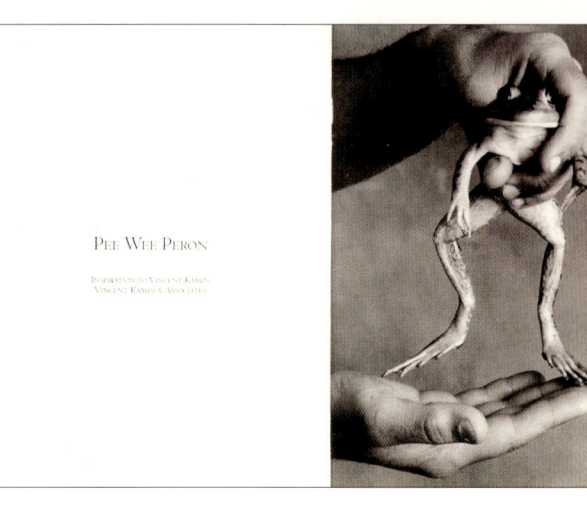

1
A promotion for Quintessence paper from The Potlatch Corporation featuring various photographer's work printed in four-color black and white

2
Pets as Inspiration, a Bradley Printing Company promotion showcasing their tri-tone printing process

3
Various illustrators interpret each other's work in this promotion for Reflections paper made by Consolidated Papers, Inc.

4
The Creative Cycle, a promotion for Bradley Printing Company

25

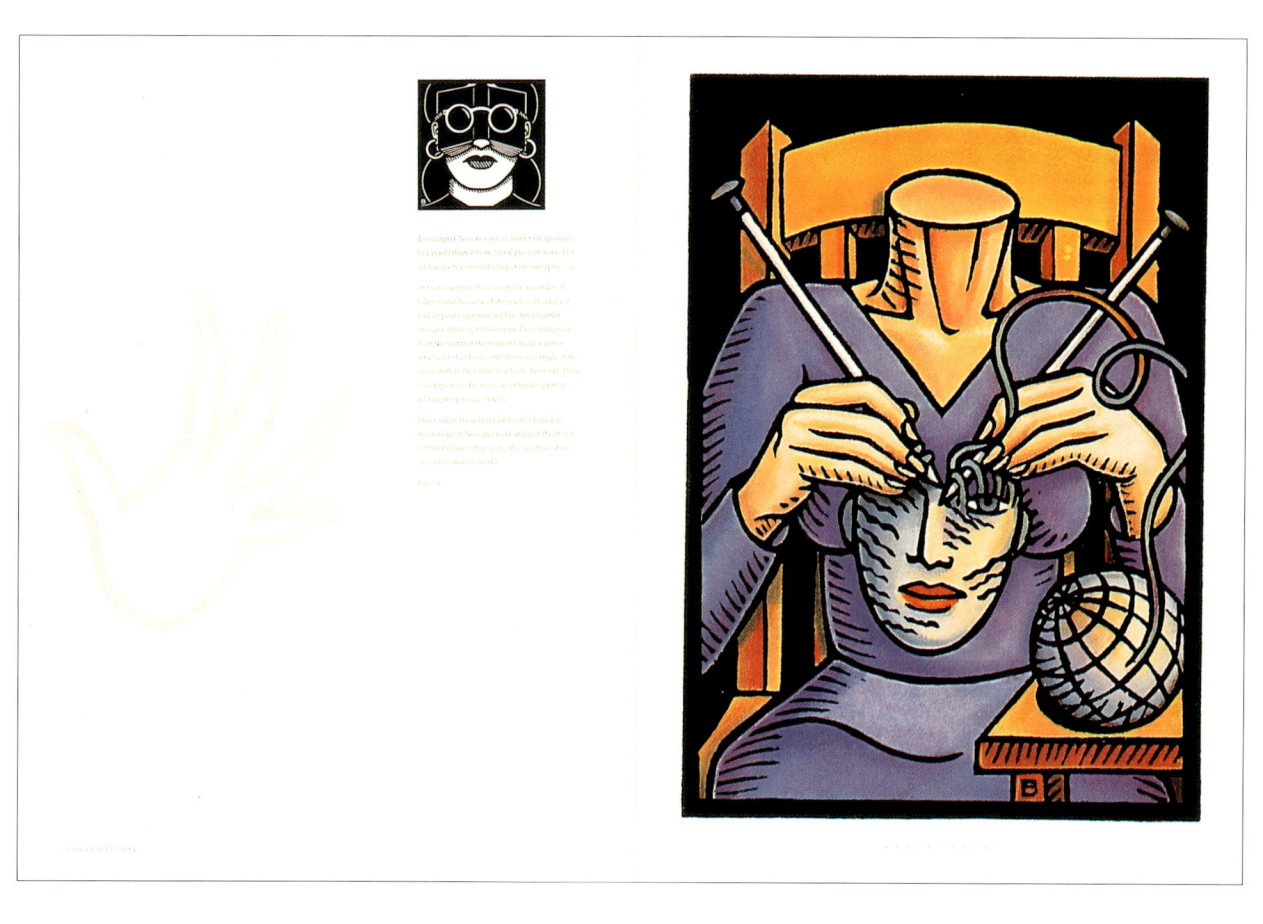

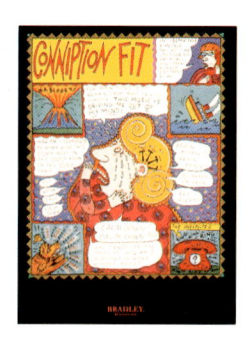

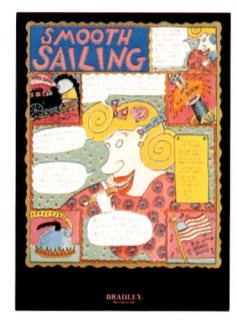

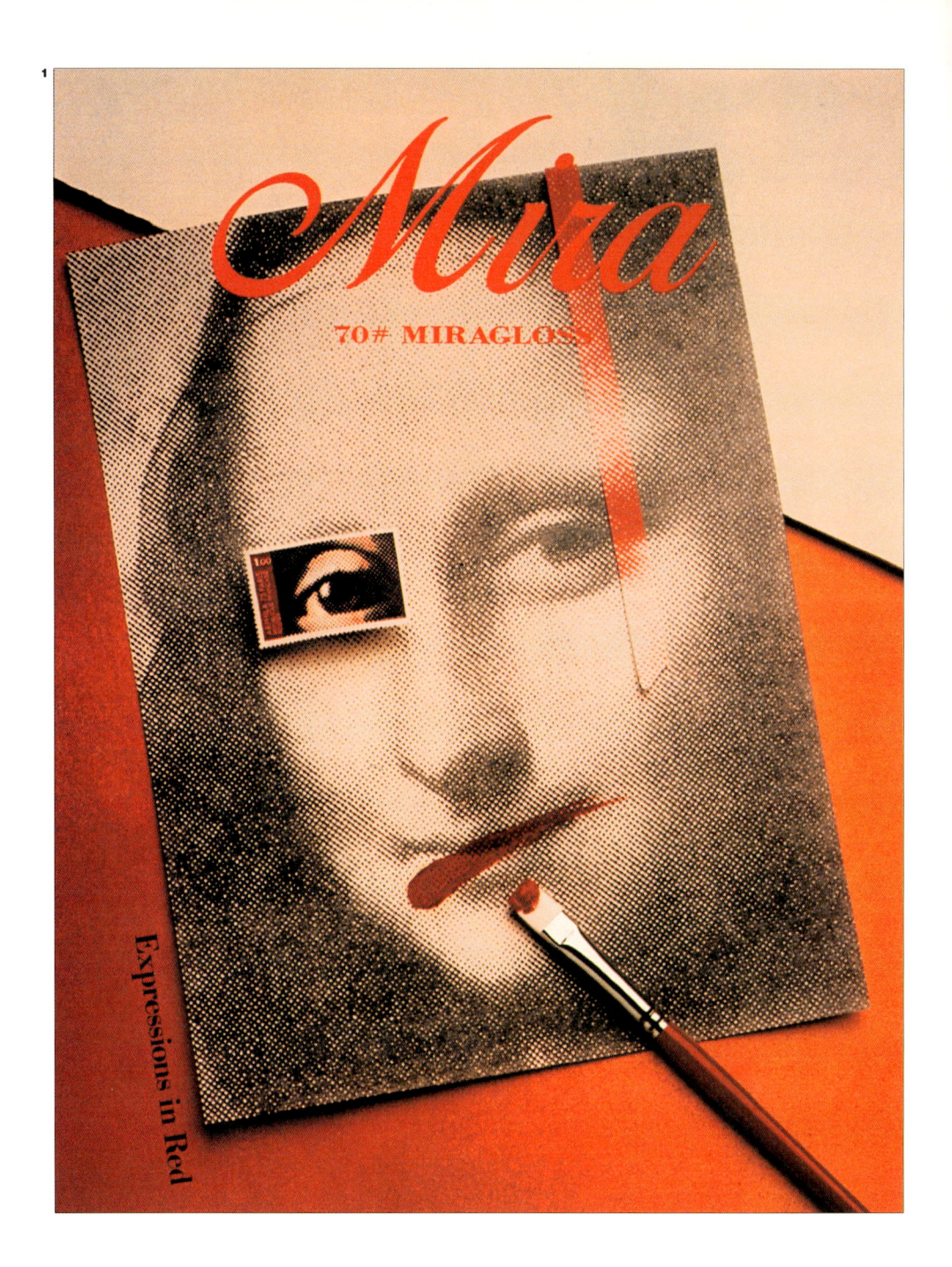

1,3
Two of a series of five brochures showcasing Miraweb and Miragloss, magazine-grade web papers produced by The International Paper Company

2,4
Another promotion for Miraweb and Miragloss designed to show comparisons of sheet weight and other specifications using a variety of printing methods

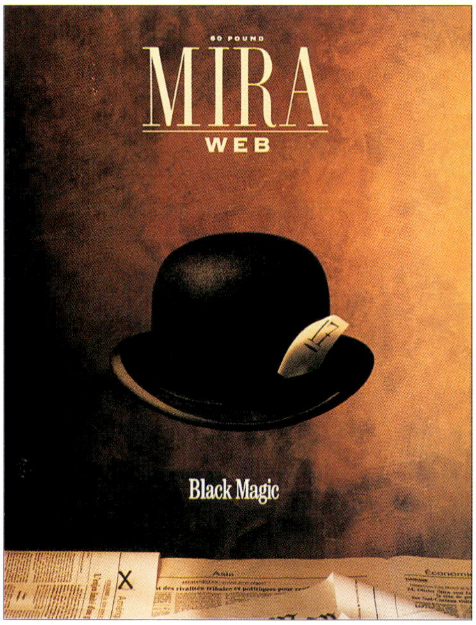

3

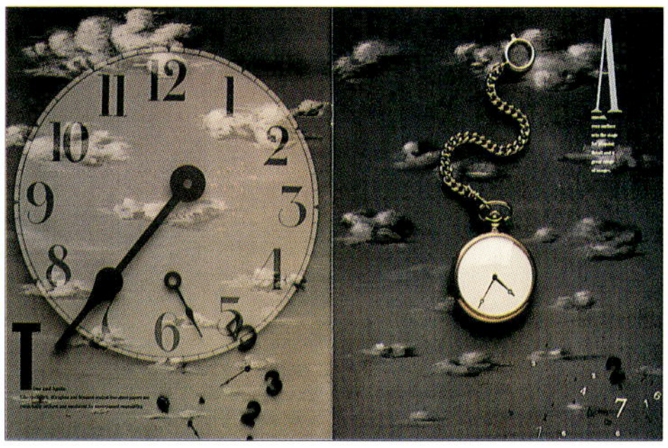

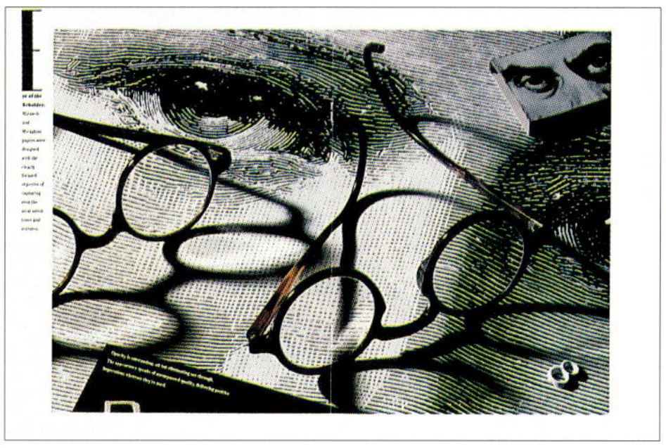

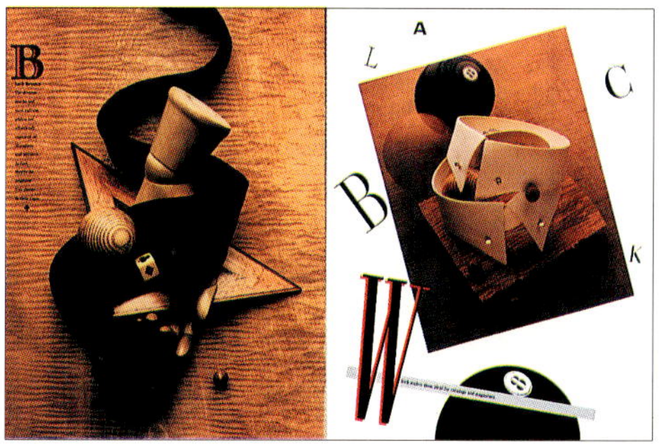

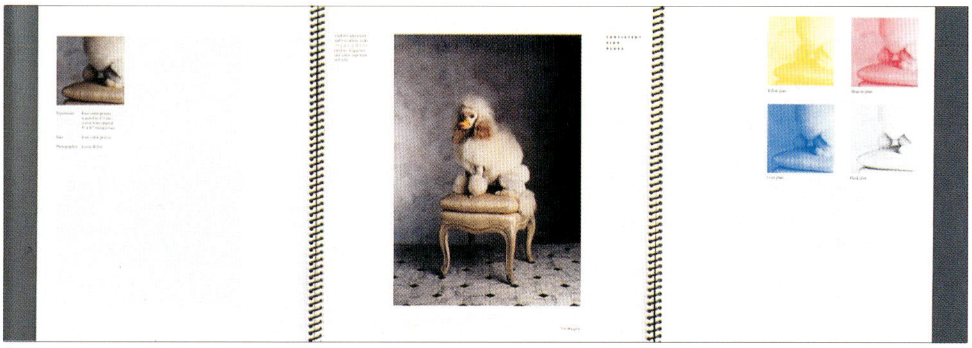

4

NEC CD-ROM
Desktop Publishing Software
NEC

1

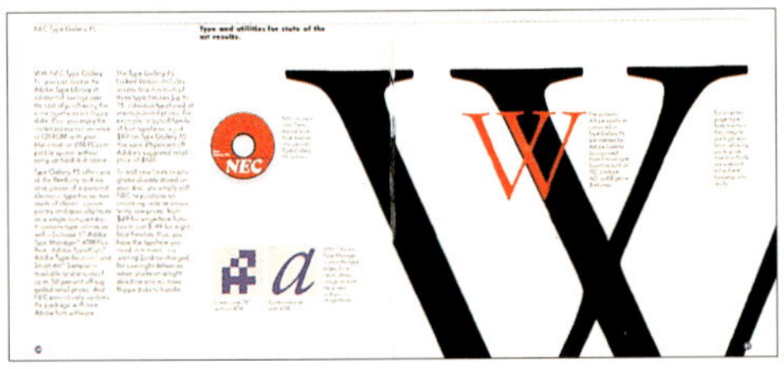

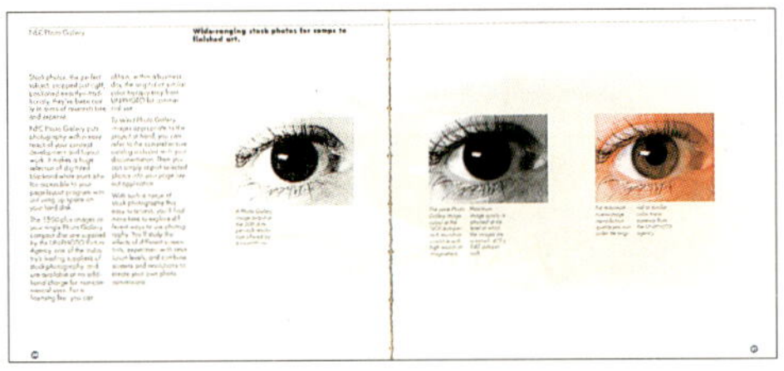

2

Burch

Burch

B
Burch
Vision.
Those who have it pursue a slightly different course, seeing past the predictable to the possibilities beyond. We share that perspective. Creative problem solving for the creative industry has been our business for over 55 years.

1
An introductory, compact disc-sized brochure for NEC Technologies' CD-ROM desktop publishing software

3
Capability brochure and postcard series for Magnum Photos, Inc., an international photography agency (English, French and Japanese)

2,4
Advertising inserts and promotional calendar incorporating an identity system designed for Burch Printing, Inc.

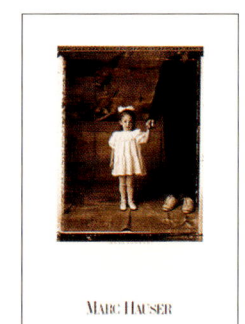

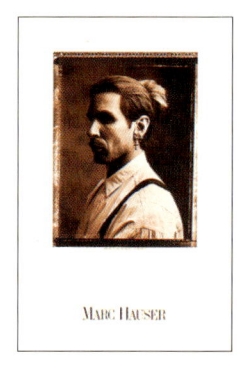

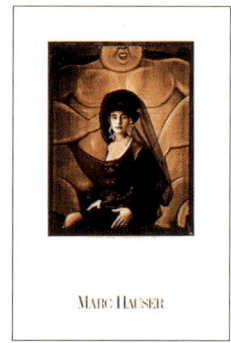

1
A six-poster series for photographer Marc Hauser, promoting his sepia-toned Polaroid portraits

2
Selected pages from a promotion for photographer Charles Shotwell's Polaroid transfer images

3
Part of an on-going series of posters for location photographer Tim Bieber

Bieber

Bieber

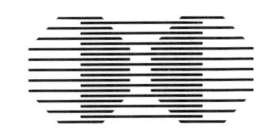

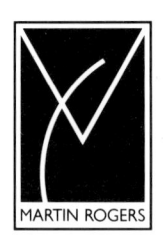

The identities above were designed for the following companies:

1 Montgomery Court Studios, an art-deco building development
2 PetroCap, oil and gas tax shelter program
3 Forma Three, fine art poster publishing group
4 The Wexan Group, real estate developers
5 Horticultural Design, landscape designers
6 American Society for Aesthetic Plastic Surgery
7 Information Industry Council, high-tech recruiters for the city of Chicago
8 The InterExchange Group, arbitrage trading between financial exchanges
9 Martin Rogers, textile designers and manufacturers
10 CHI, computer and human interaction conference
11 Van Kampen Merritt, marketers of financial products and services

CONCRETE

C O N C R E T E has a client list that is large and diverse but an approach that's small by design. Concrete's work, like concrete itself, is basic and strong, honest and straightforward. Concrete stresses the essentials: essential office space, essential people who each has a unique purpose and works hard, and management that puts the art and craft of design ahead of bureaucratic technique.

W O R K S with an international perspective make Concrete's portfolio distinctive and reflect Jilly Simons' design training and experience in South Africa, Europe, and the U.S. Concrete's sensitivity to the range of corporate cultures has produced hard-working design solutions for clients as diverse as accounting firms and architects, multinational companies and individual entrepreneurs.

H A R D work, limitless flexibility, and an emphasis on total design, not merely decoration, have helped Concrete thrive. Concrete researches the basics of each client's unique communications problem and designs an answer that offers powerful strategy in effective, elegant form. Concrete design solutions work hard for the client and contribute to the design profession as well. Concrete insists that in a quickly shrinking yet expanding world design is an essential means of communication and a powerful responsibility.

クライアントのためのCI
Concrete

私はいつもその時にできるベストの仕事を、クライアントに提供したいと思っている。私はゆっくり時間をかけて仕事を進めていくのが好きだ。花は植えてもすぐに花が咲き、実がなることはない。私も自分の中でプロジェクトに対しての考えが十分開花するまで待ってもらうのが希望で、忙しすぎる時に私のベストのものは提供できないと考えている。

4年前にパートナーと組んで仕事をしていたが、大きくなりすぎたので独立した。こじんまりとして、すべてに私の手が行き渡る仕事をしていきたい。私はデザイナーであってセールスマンではない。毎日の生活を楽しみ、感情のおもむくままに収入のためでなく働き、考えたり、感じられたりできる人生を選びたい。

私たちのところには4人のスタッフがいるが、オフィスは1000平方フィートの小さな部屋である。ただし外部にフォトグラファー、イラストレーターなどの優秀なフリーランサーを抱えているので、必要な時は仕事を依頼することができる。私たちは常時大勢のスタッフと仕事をすることを好まず、アットホームな雰囲気を大切にしながら才能のある少人数で仕事をしている。どちらかというと大きいプロジェクトで高額の借り入れをしてまで、仕事をしたいとは思っていない。あまり予算を持っていないクライアントでも私はかまわず仕事を引き受けることにしている。なぜなら少ないお金の代わりに私は自分のしたいことと、自由を手に入れられるからである。しかし大きいクライアントでも自由に仕事をさせてくれるところもある。クライアントがあってデザイナーの仕事は成り立つわけだが、私の哲学を保ちながら、クライアントのために仕事を提供するように努めるのは大変ハードなことである。もし私が芸術家なら、自分のためだけに仕事をすれば良いが、私はデザイナーなのでクライアントのことを考えて仕事をする必要がある。私が創らなければならないアイデンティティは自分のための物ではなく、クライアントのためでなければならない。デザイナーの個性は自分の仕事につながっている。しかし大切なのはプロジェクトの中で私自身も気持ち良く感じられることである。イメージは仕事の上で、全く私からかけ離れた物になることはないが、どこで必要とされているかは、大事なことである。私たちがした仕事について、それを誰がしたか知られることはあまりない。だからといって自分のしたことを自慢したりはしない。時に私たちはお金のために働くことがある。しかし私たちはそれでもクライアントのために自分を失うことがあってはならない。彼らが理解できるように努め、またクライアントの話もよく聞いて、それを世の中に伝えることが私たちの役目なのだ。

私たちはたった一つのスタイルを持っているのではなくて、また全てに同じに見えるスタイルも持っていない。だからはっきりしたスタイルのように思えないかもしれないが、私たちは自分自身や自分の感情を土台にして、クライアントへの仕事に影響を与えたい。私は常に最高の仕事をしたいと思っている。

企業の買収や合併が大々的に行われるようになり、CI計画と戦略の仕事が急増した。私たちは企業がもっと人的資源に投資して、パーソナル・アイデンティティ（PI）の確立に力を注いでくれることを願っている。

私たちがこれまでに関わったCIの仕事には、二つのケースがある。一つは企業の社名変更で、そこは同族会社だったので、社名もグラフィック処理も変えることそのものに大変気を使った。もう一つは新会社の社名展開で、そこはプライベートバンクだったので、開設場所にとても気を使った。

CIにおけるプレゼンテーションの作業手順はまずクライアントと会って計画の検討を行い、コンセプトを展開し、コピーの概略を見返す作業をする。その後、最初のデザイン・ディレクションと、計画のトーンとスタイルを示すパネルを準備。最終案の承認が得られたらページのフォーマットと整理したシステムを提出し、カバーや代表的なページのレイアウト、写真やイラストレーション案、活字の処理などをカラー、実寸でプレゼンテーションする。次の段階では制作と販売経費の見積りをとるが、これを先に提出することもある。そして、最終原稿をタイプセッターに回し、イラストレーター及びフォトグラファーを選ぶ。校正刷りを配布し承認が済むと写植用のアートワークを完成。ボードを印刷所に渡してしまえばあとは私たちとクライアントで校正をし、プレス用のチェックを行う。ポジショニングの段階なら私が見出した事柄にクライアントが反応してくれることを期待している。この時点では正確さがもっとも重要だが、ポジショニングによって新しいアプローチや反応が生まれることもあり、クリエイティブな解決も得られることも多い。

クライアントのマーケティングについての情報はもっているが、広告代理店と違ってデザイングループなので、マーケティング戦略を直接展開したりすることはない。

失敗ではないが、今までにいちばんがっかりしたケースは、クライアントの経営陣も社員も仕事の能率が悪く、CIの完璧な実施に必要な予算をカットされたことだった。

時々、アートインスティテュートから学生が来るが、彼らは技能としてはコンピュータをよく理解し、素晴らしい使い方も知っている。しかし紙と鉛筆で考えてデザインするのを忘れてしまうのではないかという心配もある。コンピュータは他のタイポグラフィ、レタープレスと同様にツールとしては良いと思う。人にはいろいろな生き方があるからコンピュータの好きな人はその道を進んでいけばよい。私がよく学生に言うことは、「テクノクラートになるな」「頭を使って視野を広げ、本を読んだり文章を書いたりすることや、鉛筆を使うことを忘れるな」ということである。私の下で働くデザイナーは新卒者か卒業して一年くらいという未経験者が多い。小規模な会社だから、若いスタッフとは経験や知識を共に分かつようにし、コミュニケーションをよくすることが大切だと思っている。

「私は常にクライアントにベストの仕事を提供する」ジリー・サイモン氏

センスの行き届いた彼女の仕事場

アシスタント

事務所のシンボル・コンクリート

私たちは一日一日を大切に考え、仕事に励んでいる。もちろん会社としての夢もあるし、大型プロジェクトを手がけて成長したいとも思っているが、スタッフを増やすつもりはない。規模が小さいからこそ融通がきくし、波風にも耐えていくことができる。プロジェクトによって必要な場合は、外部のいろいろな技術を持っているフリーランスの人たちに手伝ってもらう用意もある。

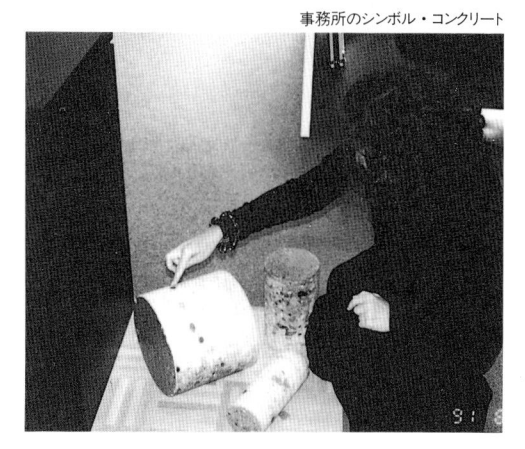

Jilly Simons/President
Concrete
633 South Plymouth Court Suite 208
Chicago, Illinois 60605
Tel No. 312-427-3733
Fax No. 312-427-9053

ページ

33 コンクリートの顧客リストは長くて、多彩だが、そのアプローチはとても繊細である。その名のとおり、基礎を大切にし、頑丈で、正直で、率直だ。コンクリートは、本質を強調する。本質的なオフィス・スペース、ユニークな目的をもち懸命に働いている人達、官僚的なテクニックよりもデザインを大切にする経営者たち。
国際的な視野で仕事をしているので、コンクリートのポートフォリオはジリー・シモンズの南アフリカ、ヨーロッパ、アメリカでのデザイン研修と経験を反映している。コーポレートカルチュアに対する感性が優れているために、会計事務所、多国籍企業、個人経営者など多様なクライアントに対してデザインによる解決策を提供することができる。
勤勉さ、限りない柔軟さ、単なる装飾ではなくてトータルなデザインを強調することにより、コンクリートは繁栄してきた。クライアントのコミュニケーションの問題の基礎を検討し、有効で優美な形の強力な戦略を提供する答えを考え出す。コンクリートのデザイン解決は、クライアントの為にもデザイン業界の為にも貢献し、この急速に縮小しつつも拡大しつつある世界において、デザインはコミュニケーションの本質的な手段であり、強力な責任であると信じられている。

36 コンクリートのプロモーション資料についての哲学は、馴染みのあるマテリアル、テクスチュア、方法を、新しくてイマジネーション溢れるやり方で使うことである。

37 シカゴのアメリカン・インスティテュート・オブ・グラフィック・アーツ主催の展覧会では、会員が思いがけないフォルムの組み合わせを展示している。

38 力と安定を示唆する古典的なイオニア式円柱と、海の音色を響かせる貝殻からインスピレーションを得てコンクリートが製作した、ファウンダース・ファイナンシャル・コーポレーション、親会社、フロリダのプライベート・バンクのネーミング、ロゴ、アイデンティティ・プログラム。

39 非営利団体であるピート・マーウィック用の戦略立案計画は、コンサルティング、計画立案、コンセプト展開、出版物デザインにおけるコンクリートの経験を物語る。

40 縮小主義で、ナラティブなフォルムが、シカゴのウイーラー・ケアンズ建築事務所のアイデンティティを特徴づける。

41 太陽、月、星、矢、格子、人間の手が組み合わされて、都市型庭園の設計を専門とするフロラバンダ社のアイデンティティを構成する。

42 アメリカの歴史と地理の影響、荒削りな仕上げがトライアングル・ランチのアイデンティティの特徴である。

43 アーサー・アンダーセン・ワールドワイド社のためにコンクリートがデザイン、企画した会社資料の特徴はフレキシビリティである。

44 エース・リトグラファーズのビジビリティは、有名なクライアントの名前を強調している本で更に高まっている。

45 簡潔なコンセプトが、シカゴの非営利団体の集まりであるドーナーズ・フォラムのニュースレターの基盤である。

46 コンクリートは、クライアントにたいして最終デザインを提出する前にかならず実験をしてみます。パパジョージ・ヘイムス建築事務所のために行った試案の例。

FAMILIAR materials, textures, and methods used in new and imaginative ways illustrate the Concrete philosophy in its promotional piece.

UNEXPECTED combinations of forms invite members to hang themselves in an exhibit sponsored by the American Institute of Graphic Arts in Chicago.

CLASSICAL reference to an Ionic column, suggesting strength and stability and the nautilus shell, echoing the sea, inspired Concrete's naming, logo, and identity program for Founders Financial Corporation, the parent company, and its new private bank in Florida.

STRATEGIC planning program for not-for-profit organizations, a project for Peat Marwick, exemplifies concrete experience in consultation, planning, concept development, and publication design.

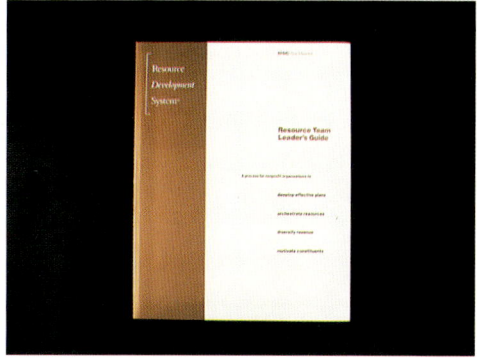

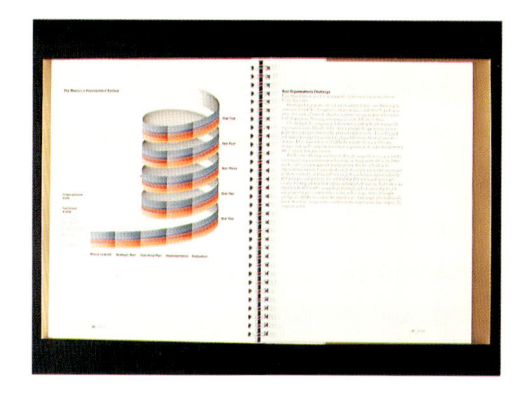

STRENGTH in reductivist, narrative form identifies the Chicago architectural firm of Wheeler Kearns.

ELEMENTAL forms of the sun, moon, stars, arrow, trellis, and a human hand combine in an identity for Florabunda, Ltd., a designer of urban gardens.

INFLUENCES of American history and geography and a sense of rough refinement are stamped on an identity for Triangle Ranch.

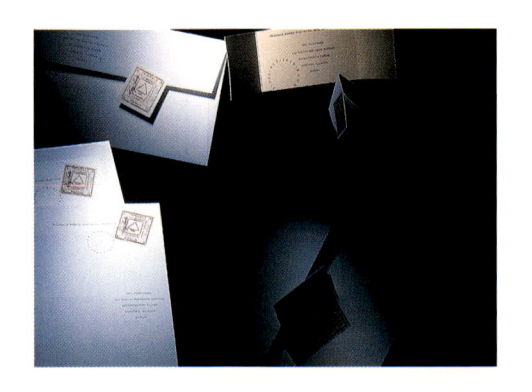

FLEXIBILITY
is illustrated in different
types of publications
Concrete planned and
designed for Arthur
Andersen Worldwide.

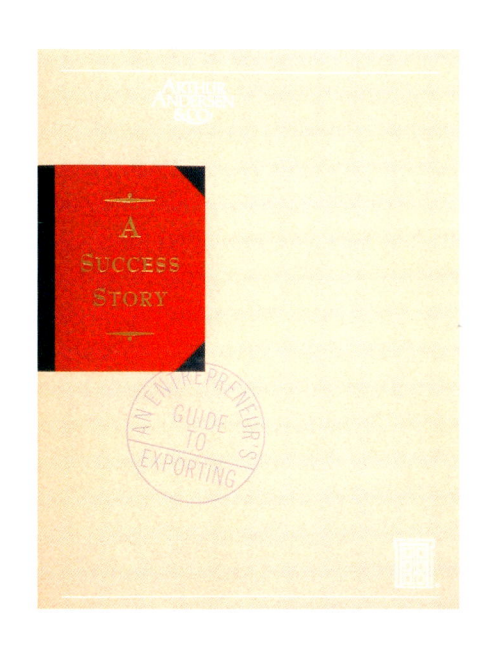

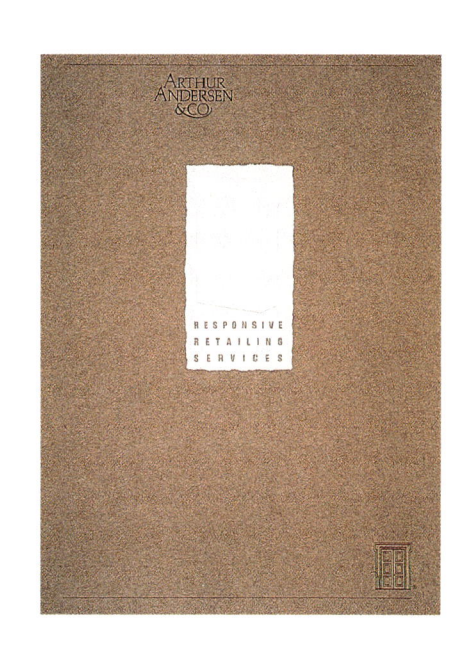

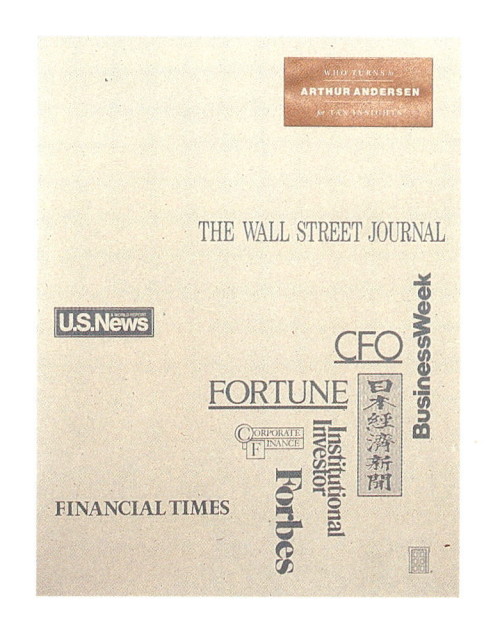

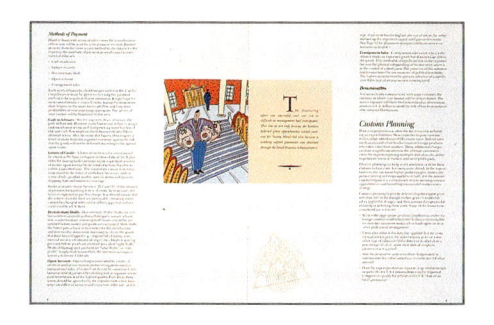

43

VISIBILITY for Ace Lithographers is enhanced in a book of make-ready sheets that emphasize the names of well-known clients.

SIMPLICITY of concept is the basis for a regular newsletter Concrete produced for Donors Forum of Chicago, a resource for the city's not-for-profit organizations.

EXPERIMENT precedes all of Concrete's ultimate design recommendations to clients, as shown in an unpublished piece for the architectural firm Pappageorge Haymes.

U N P U B L I S H E D

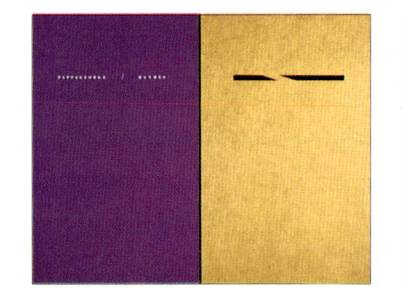

Crosby Associates

良いCIは、企業の真実の姿を反映する

Crosby Associates Inc.

1964年、レイモンド・ローウィと働いていたグループのうちの一人とCIコンサルタントの会社を始めたが、7年後CCAに移った。その後CCAで一緒だったビル・バナルと共にニューヨークとシカゴの2ヶ所で同時に共同のスタジオを始めたが、2年後ニューヨークとシカゴを行ったりきたりというあまりの複雑さのために別れた。そしてニューヨークの方はバナル・デザイン・アソシエイツとなり、私はシカゴでクロスビイ・アソシエイツを設立した。

わが社の得意分野は、コーポレート・マーケティングのID企画およびコミュニケーションである。1979年の設立以来、多国籍企業、教育機関、業界団体、金融機関、個人事業家等、80余のクライアントを得てきた。現在、常駐社員は12人で、スペシャリストもゼネラリストもいる。プロジェクトとしては、事業戦略に基づく広範なものから消費者のメッセージに絞ったものまで、コーポレート・マーケティング・コミュニケーションのあらゆる分野をカバーしている。私たちの作品は国内・国外で展示され、主要のデザイン団体や出版社の賞を総なめしている。

仕事の内容は現在CIが50%、アニュアル・リポート、コーポレート・コミュニケーション、環境デザインが50%である。

周到に計画され、上手に作られたビジュアル・デザインは、重要なコミュニケーション・イニシアチブの範囲やインパクトを高める強力なツールとなる。広い意味でのコーポレート・アイデンティティとは、個別的・集合的を問わず、あらゆるアクションとコミュニケーションであり、ある組織のために前向きの印象を創出し、その組織の態度や特性を表現するものでなければならない。

CIプログラムは、理想的には、有形の会社資産、つまり社名や社名が表示される環境の管理に対するシステマティックなアプローチである。IDプログラムの方針は、その組織の目的や、経営、成長戦略を直接表すものでなければならない。IDプログラムは、コミュニケーションや製品、サービスのデザインをコントロールするだけではない。情報の集合や範疇のみならず個々のメッセージをも編成し、単純化し、明確化し、これに焦点を絞ることができる。組織の努力や成果をより目立つようにし、前向きな環境に絶えず置くことにより、組織の信用をさらに増すこともできるのである。

私はCIとは会社から生み出されるすべての物を指すと思う。単にシンボルマークとかアニュアル・リポートに限られたものではない。アニュアル・リポートや本のデザインだけをするのではCIを行うのに限りがあると考えるので、クライアントとの関係を一段と深めることでスタンダード・マニュアル、またすべてのアプリケーションに関わることにしている。良いCIは会社の真実の姿を写し出す。それはちょうど人々が自分の署名をするのに、人に見せるためにいちばん良い部分を見せられるように自分のサインを作るのと似ている。人のサインにはその人のキャラクターが現れる。

シンボルとかワードマークにこだわらずに仕事をする。クライアントによってどちらを選ぶかを決める。私はどこでクライアントがそれを使い、どのようにそれを使うのか目的をよく見定める。クライアントは時に名前を変えるとか変えないとか複雑な状況に陥っている場合もあるので、事情によってシンボルにするかワードマーク、またはレターマークにするかその必要に応じて考える。例えばユナイテッド航空のシンボル・マークをサークル（円形）でデザインしたとしたら、人々はこれにATTのような電話会社のイメージを持ってしまって航空会社と認識するのは容易ではないだろう。なぜならサークルのデザインではやたらと広がりが四方八方あちこちに飛び散るイメージとなりやすいからだ。会社の目的を見定めるのは大切である。

リサーチとCIは切っても切れない関係にある。クライアントから私が依頼を受けると先ず行うことはリサーチである。リサーチは私たち自身で行うこともあるし、他のコンサルタント会社に依頼して調査結果を得ることもある。リサーチではクライアントの会社の重役、従業員、競合会社などにインタビューをする。実際のデザインに入る前にアイデアとして現在CIがどう働いているのか、将来どう働いていくかなど古いCIと新しいCIを対比して考えることもある。

クリエイティブな部分はすべて手作業で行っている。コンピュータを利用するのは制作過程で経過を見るためである。私のスタジオでは今、マッキントッシュのクリエスティブ・プログラムを開発中である。

良いデザインについて定義することは難しいと思う。それは私にとって良いデザイン、あなたにとって良いデザインというように一律ではないからだ。しかし私はかつて人々が見たことがないようなデザインを仕立て上げることはできると考えている。クライアントにとって良いデザインはその会社への適性であり、メディアにとってはっきりとわかりやすくインパクトのある物ということになるだろう。

時にCIは複雑になりすぎて人々を混乱させてしまうことがあるから、ダイレクトに人に訴える方が良い結果は得られると思う。

私は誰よりもポール・ランドの影響を受けたと思う。彼は彼の時代においてデザインの開拓者だった。彼のデザインはヒューマンレベルでコミュニケートしたし、ユーモアにも富み人間の情緒に訴える構造を作り上げた。他にはジョージ・ネルソンの作り上げた物に惹かれた。

Bart Crosby / President
Crosby Associates Inc.
676 St. Claire
Chicago, Illinois 60611
Tel No. 312-951-2800
Fax No. 312-951-2814

シカゴの代表的な CI コンサルタント会社のロバート・クロスビー社長

社のスタッフ

ページ
47 クロスビー・アソシエイツは、団体や製品、サービスのためのIDプログラムを企画し、デザインする。1979年の設立以来、多国籍企業、教育機関、金融機関、業界団体、個人事業家等、90余の顧客を得ている。コミュニケーション戦略の企画、ネーミング、視覚によるIDプログラム、金融・マーケティング・コミュニケーション、環境デザインといったプロジェクトを手掛けてきた。クロスビー・アソシエイツの作品は、米国の内外で展示され、大手のデザイン団体や出版社各社から絶賛をあびている。
50 イリノイ・ツール・ワークス社
 IDプログラム
51 チャンピオン・インターナショナル・
 ホワイトウォーター・シリーズ ID
52 ファースト・シカゴ・
 マーケティング・コミュニケーションズ・
 グラフィック・システム
53 ジョン・ナヴィーン&Co.
 IDプログラム
54 アメリカン・ホスピタル・アソシエーション
 IDプログラム
55 アメリカン・ユナイテッド・ライフ保険会社
 IDプログラム
56 ゴールドマン・サックス・ファンド・グループ・
 マーケティング・コミュニケーション
 グラフィック・システム
57 サール
 IDプログラム
58 アンドレス・フォトラボ社
 IDプログラム
59 タイポグラフィック・リソース社
 IDプログラム
60 US カヌー&カヤック・チーム
 IDプログラム

Illinois Tool Works Inc. Identification Program

Champion International Whitewater Series Identification Program

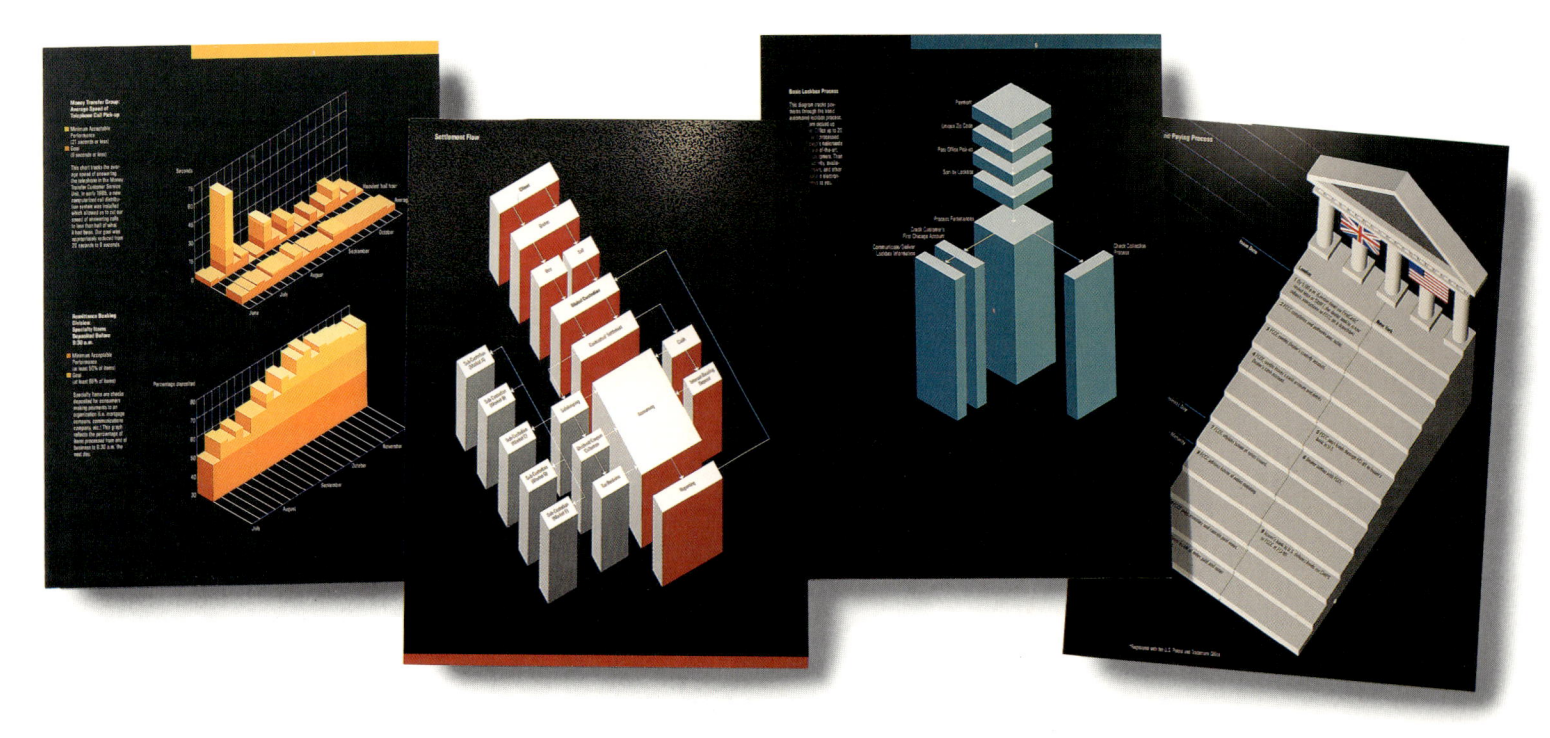

First Chicago Marketing Communications

John Nuveen & Co. Incorporated Identification Program

American Hospital Association Identification Program

American United Life Insurance Company Identification Program

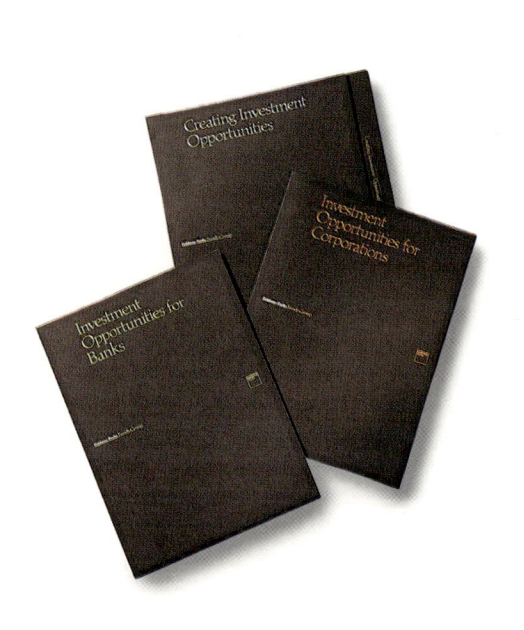

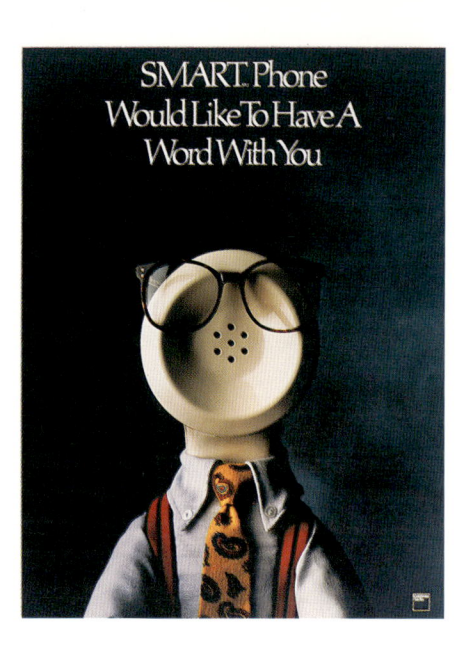

Goldman, Sachs Funds Group Marketing Communications

Searle Identification Program

Andrés Fotolab Inc. Identification Program

Typographic Resource Limited Identification Program

U.S. Canoe and Kayak Team Identification Program

Whether it's selling an apple or an idea, the function of sales promotion material is communication and persuasion. The design of the piece often determines success or failure. 🍎 Promotional design has to sell and be sold. It faces a long list of rules and passes through a frustrating gauntlet of non-designers who have the power to reject and the inclination to revise. 🍎 The finished product has to survive a painful birth and faces the world with a lot of work to do. The examples on the next 11 pages do that work exceedingly well.

FRANKEL&COMPANY

デザインはわかりやすく
Frankel & Company

ページ
61　売るものが林檎であろうとアイディアであろうと、セールス・プロモーションの武器はコミュニケーションと説得力である。作品のデザインが、往々にして成否を決める。プロモーション・デザインは、売るためのものであると同時に、売れなければならない。デザイナーでない人々が、いろいろな規準でああでもない、こうでもない、とつつきまわしたあげく、採用にならないことだってある。やっと生き残った作品も、それからハードな仕事が待っている。この後のページに紹介するのは、上手く仕事をやっている作品の例である。

64　1、いい物バケツにいっぱい
このプロジェクトの目標は、新しい首の長い瓶を小売業者に売るため、オールドスタイルのバケツをあしらって人目をひくパンフレットを製作することにあった。そこで、バケツをパンフレットにして、瓶の形に作った小冊子を取り出せるようにして、おまけのお知らせを入れた。
2、特別なK
箱の後ろ側に健康産業で有名な人の写真と言葉を印刷し、箱によって違うメッセージで製品の信頼性を高めた。

65　1、スコットとロナルド・マクドナルドのビデオ
このビデオは、スコットの紙製品だけで作った特別な家をプロモートしている。ライブなイメージにコンピュータ生成のイメージを重ねた。
2、飛び出す家
ロナルド・マクドナルド・ハウスのプログラムでセールスマンの小売店用のパンフレット。家が飛び出すようにしたので、目をひく。
3、ハッピー・バースデー
誕生日を使ったくじ引きをカリフォルニア州宝くじのために考案して、楽しくお祭り気分のグラフィックを作りたいと思った。ケーキの蠟燭のような色と紙吹雪をデザインした。

66　1、カーレース
時速200マイルの広告塔をデザイン。レーシングカーは、製品の動く広告である。エディ・チーバーの運転するターゲットのインディーカー用の塗料カラー・スキ

　私たちの会社は、1962年に27人のスタッフでスタートした時、業界の変革を目標に掲げた。そしてプロモーションの分野でのクライアントとの関係を、何かを顧客に売りつけようとする姿勢から自分の仕事のニーズを重視するように改めた。そういう姿勢を印刷所のレベルから重役室のレベルまで引き上げたのだ。それによって、セールス・プロモーションの現場に新しいタイプのプロフェッショナリズムを持ち込むことに成功した。

　現在スタッフは300人にまで増え、シカゴでも最大規模となっている。私たちの会社が18年間もマクドナルドをクライアントとしてやってこられたのは、数多くのサービスを提供したことがその理由の一つになると思う。

　マクドナルドは会社自体がセルフ・プロモーション・エージェンシーを持っていて、その他に60〜70のローカル・エージェンシーと仕事をしている。私たちが携わっているのは主にプリント・マテリアルである。マクドナルドのコンセプトは明確に決まっているので、私たちの仕事の役割は実行に際して変化をもたせることである。もし、他の競走相手と比較して続いている秘密と言えば、いつもマクドナルドの要求にかなうような高いレベルの質の良い仕事を提供し続けているということだ。

　プリントに関しては特に注意を払っている。新しいアイデア、テクノロジーにも常に注意を向け、3Dフォト、フォトグラフなど最新の技術をクライアントに提供し、後退することのないよう気をつけている。伝統を考えたデザインというより常にマーケットを頭においてデザインする。良いデザインをするということは、とりもなおさずマクドナルドのマーケットシェアが上がるということで、私たちの努力がそのため手助けとなると信じたい。良いデザインとはよく磨かれ、洗練されていることだけでは意味がないと思う。良いデザインはできるだけストレートに理解されやすいことが大事だと思う。

　私は、顧客の立場でも代理店の立場でもセールスとマーケティングには30年以上の経験をもっている。マーケティング、セールスマンシップ、消費者行動についてよく理解していたので、マーケティング・サービスの代理店という新しい分野を開発することもできた。

　私はセールス・プロモーションはマーケティングの触媒であり、学問であると同時にアートであるから、専門的な知識とクリエイティビティが融合して最大の力を発揮することができると思っている。

　マーケティング・プランにとってプロモーションは行動の次元であることを、実際に示してきた。プロモーションは独立した分野ではなくマーケティング・プランの一部で、計測可能なものである。上手に作られ、指導され、実行され、コミュニケーションも実施もうまくいけば、プロモーションは企業の目標達成に大きく貢献することができる。

　わが社は、クライアントのビジネスニーズに役立つ総合的なマーケティング・コミュニケーションを提供して、顧客のいちばん重要なパートナーとなることを目指し、また確立した指導者、改革者の地位を目標にしている。クライアントの事業の全体に深く関わり、クリエイティブなスタンダードを提供することによって、効果的なマーケティング解決策を探る。私たちは、個人としても企業としても、成長したい。賢明に働き、成長を目指す人材にそわが社の貴重な資産である。

　わが社は、総合的なマーケティングサービス代理店である。グラフィック・デザインは、クライアントの問題解決を助ける際のクリエイティブなサービスの一つに過ぎない。

　わが社のクリエイティブ部門は4つのグループから成り、それぞれのグループは、クリエイティブディレクター、アートディレクター、コピーライターで構成されている。アートディレクターは、主としてグラフィックデザイン、ビジュアルコンセプト、最終作品が出来上がる過程の各段階でのアートディレクションを担当する。また、この他にクリエイティブサービスグループと呼ばれる部門があり、グラフィック、販促品のデザイン、AVサービスを専門にしていく。このグループの責任者はディック・ヘランドである。グループには、他にビル・ハンセン（グループクリエイティブ・ディレクター）、ボブ・ミッチェル（シニアデザイナー）、ニノ・デスポータ（アシスタント・コンピュータ・グラフィック・デザイナー）、ベット・ケーリン（販促品デザイナー）がいる。

　作品はさまざまな方法で、クライアントに提示する。もっとも古典的なプレゼンテーションのやり方はまずプレゼンテーションボードの上にデザインしたものを貼り、コンピュータ生成文字を拡大コピーしてテキストボードをつくり（目的、戦略等）、プレゼンテーションボードの縮小版を含むクライアント用のバインダーを準備するというものである。

　コンピュータはリプロダクションに役立つ。私たちは5年前からIBMとマッキントッシュを使っているが、これは性能の問題というよりソフトウェアの関係に基づいてアプリケーションにより使い分けている。マッキントッシュは主にタイプセットの部分にアクセスする。

　AVテクニックを使ってプレゼンテーションすることもあるが、その際は、35mmスライド、ビデオテープ、スライドプロジェクターを使用する。非常にユニークなプレゼンテーションの方法としては、コンピュータ・テクノロジーがある。コンピュータで生成したグラフィックスを大きなビデオプロジェクターに写す設備を備えているので、事前に用意した画像を映写し同時に現場で書き加えたり、線引きをしたりすることができる。コンピュータ通信〝ネットワーク〟も便利な手法である。カラー映像を電話線で遠く離れた場所に送ってモニターにディスプレイすることができる。こうした設備とスピーカー電話を組合せて、AVシステムで情報を送ることができる。現在、遠隔地のクライアントや支店とはこうしたテクニックで連絡を取り合って

クリエイティブ・ディレクターのディック・ヘランド氏

フランクル社のロビー

制作に使用されているコンピュータ

ベテランのデザイナー

いる。
　私が新しいデザイナーに期待することは、デザイナーとしての技術の熟達、コンピュータやグラフィックの経験である。これらは単にデザイナーとして必要な部分であるが、これに加えて自分の仕事について述べること、また自分の会社をPRする、こういった才能も必要だろう。

ームのデザインは、このアプローチをとったので大成功をおさめた。ほかの11人のスポンサーの名称とロゴを入れる苦労もあった。
2、チーム・プレーヤー
マクドナルドのオールスター・レースチームのためのテーブルマット。チームのイメージ・アドである。この紙を使ってNASCARレーサーの人気投票をする。

67　1、ハウディー、相棒、元気かね
このカウボーイTVネットワークのためのロゴは、スタイルの集大成といえよう。昔懐かしい、ロマンチックなカウボーイは馬に跨がり、現代のレタリングの助けを借りて、20世紀のケーブルTVに出現した。ビデオでみるためのロゴなので、コンピュータ・システムを駆使して、さまざまなデザインと色彩を試みた。
2、この2色刷りパンフレットは、フロンティアとTVオペレーターを遠く超える西部魂をあらわしている。
3、チームスピリット
マクドナルドのロゴとイベントの名称とレーシング・スタイルを入れるように特別にデザインしたロゴ。

68　1、お手元の情報
我々に与えられた課題は、フェデラル・エキスプレスの販促資料のデザインであった。客先に置いてくるパンフレットも含むので、強烈なCIと国際性のほかに、セールスマンが自分で工夫できるように融通性も必要である。項目別に引きやすいように、活字とバーに色をつけた。白黒のマクロなバックグラウンドはテーマのビジュアルを大胆に浮かび上がらせるために使った。白黒のバックが後にさがると色の部分が飛び出してくる。フォルダーを用意したので、セールス目的に合わせて、いろいろな組み合わせでパンフレットを置いてこられる。
2、生活の中のアート
これは、シカゴの第一回ヒューマニティーズ・フェスティバルの為のパンフレットとポスターである。目標はこのアート／音楽／文学の祭典の宣伝である。シカゴ交響楽団、リリック・オペラ、アート・インスティテュート等の後援会員が、我々の狙う顧客である。このアートのスタイルは、アーティストが自分を表現するのに用いるさまざまな媒体を表している。
3、昇給間近！
これは、フェデラル・セービング・バンク第1回全国大会のCD販促キャンペーンのためのものである。

69　1、ハッピータイム、おいしい食事
マクドナルドのハッピー・ミール用の箱のデザインの目標は、子供が喜ぶような楽しいカラフルなグラフィックスである。箱にはいろいろな食べ物、玩具、例えば、このバレンタインデーのパッケージの場合はいい香りのする紙が入っている。イラストは、楽しく想像力をかきたてるような、セッティングを与える。年間40以上の箱をデザインしている。
2、アップルに参加しよう
スコットペーパーの『学校用教材』のダイレクトメール。このプロモーションは全米の学校に貢献した。

70　1、コルベットで行こう
昔、大成功であったコルベットが当たる懸賞キャンペーンが再び戻って来ました、という昔風のディーラーのためのティーザー。
2、オールドスタイル・ビールのインスタ・ウィン
前年のコルベット・イン・ア・キャンのキャンペーンに続いて、新たにグラフィックスを変えてディスプレー、ポスターを作り、ビールのディストリビューターのためのガイドを作成した。蛍光インキと大胆なグラフィック・スタイルで、前年のPOPよりもさらに人目を引くように努めた。コルベットがここでもスターである。
3、見て、見て
このバナーは、オールドスタイル・ビールの長い首の瓶を売り出すためにデザインした。強烈な写真と鮮やかな背景は、小売業者と消費者の注意を引き、売上をの

ばす意図でつくられている。

71　1、ニュー・キッズ・オン・ザ・ブロックのパーティー
現在あるロゴ、イベントの名称、ツアー、スポンサーをあわせたロゴ。コンピュータを使ってさまざまなバリエーションを考えた。例えば、このトランスライトは、実在のバンドの写真とコンピュータで作ったアウトライニングを合わせている。
2、写真で100倍おいしい
このマクドナルドの新しい製品、ペーカン・ロールの新鮮で暖かくおいしそうなムードを出すために、ペーカン数百個を使った。
3、オレ！
このトランスライトは、これまでの食べ物の写真を革新するものである。黒い皿はこの作品の中心となる特別な料理をのせている。黒という無彩色は、回りの色を引き立たせる。活字とアートは、南西部のムードを出すように選んだ。
4、今夜のマック
このマクドナルドの3Dトランスライトは、夜間の売上をのばすためキャラクターにマックを使って雰囲気を出した。彼のまわりには、ロケットのキーボード、夜の空、雲、強烈なマクドナルドのCIを配した。
5、ファジータにフォーカス
新製品紹介のためのこのトランスライトは、とてもおいしそうで新鮮なセッティングを使っている。製品の名称を宣伝するため、大胆なロゴを使った。
6、ファジータのピンナップ
トランスライト、ピン、パッケージング用のロゴ。サイズをかえて、読み易いようなロゴを使って作成した。

72　1、コルベット
オールドスタイル・コルベット・イン・ア・カンのキャンペーンの主役は、もちろん、自動車のコルベットだが、プログラム実施ガイドブックではマーケティングが王様である。パンフレットには、媒体による購入、POP、ディスプレー、インセンティブ・プログラム、プロモーションのための資材などを入れなければならない。このほかに、消費者の反響を呼ぶためにポスターも製作した。
2、楽しく走ろう
名前を登録するだけで、ジョギング愛好者はこの楽しいTシャツをもらえる。大胆なグラフィックと力強い色彩で、このキャンペーンもレースを完走することだろう。
3、記述に価する
オールドスタイルでは、「ストリート・ビート」という名前で地域のアマチュア・バンドのコンサートを開いている。ロゴはストリート・アートからとった。

73　1、世界的な！
ユナイテッド航空の新しい国内／国際線の宣伝を旅行代理店向けにするために、ダイレクトメール・キャンペーンを行った。ユナイテッドならではの洗練された、しかも派手でわかりやすいものにした。
2、「ライズ＆シャイン」
マクドナルドの地方店向けガイド。切り紙のデザインを使って、朝起きて元気いっぱいの様子を表した。
3、お知らせ
ユナイテッド航空の旅行代理店向け、太平洋地域のサービス拡大のパンフレット。色とアートと洗練されたスタイルで繰り広げるストーリー。
4、純金の輝き
このポスターは、2つの目的をもつ。シカゴのゴールド・コースト・アート・フェアーのお知らせと、このたびリバーノースで開催されるというお知らせである。見た人がゴールド・コーストとリバーノースを結びつけるように、グラフィックなスタイルがいいと思った。シカゴに敬意を表して、タイプは建築的なものにした。

74　1、リンリンリン
シティーコープ・セイビングスの新しい名称、シティバンクを徹底させ、電話によるバンキング・サービスを宣伝するという至上命令があった。我々の解決策は、「ハロー、シティバンク」であった。電話に関係した賞品を使ったので、言いたいことが明確になった。
2、電話のパールちゃん
電話のパールちゃんのおかげで、難しいハイテクが親しみ易いものになった。このアプローチは後に賞を得たものだが、アメリテックのコール・マインダーという音声メッセージ・サービスを「スムーズ・トーカー」として確立した。自分のスタイルをもつパールちゃんは、ハイテック・サービスを身近なものとし、お友達に電話した。

Bud Frankel / President Richard Helland
Frankel & Company
111 East Wacker Drive
Chicago, Illinois 60601-4208
Tel No. 312-938-1900
Fax No. 312-938-1901

A bucket of the best.
The design objective for this project was to create a catchy and involving brochure, featuring the Old Style bucket, that would sell the new, long-neck bottles to retailers. The bucket became the brochure. Individual, removable bottle booklets featured information about the premiums.

Special K all the way.
We featured profiles and testimonials by notable men and women in health-oriented professions on the back panels. The look-open and one-to-one adds authoritative credibility to current claims of the brand.

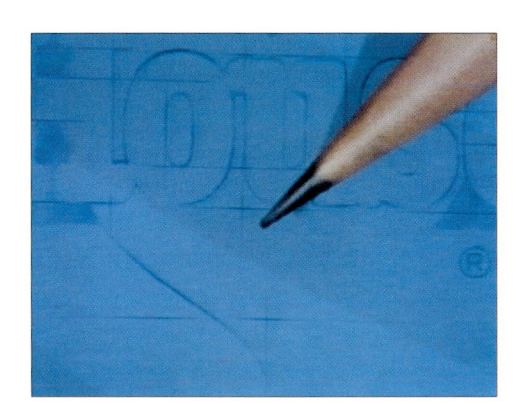

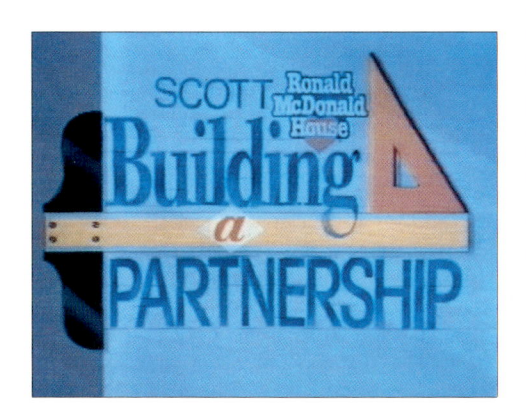

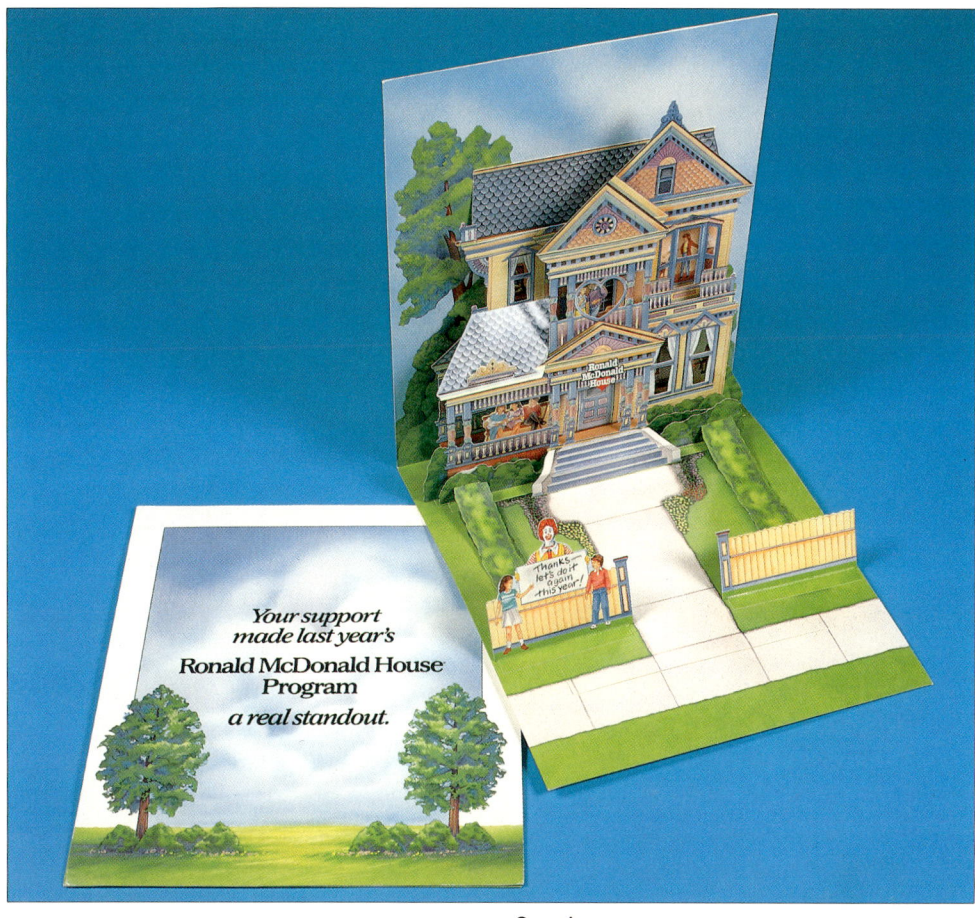

Open house.
We created this brochure for Scott salesmen to take to retailers to sell them on the Ronald McDonald House program. The pop-out house makes this piece stand apart from ordinary brochures.

Scott Paper and Ronald McDonald House on video.
The Scott and Ronald McDonald House video promoted a "very special" house constructed entirely of Scott paper products. The video mixed live images with computer generated images.

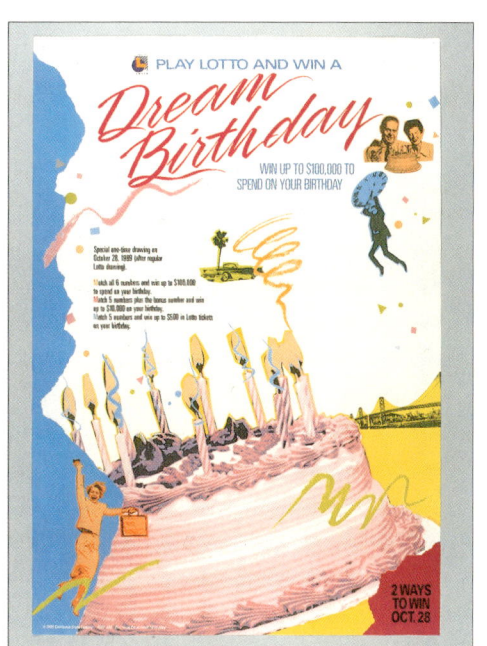

Happy Birthday!
After conceiving of a lottery using the winner's birthday, we were looking for graphics that communicated a fun, festive birthday celebration for the California State Lottery. Our solution was a festive, dream-like look. We introduced colors that read like birthday candles, and integrated confetti to give the illustration energy.

65

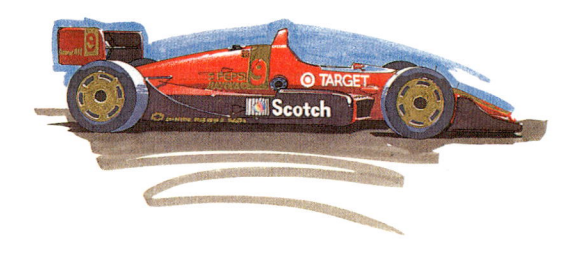

Racy.
Imagine designing a billboard...that traveled 200 miles per hour! That's what a racing car is–a moving ad for a product. And that's how we approached designing the paint schemes for Target's Indy racing car, which was showcased in promotions and driven by Eddie Cheever. The schemes also had to work with the names and logos of 11 other sponsors.

Team Player.
This trayliner for the McDonald's All-Star Race Team was an image ad for the team. It also served as a ballot so the customer could vote for his favorite NASCAR race car driver to be on the team.

Howdy, pardner.
This logo for The Cowboy Television Network was a roundup of styles. The nostalgic, romantic figure of a cowboy on his horse was pulled into the 20th (cable-ready) century via a contemporary lettering style. Since we knew the logo would be viewed on video, we ran it through our computer system so we could see how various designs and colors looked on video.

© 1990 Frankel & Co.

The 2-color brochure extended the spirit of the West beyond the frontier and into the hands of cable TV operators.

Team Spirit.
This revved-up logo was specifically designed to incorporate McDonald's logo, the name of an event, and a racing style.

A world of information at your fingertips.
Our assignment was to design integrated sales materials for Federal Express. Part of the package included leave-behind brochures. They had to communicate strong corporate identity and global presence, plus be flexible so the salesforce could customize their presentation. Each subject was designed with color-coded typefaces and color bars for easy reference. Black and white macro backgrounds were shot to create bold, dramatic visuals to complement page themes; black and white recedes, allowing color elements to "pop." The folder allows any combination of brochures (a mini library) to be left behind, tailoring the sales call.

Art for life's sake.
We designed this brochure and poster for Chicago's 1st Annual Humanities Festival. Our objective was to create awareness of this art/music/literature celebration. Patrons of such organizations as the Chicago Symphony Orchestra, Lyric Opera, and Art Institute comprised our target audience. This art style embraces the different mediums artists use to express their creativity.

You deserve a raise!
This campaign, created for 1st Nationwide Federal Savings Bank, promoted a bonus incentive for purchasing a CD.

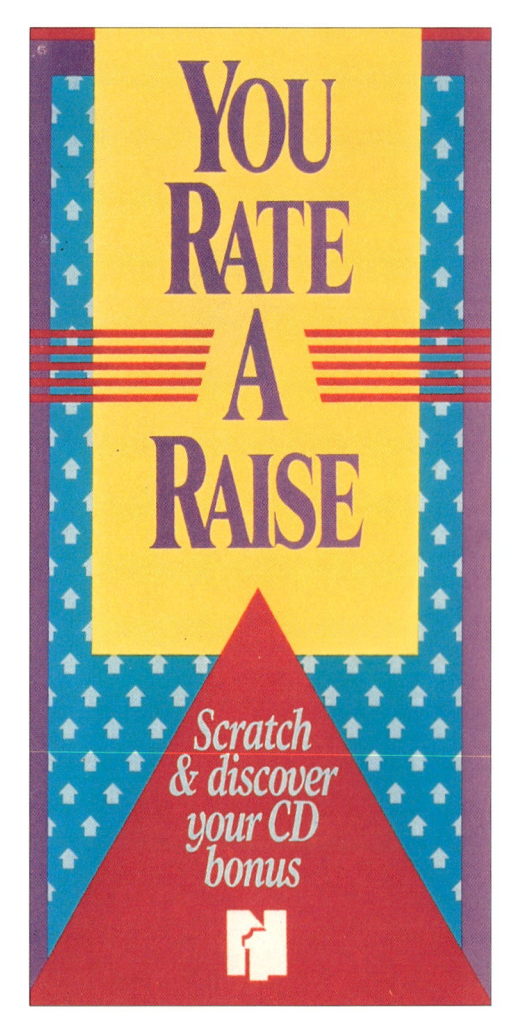

Happy time! Happy meal!

The design objective for McDonald's Happy Meals boxes is to create fun, colorful, and entertaining graphics that will appeal to boys and girls. Boxes contain meal combinations, toys, or, in the case of this Valentine's Day package, a set of scratch 'n' sniff cards. We use illustration because it allows us to create fun and imaginative settings and backgrounds to work activities into. We design more than 40 boxes a year!

Join the Apple Corps!
We developed this direct mail brochure for Scott Paper's "Learning Tools For Schools" program. The promotion benefited schools across America.

Corvette-to-go.
This was a teaser to Old Style dealers to let them know that the successful Corvette giveaway promotion was...back!

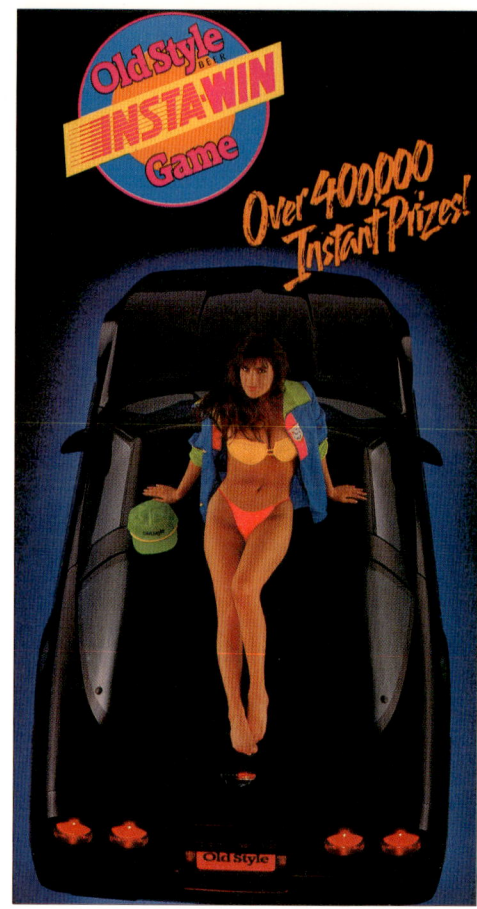

Old Style Beer Insta-Win.
The previous year's successful promotion of Corvette-in-a-Can was updated with new graphics, displays, posters and program execution guides to the field of beer distributors. The look incorporated flourescent inks and a bolder graphic style to gain even more attention than the previous year's P.O.P. And once again the Corvette was the star.

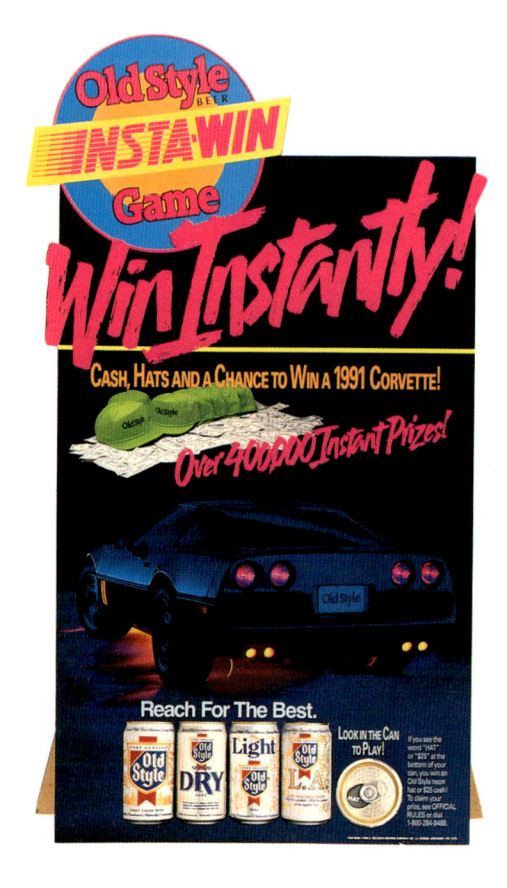

Look up!
We designed this banner to introduce Old Style Beer's longneck bottles. Strong photography and a brilliant background were used to spark attention, and spark up sales, from retailers and consumers.

70

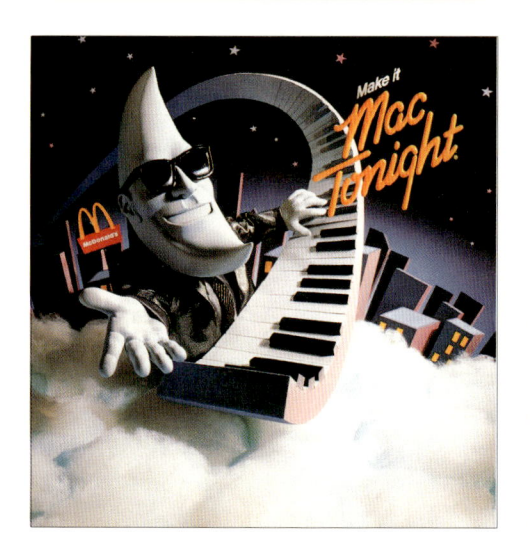

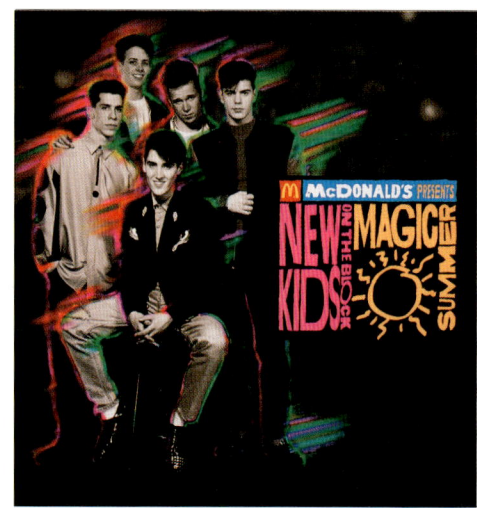

New Kids On The Block party.
This logo incorporated an existing logo, the name of an event, a tour, and sponsor. We also created variations of the logo utilizing our computer. For example, this translite incorporated an existing band photo and computer-generated outlining.

A picture is worth a thousand yums!
We used hundreds of pecans to capture and reinforce the fresh, warm, appetizing appeal of McDonald's new pecan roll.

Ole!
This translite was a dramatic departure from previous food shots. A black plate served as the special ingredient that gave this piece its focus. A great neutral, black makes everything around it, colors and product, pop. Type and art were chosen to enhance and accent the Southwest flavor.

Mac Tonight!
This 3-D translite for McDonald's was designed to promote evening sales and create an ambiance using "Mac Tonight" as our spokesperson. We created his environment-the rocket keyboard, night sky, clouds, strong McDonald's identification-and hired a model maker to build all of the components.

Focus on fajitas.
This McDonald's translite for a new product introduction featured the food in the most appetizing and freshest setting. We used a bold graphic logo to attract the eye to the name of the product.

Fajita pin up.
This logo design was slated to be used in translites, pins, packaging, etc., so we had to make sure the logo would be readable at several sizes.

71

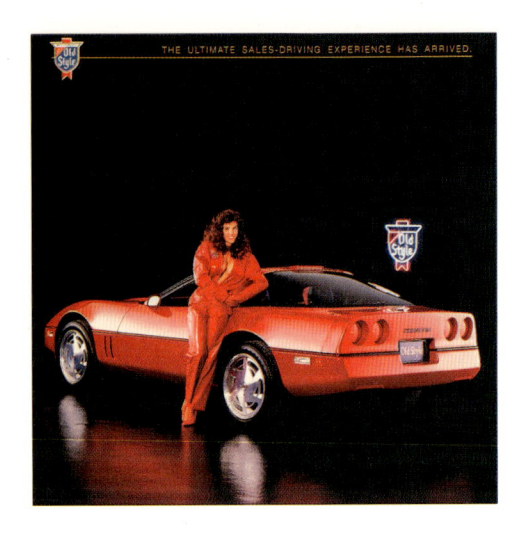

Corvette clout.

The Corvette automobile was definitely the star of our Old Style Corvette-In-A-Can promotion. But in the Program Execution Guide, marketing was king. This booklet needed to cover the following: media buys, P.O.P. displays, incentive programs, and the mechanics of setting up a promotion program. Plus a promotional poster was created to generate consumer excitement!

Fun run.

Just for signing up, runners received this fun T-shirt. Bold Graphics and energetic colors work to send it across the sales promotion finish line.

Noteworthy.

Old Style sponsored a concert series called "Street Beat" for neighborhoods and their local bands. The logo was inspired by street art.

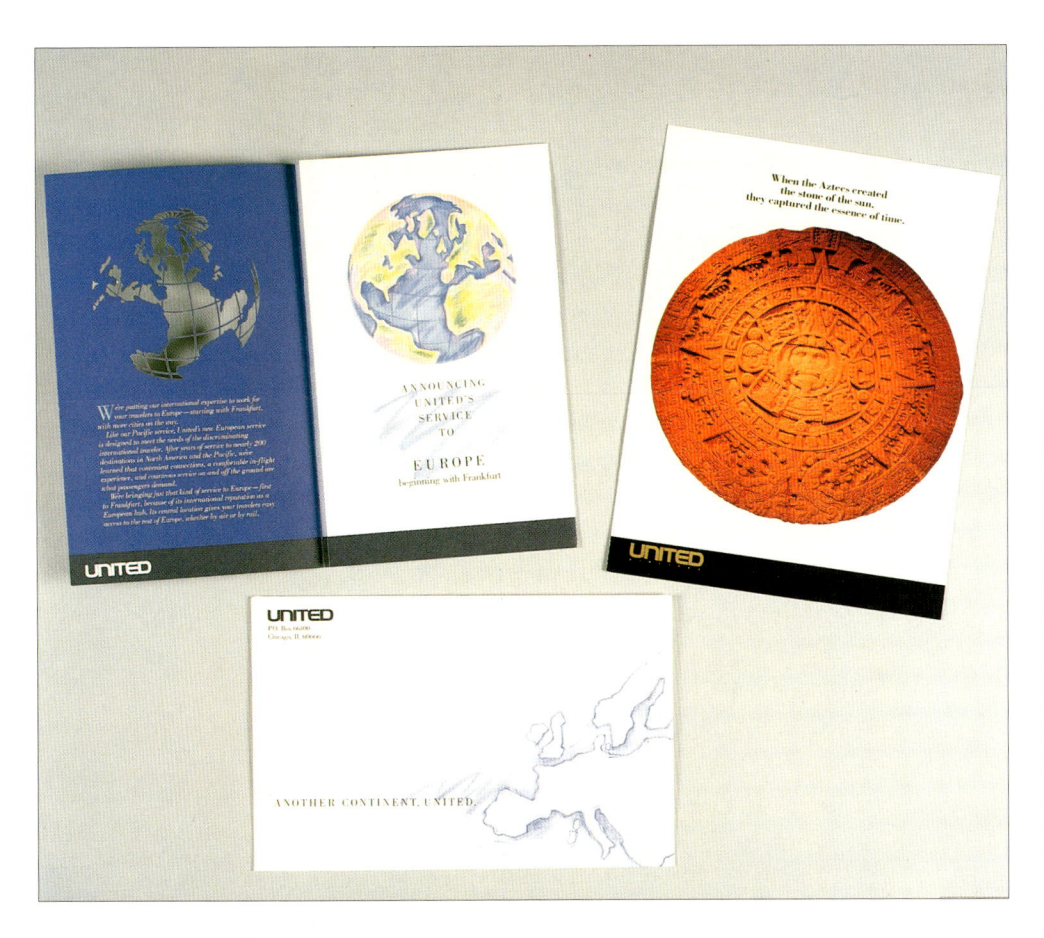

World class.
To reach travel agents with news of United's new domestic and international services, we developed a direct-mail campaign that was United-sophisticated, yet eye-catching and easy-to-follow.

Rise and shine.
We used a colorful cut paper design to capture the morning's burst of new energy for this Local Store Market Guide prepared for McDonald's

The News Unfolds.
We developed this United brochure to inform travel agents of the airline's expansion throughout the Pacific. A fantasy of art and color, it tells the story with sophisticated style.

Good as gold.
This poster had two objectives. It had to announce Chicago's Gold Coast Art Fair, and it had to communicate the fact that it was now held in River North. We wanted a very graphic style that would direct the public to make the connection between Gold Coast and River North. And in honor of the cityscape, we designed the type to have a very architectural quality.

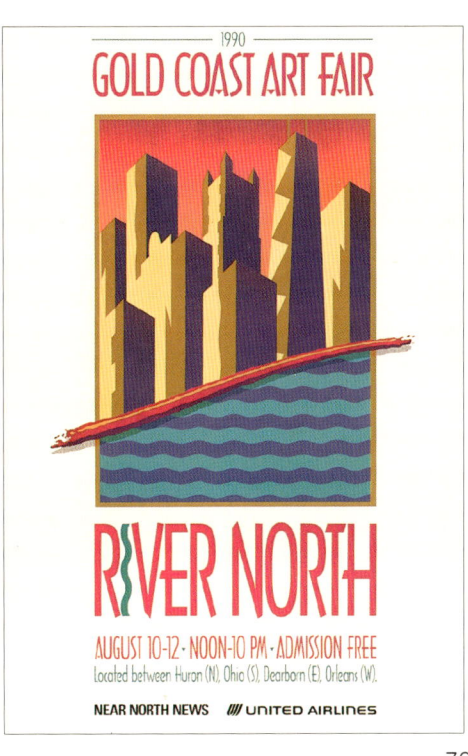

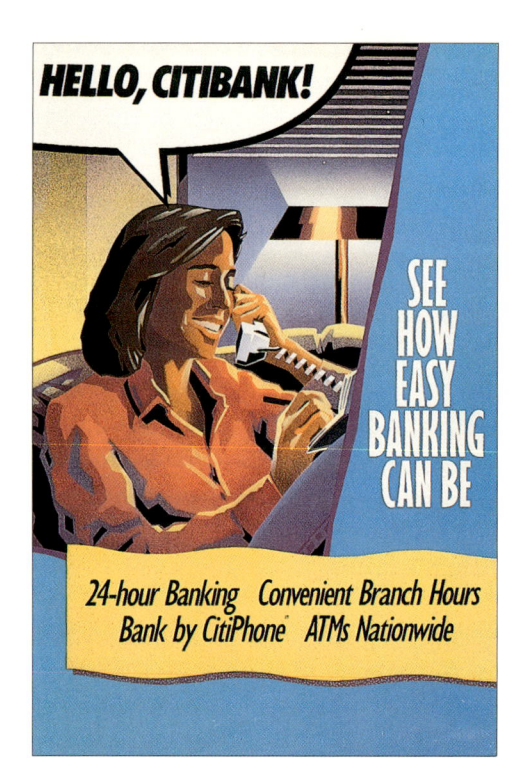

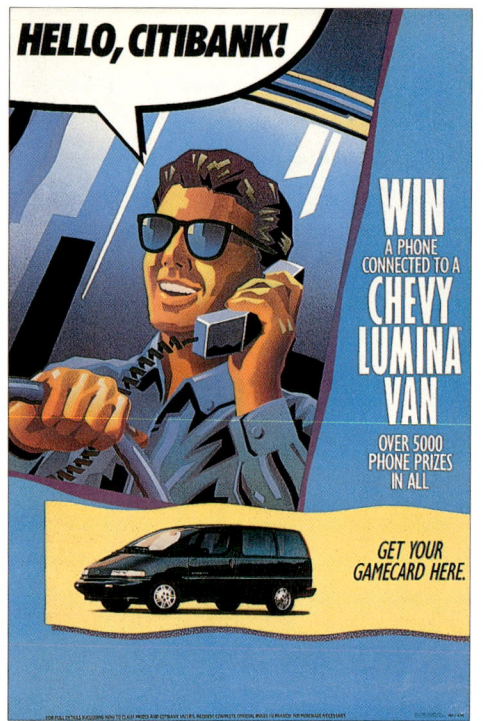

Rrrrring!

This project called for one dominant theme that would establish Citicorp Savings new name, Citibank, and communicate their new banking-by-phone service. "Hello, Citibank" was the answer. A sweepstakes, with a phone-related prize structure, made the message ring loud and clear.

Meet Pearl.

High technology got a fresh, friendly and new face thanks to "Pearl, the phone." This award winning creative approach positioned Ameritech's Call Minder voice messaging service as a "smooth talker." Literally. Pearl, who definitely has a style of her own, brought a high-tech service to life, and turned a phone into a friend.

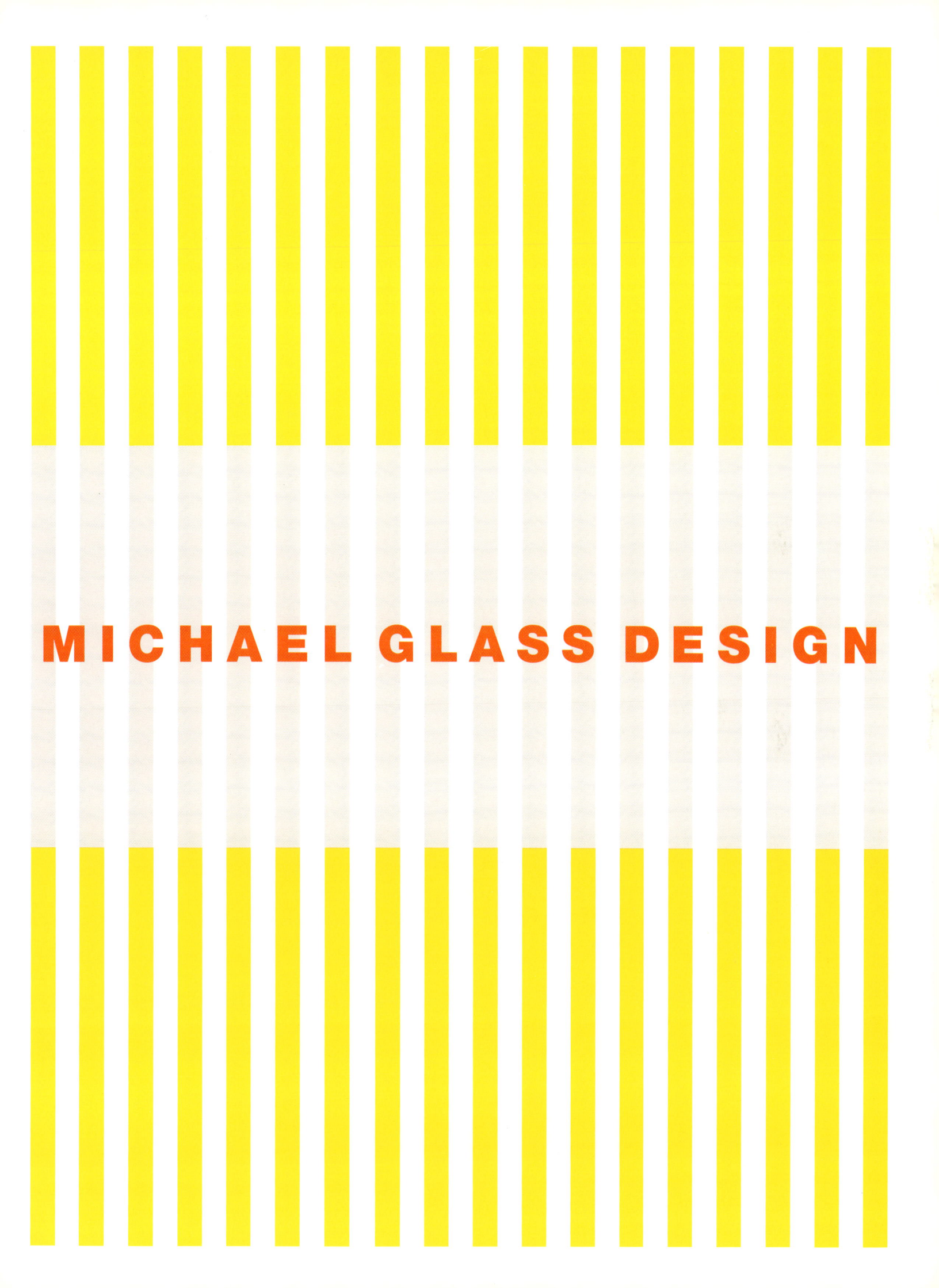

MICHAEL GLASS DESIGN

コンセプトを持った
問題解決

Michael Glass Design, Inc.

私はクライアントに対して自分だからこそできる表現をしたいと思っている。そのため形だけのデザインを提供することはない。私たちはクライアントの抱えている問題を解決するためにデザインの役割をよく理解し、ビジネスの上での役割に立ってクライアントの期待するデザインを提供している。

わが社は、デザインは情報を伝えるばかりでなく、人々をその環境の中のフォルムと時代の特徴に敏感にするという信念を持っている。デザインは哲学であり、アートであり、良いデザインはデザイナー、ライター、建築家、発注者、その他プロジェクトに携わっている人々の相互の尊敬の念から生まれるものである。さらに、文化一般に対する道徳的な責任があり、フォルムと表現とは気高くも、卑しくもなれるというのが哲学である。スタイルの細部やファッションの卑近さを超えるデザインがあると信じている。クライアントのために最大の努力をはらうという目標を達成するために、私たちはまず耳を傾け、学んだ上で、デザインによる解決策を提供する。こうしてクライアントのために、プロジェクトにふさわしいイメージを創造することができる。

会社が世間で有名になるのは、ロゴやロビイ活動や、アートのコレクションなどではなくて、その行動、実績、哲学などによってである。ただしそのような行動、実績、信念などを、これまで会社について何も知らなかった大衆に広く知らせるための手段を見出すのはデザイナーの仕事である。会社、個人の別を問わず、すべてのクライアントはその特徴となる特別な力をもっている。今日では、会社の数と同じくらいたくさんあるイメージ・メーカーに頼んで、自社のイメージを特注することができる。一般的なデザイン、不正直なスタイル、特徴のないイメージなどは、化粧のようなものに過ぎない。ところが、良いデザインはクライアントとデザイナーとの交わりの産物であり、デザイナーは企業に個人的なまたはファッショナブルな『ルック』を押し付けるのではなくて、イメージを企業の真の性格に合わせる。長期的には、様式は内容よりも重要であるということはなく、ファッションが思索に打ち勝つなどということは絶対にありえない。

クライアントは、私たちの質の良さや、その方法の素晴らしさ、タイポグラフィの力量、視覚コンセプトを十分理解した上でクライアントの理由も含めて、コミュニケーション、マーケットの問題を抱えて私たちのところへ来る。

私たちの考える良いデザインとは、適性、意外性、美しさ、良く記憶にとどまること、の4点を兼ね備えたものである。作品はある時間が経過すれば印象が失われることは避けられないが、そのアイデアが記憶から去ることのないことが望ましい。

コーポレート・イメージの仕事はいま全体の40〜50％の割合を占めている。コーポレートはシンボルにとどまらず、全体のイメージとしてロゴ、サイン、パーソナル・イメージ等々、あらゆる分野にアプローチする。

クライアントに対するプレゼンテーションは、最初の段階では、クライアントが気持ちよく話を進めていけるように、あらゆるテクニックを使って仕事を進める。第一段階ではなるべく2〜3人の小人数で可能性についてアイデアを出し、あまり形式ばらない雰囲気でディスカッションを行う。私たちはクライアントをデザインプロセスのある一部分と見なして、その作っていく過程での楽しみも、十分に味わってもらうことにしている。ある時は視覚に訴える物も提供してディスカッションも行い、最終的な段階にもっていく。あくまでもクライアントが気持ちよく決定をくだすことが大切である。リサーチも大切な部分で、会社の歴史を知り、社内においてさまざまな人々と話し合ったり、社外の競争相手を観察し、また系列会社の場合はそれぞれについて見ていく。

またマーケティングはクライアントの知識にだけ頼らないという意味で、将来のニーズについて考えるのに役立つ。私たちは常に良い聞き手であり自分たちの考えていることをクライアントにさし示す勇気をもっている。

デザイナーはその作品に対して、基準を保ち、真の品質を追求する厳しさをもたねばならない。クライアントからは取りかかったプロジェクトについて具体的にかつ詳細にわたる情報を得なければならない。私たちの信条は、伝統的な人の手に技の価値を見出す古典的なトレーニングにある。技能をマスターしたうえで、現代の最先端技術を身につけることが、今日のデザイナーに要求されている。コミュニケーション業界の爆発的な進歩は、新しいツールを提供し、言語の壁をこえるコミュニケーションの手段の数々を可能にした。世界が狭くなるにつれ、人々はすべて社会的な認識を分かち合わねばならない。グローバルな考えをもつ必要がふえ、デザイナーは今日と明日の問題について指導的立場にたって発言をしなければならない。

日本のデザインは昔から優れていることで知られているが、デザインの面では先進国である西洋の諸国と活発な交流が始まったのはつい最近のことである。ますます広がっていく国際社会はその中に住む人々がこれまで知らなかった美学や哲学を知り、学び始めるにつれて、すべての面において一層豊かとなる。この情報の分かち合いと交流とは、均質性を目的とするべきではなく、世界が異なる意見に耳を傾ける用意が出来つつあることを信じて、自分の国の伝統と文化をさらに自由に表現できる方向へと向かうことを、最終目標にするべきである。

2〜3年前からプレゼンテーションにコンピュータを導入し、色の変化などを経済的な方法で早くクライアントに見せることができるようになった。プレゼンテーションの際のクライアントは1人の時もあれば100人の時もあり、人数によりスライドを使って行うこともある。

コンピュータは制作過程のツールとしては、とても経済的である。伝統的な方法で見せるより、サインなどの時は、早さの点で便利である。私たちはデザインのツール

「良いデザインはコンピュータでは作れない」マイケル・グラス氏

スタッフのマンガが制作室に　　　　プレゼンテーションの準備

古い建物の中にモダンなスタジオ

としてブラッシュ、ペンシル、コンピュータなど、どの方法でもこだわらずに使っている。

　私たちは2人共、現在イリノイ大学で生徒にデザインを教えているが、生徒たちはコンピュータに没頭するあまりコンピュータなしでデザインする方法を忘れてしまうのではないかと心配している。高校からすでにコンピュータをしっかり使いこなしている彼らにとって、コンピュータはなくてはならないツールとなっている。

　クライアントについて考えると、コンピュータのテクノロジーだけを使うデザイナー、アマチュアのデザイナーは、それにより安くデザインを売ることができる。しかし、テクノロジーはあくまでも知識であって、決してそれがデザインになることはない。デザインの質ということを考えると、コンピュータのスピードが100の悪いデザインを生む。たった一つの良いデザインはコンピュータには作れない。

ページ

78　マイケル・グラス・デザインは、顕著なデザインは情報を伝えるばかりでなく、人々をその環境の中のフォルムと時代の特徴に敏感にするという信念をもっている。デザインは哲学であり、アートであり、良いデザインはデザイナー、ライター、建築家、その他プロジェクトに携わっている人々の相互の尊敬の念から生まれるものだというのが、その信条である。さらに、文化一般にたいする道徳的な責任というものがあり、フォルム表現とは、気高くも、卑しくもなれるというのが、哲学である。スタイルの細部やファッションの卑近さをこえるデザインがあると信じている。

Michael Glass/President
Kerry Grady
Michael Glass Design, Inc.
213 West Institute Place, Suite 608
Chicago, Illnois 60610-3125
Tel No. 312-787-5977
Fax No. 312-787-5974

Michael Glass Design is rooted in the conviction that distinctive design not only relates information, but encourages people to be alert to the forms of their environment and to the character of their times. The firm is dedicated to the idea that design is philosophy as well as art, that good design stems from a sense of mutual respect among business associates, designers, writers, architects, and others involved in each specific project. Furthermore, there is an additional, moral responsibility to the culture at large, and an underlying belief that form and expression can ennoble or detract. We are committed to a definition of design that reaches beyond the particularities of style or the immediacies of fashion.

79

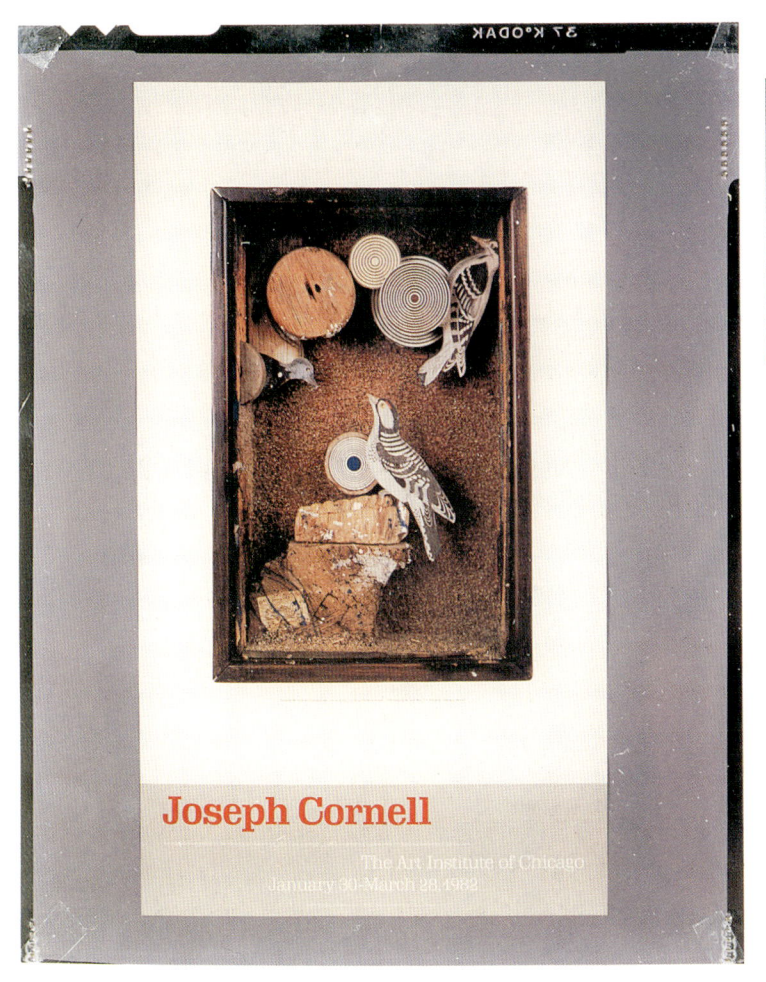

Contemporary Czechoslovak Posters
AIGA/Chicago and the American Center for Design
December 13, 1990 through January 24, 1991

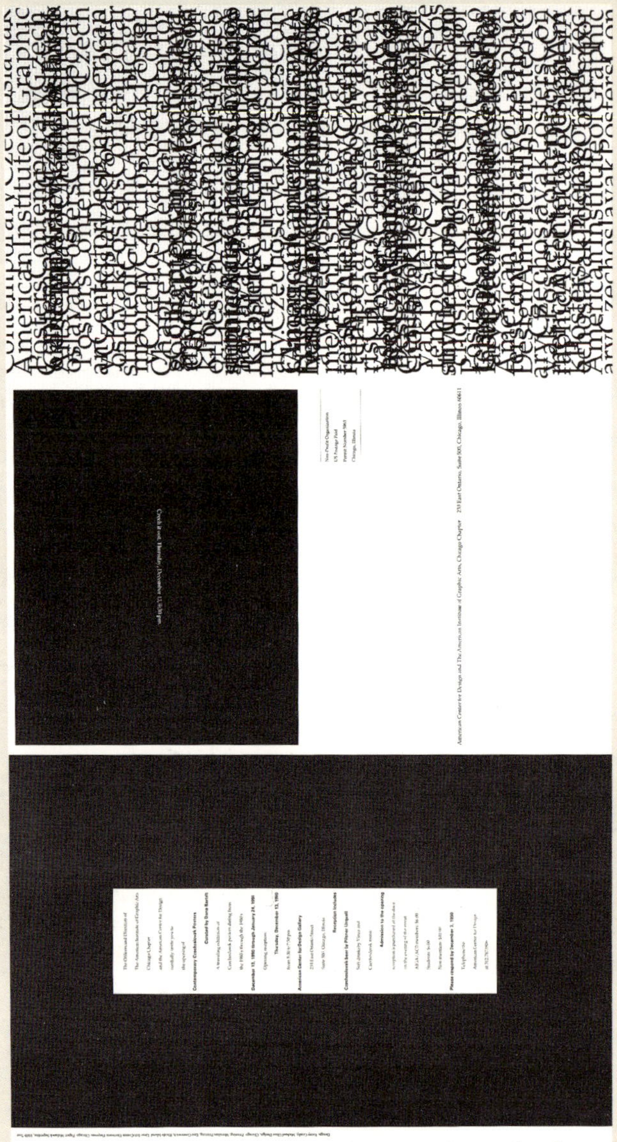
Contemporary Czechoslovak Posters is the first exhibition of its kind offered in the United States. For this exhibition, Dana Bartelt has selected from her collection of over fifteen hundred contemporary Czechoslovak posters, two hundred works by Czech, Moravian and Slovak artists. The posters, which she accumulated during her graduate work at North Carolina State University and two research trips to Czechoslovakia, include film, theater, political, commemorative, environmental and commercial posters dating from the 1960's through the 1980's. All of the posters predate the peaceful "velvet" revolution against the Communist regime of the preceding forty years. These posters, chronicles of social, cultural and political events, document the ebullient spirit of their creators through their power, poetry and wit.
In their visual sophistication, these posters reflect the cultural heritage of Czechoslovakia, a small country which can boast of the second oldest university in Europe, twenty professional theaters in Prague alone, an opera house in every regional city, and a remarkable musical tradition. It's a country of readers, where people form queues in front of bookstores whenever a new, desirable book becomes available, and where poetry is published in unusually large volumes. Cultural activities and performing arts constitute the primary source of the designer's inspiration.
Many of the designers are internationally known and have exhibited and won awards throughout the world. For some, this is the first time that their work has been exhibited in the United States. Over eighty artists are represented. The vibrant posters are testament to a willful artistic spirit that exists within the socialist political context.

81

82

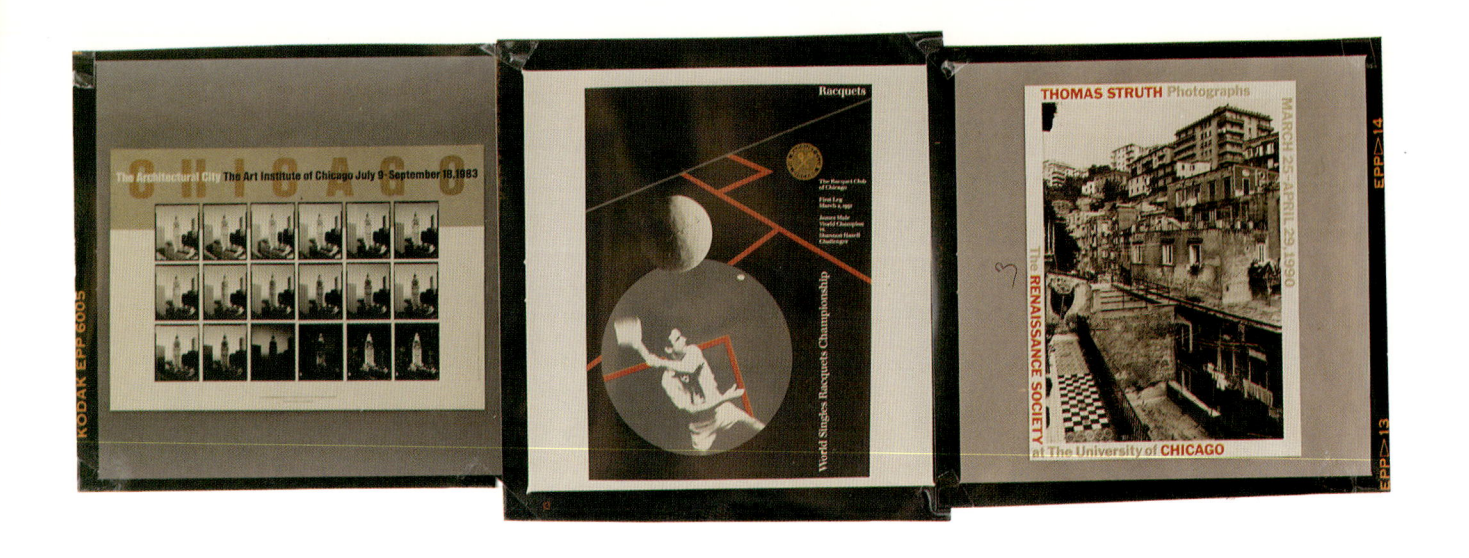

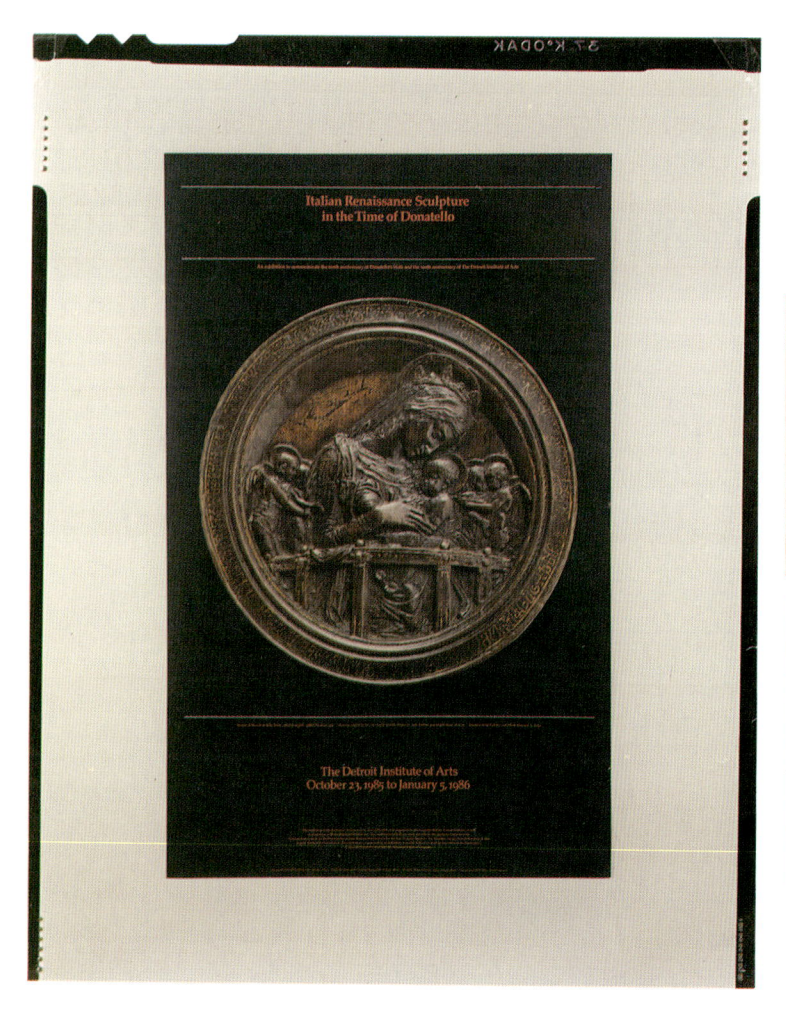

83

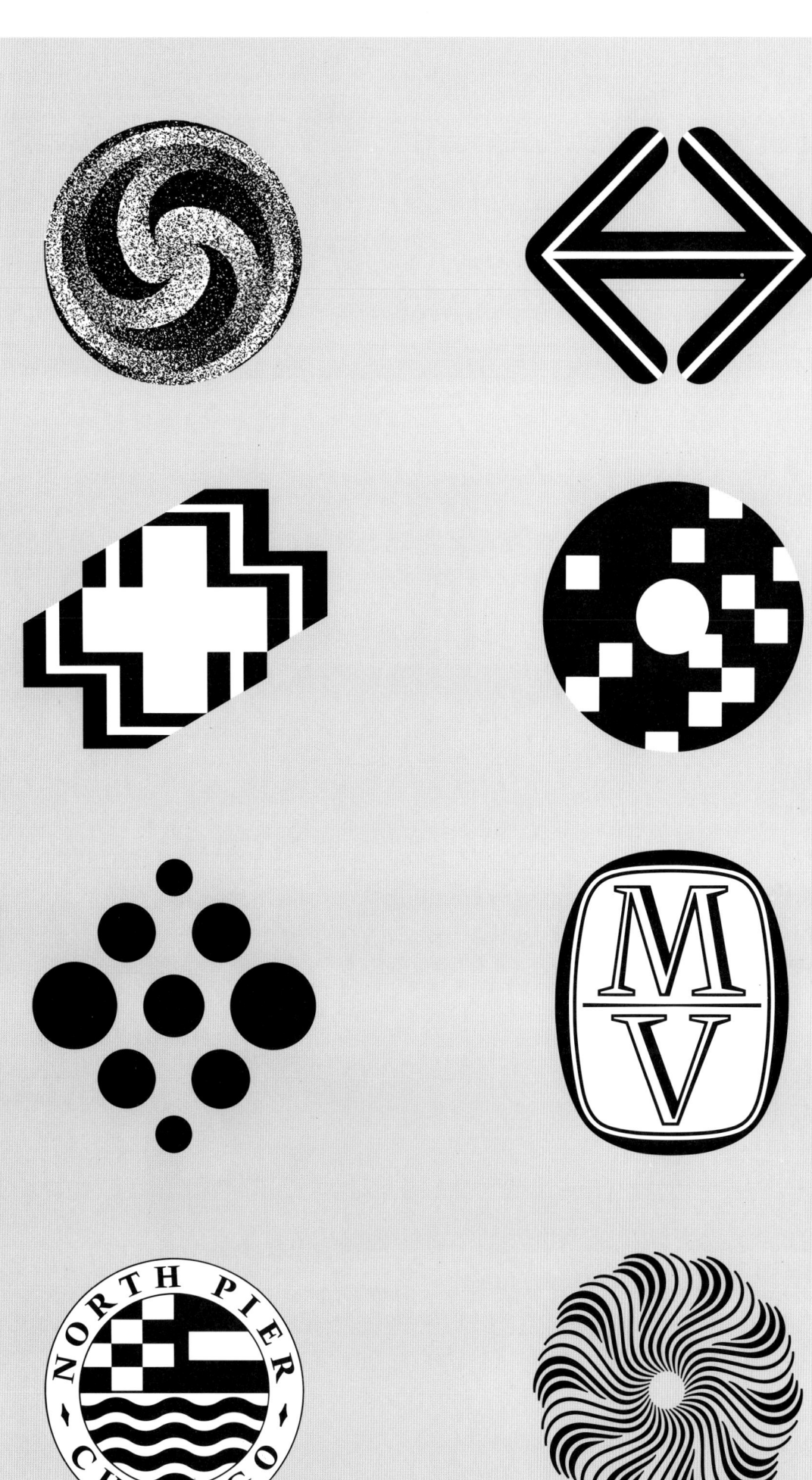

84

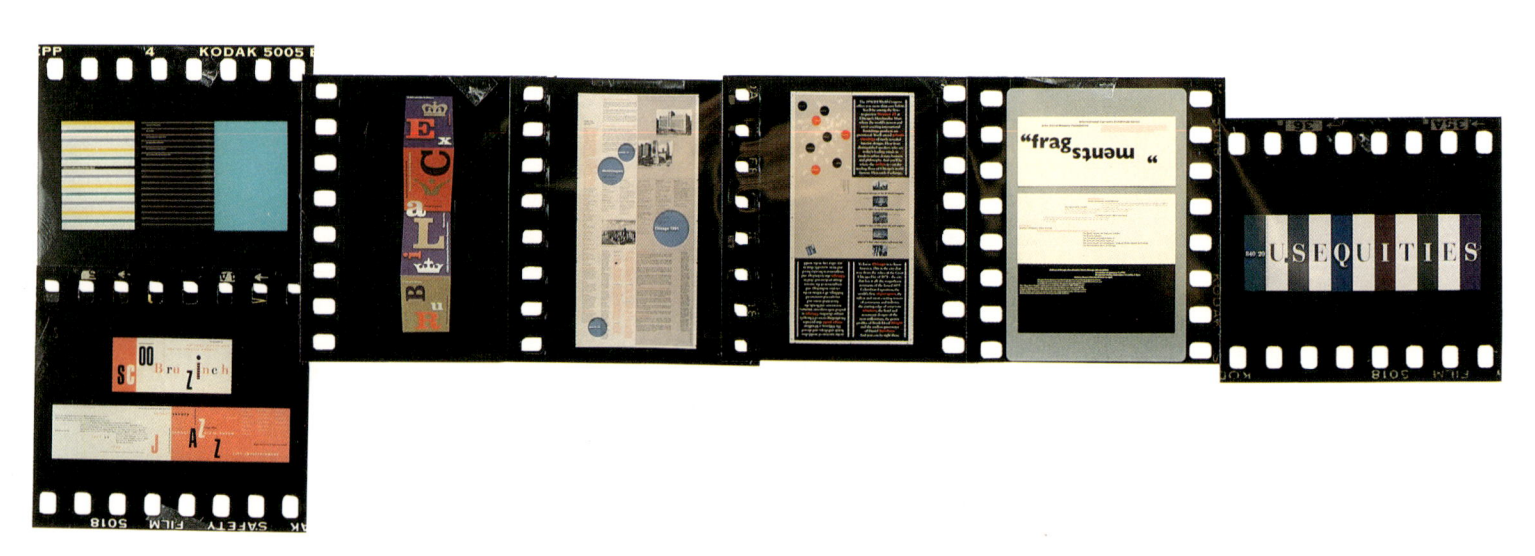

85

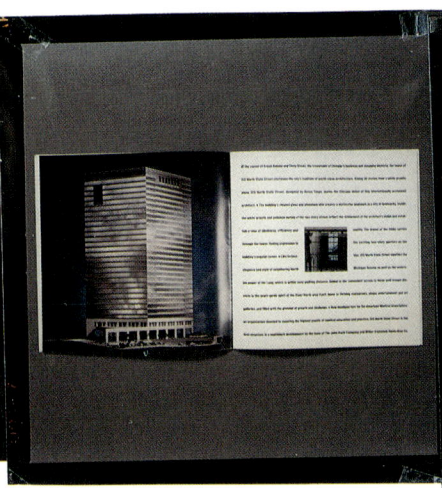

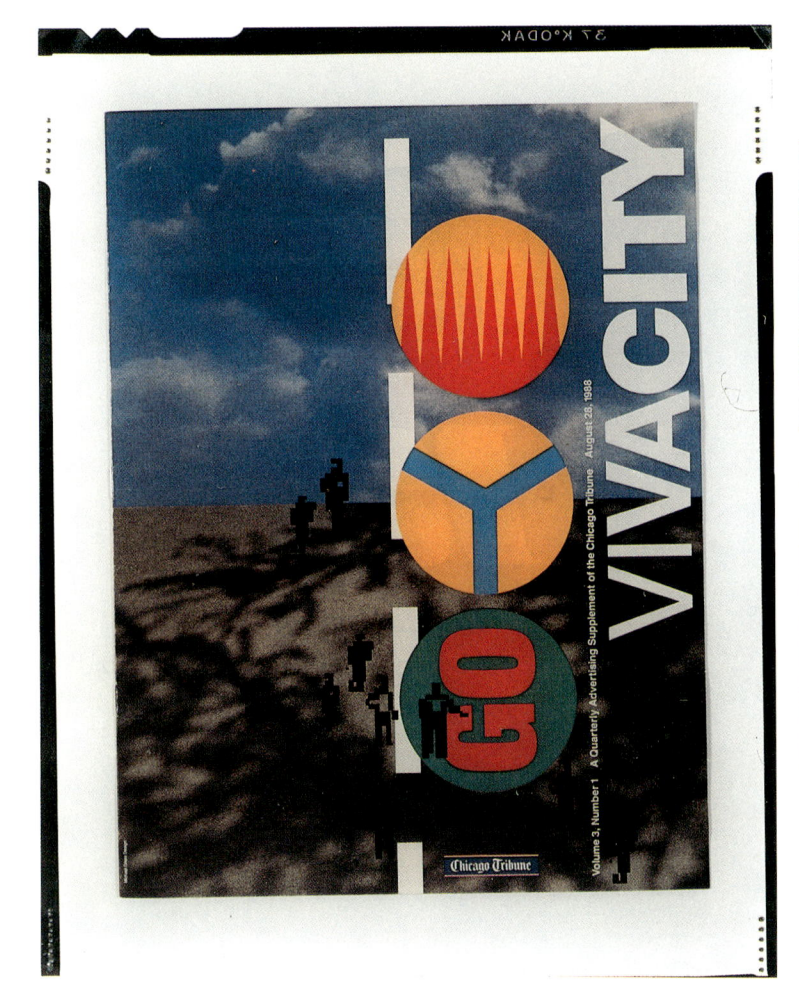

beef VooDoo bar

401
SOLE MIO

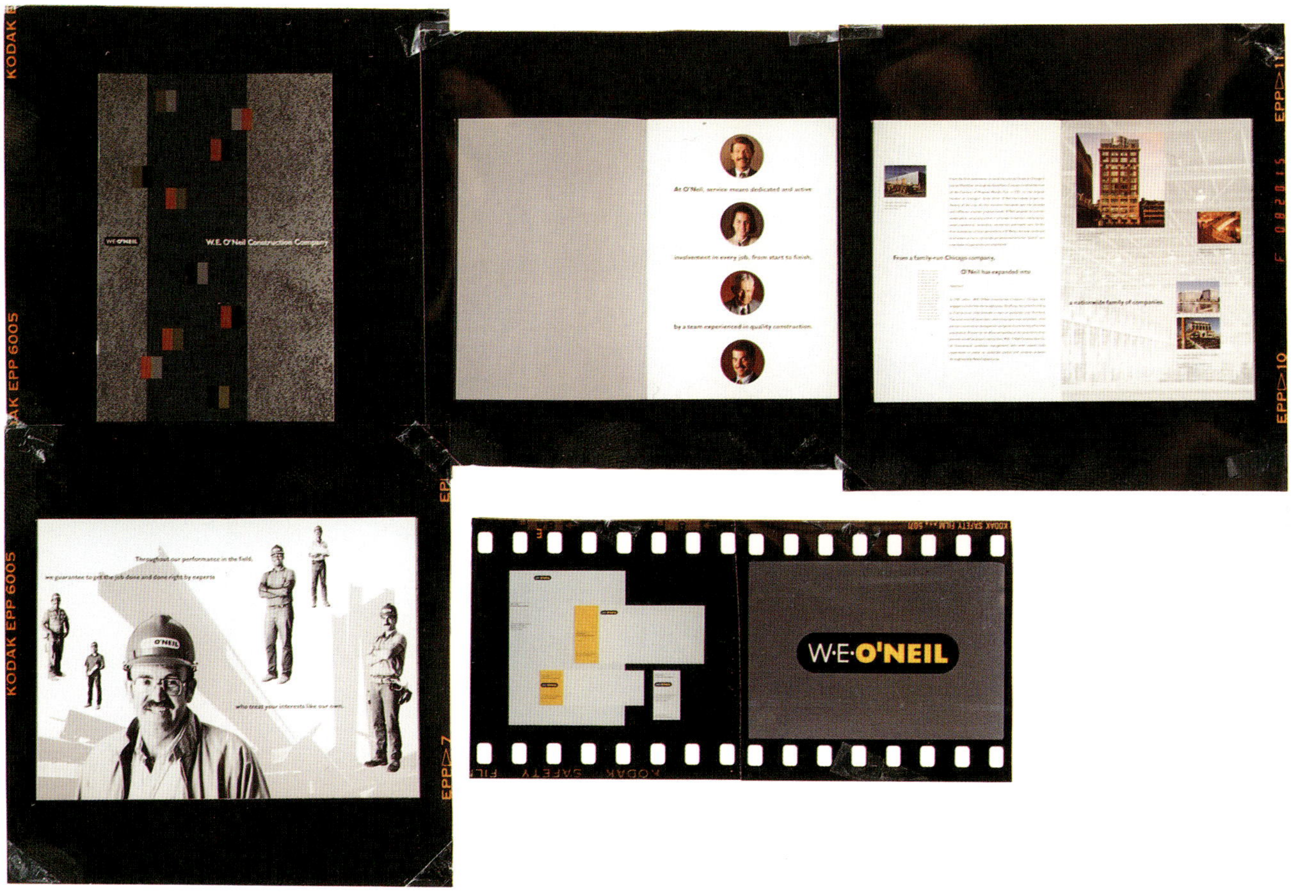
W.E.O'NEIL
W.E. O'Neil Construction Company
At O'Neil, service means dedicated and active
involvement in every job, from start to finish,
by a team experienced in quality construction.
From a family-run Chicago company,
O'Neil has expanded into
a nationwide family of companies.
Throughout our performance in the field,
we guarantee to get the job done and done right by experts
who treat your interests like our own.
W·E·O'NEIL

The Fish Fry
EXPO
FOCUS
B DALTON BOOKSELLER
HAPPENCHANCE
MALI II
DEER PATH GALLERY
THE WATER CLOSET
Field Box Aisles
116-118
Terrace Box Aisles
216-218

Michael Glass Design, Inc. 213 West Institute Place, Suite 608, Chicago, Illinois 60610 USA

88

Yoshi Sekiguchi
Yoshimation!

Filling the gap between animation and print

誰にでも理解される創造性

Sekiguchi Design

私の会社は個人事務所に近い性質を持っているので、原則としてクリエイティブな仕事は自分一人で受け持ち、制作には必要に応じてフリーランサーを雇っている。そして、仕事の量は私一人の眼が十分にき届く範囲に制限している。

初めはグラフィック、CIなどを手がけていたが、現在はその他にコンピュータ・グラフィック、DTP（デスク・トップ・パブリッシング）、プリントを媒体としたアニメーション・システムなどが仕事として加わっている。

私が企業のCI戦略について常々残念に思っていることは、企業が拡めようとしているイメージとその内容があまりにもかけ離れている例が多いということである。つまりその企業の実態や理念がうまく表現されていないのだ。これからはもちろんビジュアル・コミュニケーションも必要だが、その企業が社会にあるいは世界にどのように貢献できるかということを的確に明示する必要があるだろう。例えばどんなに優れたデザインの製品でも、それが地球環境の破壊につながるようなものなら売れないということである。

人それぞれに個性的な顔や性格があるように、企業にもそれぞれのイメージがある。大衆的な店に対して、単にデザインだけで高級なイメージを与えようとしても逆効果で、客は離れていく。大衆の期待しているイメージより、ワン・ランク上の位置を狙い、10年後でも古臭くならないようなイメージを制作するのがよいと信じている。

クライアントがもっとも陥りやすい誤りは、外部の人たちも自分たちと同様に、その企業に理解や関心をもっていると錯覚することである。このことを実感させることが、私たちのいちばんの仕事といってもよい。自分の働いている会社を第三者的な立場から冷静に判断することができなければ、よい仕事はできないだろう。

クライアントが私に仕事を依頼してくるいちばんの理由は、独自の創造性を大衆にもプロにも理解できるよいデザインを追求していく姿勢に魅力を感じてくれているからだと思っている。

人間の頭脳の構造はコンピュータよりも複雑で、現在までの経験と知識がすべてインプットされている。物を考えるとき、問題点が見つかれば、後は自然に解決策も浮かんでくる。デザインとは、問題解決そのものだと信じている。

プレゼンテーションはすべてコンピュータで行っているので、画材が必要でなくなった。コンピュータでデザインしたものをビデオに移し、ポータブルのレコーダーでクライアントに見せる場合は大きなスクリーンに映すが、一人二人を対象にプレゼンテーションする場合は、レストランで食事をとりながら行うこともある。いちばん大切なことは相手をリラックスさせることである。

クライアントが納得しないのは多くの場合、彼らが求めているものとプレゼンテーションが一致しなかったのが理由である。その時点でクライアントが何を求めているのかもう一度正しく理解し、彼らにもそのことを確認する。

私たちがとっているCI計画のプロセスはまずクライアントの業務、歴史、理念、将来の計画など可能な限りデータを集め、理解することから始まる。そして、次にロゴ、シンボル、トレードマークのスケッチを多数制作し、クライアントがどのようなものを追求しているのかを探る。それからそれぞれ傾向の異なる3タイプのデザインに絞り、それをさまざまなアプリケーションに適用して最終的な決定をする。

CI計画にはもちろん正確なリサーチが必要だが、それにあまりこだわりすぎると、全体のイメージが見えにくくなってしまう。データそのものより、クライアントが将来どの方向に進むべきかを決定し、そのイメージに合わせていくのがもっとも大切である。

私が日本のクライアントに対して持っている印象は、決定権を持つ人がはっきりせず、また日本の本社からの指示を待つケースが多くてターゲットを絞りにくいというものである。私が彼らに対して望むことはとにかく決定権が誰にあるのかクリアにしてもらいたいということである。日本では仕事を進めたり、物事を決定するときグループで討論することが多いが、よい意味でその場をとり仕切るワンマンな人が必要である。

日本人とアメリカ人のコミュニケーションギャップは言葉の違いだけでなく、意思表示の仕方にも現れている。例えばアメリカのデザイナーが日本のクライアントにプレゼンテーションした場合「大変よいデザインですが、会社と相談して後日連絡します」と言われれば、デザイナーのほうは95％はOKだと信じてしまう。しかし、実際は拒否であることのほうが非常に多い。日本人ははっきり断ることが非常に苦手であるが、それは事後処理を困難にし、かえって相手を傷つけてしまうことになってしまう。

学校でもCIデザインについての講義はしてくれるが、やはり実際の仕事で10～20年の実務経験は必要である。デザイナー志望の若い人はこのことをよく考え、まず基本的な技術を身につけてほしい。また、コンピュータの発達により、職人的な技術が過去のものになりつつあるのは確かだ。「考える」「創造する」といったこと以外のプロセスは、コンピュータがもっと速く能率的に処理してくれるので、コンピュータを使いこなせる技術も必要になってくる。

Yoshi Sekiguchi／President
Sekiguchi Design
437 Marshman Street
Highland Park, Illinois 60035
Tel No. 708-433-4140
Fax No. 708-433-4650

セルフ・プロモーション。10数年前からデザイン作業にコンピュータを導入

ヨシ・セキグチ氏

8㎜ VTR でのプレゼンテーション

Photo. Richard Christianson

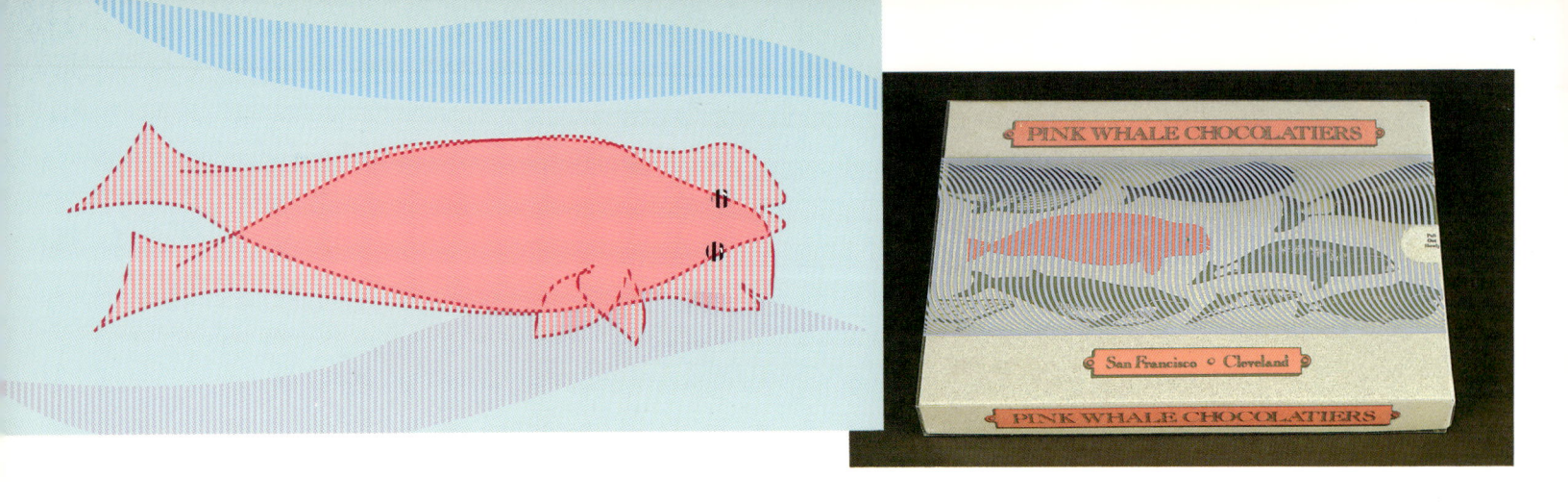

YOSHIMATION!™

I have invented two animation systems: *Magic Screen*™ utilizing an opaque grid pattern, and *Magic Lens*™ with lenticular lenses. All the graphics shown in this section are computer-generated, although photographs work equally well.

Since these systems are very new in the market, many of the application examples shown in this book are for illustrative purposes only. They were created to show the possibilities of the animation systems, and are not intended to be produced commercially.

YOSHIMATION

二つのアニメーションシステムを発明した：半透明のグリッド・パターンをつかった Magic Screen™とレンチキュラーレンズを使った Magic Lens™。このセクションのグラフィックスはコンピューターで作ったが、写真でもうまく行く。
市場でも新しいシステムなので、この本の例は、説明のためである。アニメーションシステムの可能性を示すために製作したもので、商業目的のために使用するつもりはない。

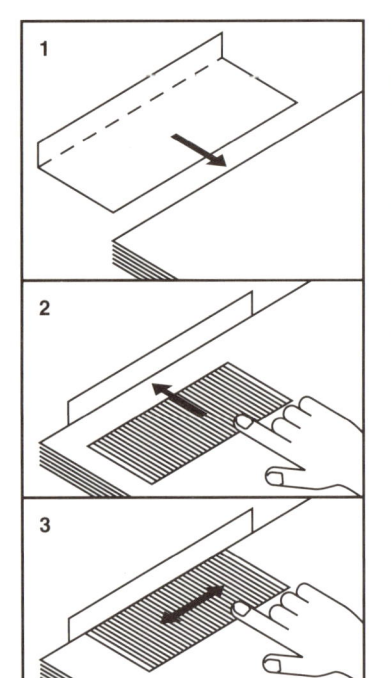

How to experience YOSHIMATION!™

The alignment of the enclosed plastic grid sheet with the graphics is critical to this animation system. It's possible to align them visually, but I find the method explained below easy and accurate.

1) You will need a roughly 4" by 5" piece of stiff paper or lightweight cardboard. Bend one edge lengthwise to create a wall about 1/2" tall. Insert the paper under the page you are looking at. This wall should touch the edge of the page so it is perpendicular to the stripes in the graphics. **2)** Place the plastic grid sheet against the wall. Always keep slight pressure against the wall so that the sheet makes contact to the wall at all times. Now you see that the stripes in the graphics perfectly align with the stripes in the grid sheet. **3)** Move the grid sheet back and forth very slowly and enjoy YOSHIMATION!™

YOSHIMATION の実験

プラスチック製グリッドシートをグラフィックと整合させるのがアニメーションシステムを成功させる秘けつ。目で見ながらできるけれど、以下に説明するやり方が正確で、やりやすい。
１）４"Ｘ５"の堅い紙か、薄いボール紙の長い方の端を1/2インチ折り曲げる。開いたページの下側に紙を差し込む。この折り曲げた端はページに接していて、グラフィックの線にたいして直角でなければならない。
２）プラスチック製グリッドシートを折り曲げた端に突き合わせる。シートを端に押し付けるように軽く圧力をかけておく。グラフィックの中の線がグリッドシートの線と完全に合致しているのがわかる。
３）グリッドシートをゆっくりと動かし、YOSHIMATION™を楽しみましょう！

Pink Whale Chocolatiers

In 1988, Tom Bayerle, president of the San Francisco-based Pink Whale Chocolatiers, asked me to design a package for his delicious home-made chocolates. My intentions were to create a box which would be kept even after the contents are consumed.

I created a box with an outer plastic sleeve. When the sleeve is moved back and forth, the pink whale on the box starts swimming. This design solution was an instant hit with children of all ages, and also marked the birth of my two animation systems.

ピンク・ホエール・チョコレート

1988年にサンフランシスコに本拠をおく、ピンク・ホエール・チョコレートの社長トム・ベイリーから、ホームメイド・チョコレートのパッケージをデザインしてくれと頼まれた。中身を食べてしまった後でも取っておきたいような箱を作りたいと思った。
外側にプラスチック製のケースをつけた箱をデザインした。ケースを動かすと、箱の鯨が泳ぎ出すのだった。このデザインは年齢を問わず子供たちの間ですぐに人気がでて、二つのアニメーション・システムが生まれることになった。

Japan Air Lines

As you walk or drive in front of this billboard or internally illuminated display, movement is simulated. Japanese cranes, the symbol for JAL, flap their wings, and the jet stream from the plane moves.

These systems do not require any moving parts to create animation, thus saving energy, maintenance, cost and the environment.

日本航空

内側から照明しているディスプレイ看板の前を歩いたり、運転していると、動いているように見える。JALのシンボルである鶴が翼を動かし、飛行機からジェット雲が流れる。
これらのシステムは可動部品がなくともアニメーションを作り出すことができ、エネルギーと費用の節約、保守が要らず、環境を保護する。

Marlboro Cigarettes

The same graphic can be applied to many advertising and promotional media. Here, the cowboy and horses bring animation to billboards, magazine inserts, cigarette packs, and ashtrays.

マールボロ
おなじグラフィックを幾つもの広告やPR用のメディアに用いることができる。カウボーイと馬のアニメーションを看板、雑誌のインサート、たばこのパッケージ、灰皿に使った。

Reebok Sport Shoes

Six different shoes make stepping motions on this billboard application as if they are defying gravity. The flag of Great Britain waves as you drive by. This photo was taken directly from the computer screen.

リーボック・スポーツ・シューズ
看板のうえで、六つの違った靴がまるで重力に逆らっているかのように、動いている。そばを走る車にむかって、イギリスの旗がはためく。この写真が直接コンピューターのスクリーンから撮ったもの。

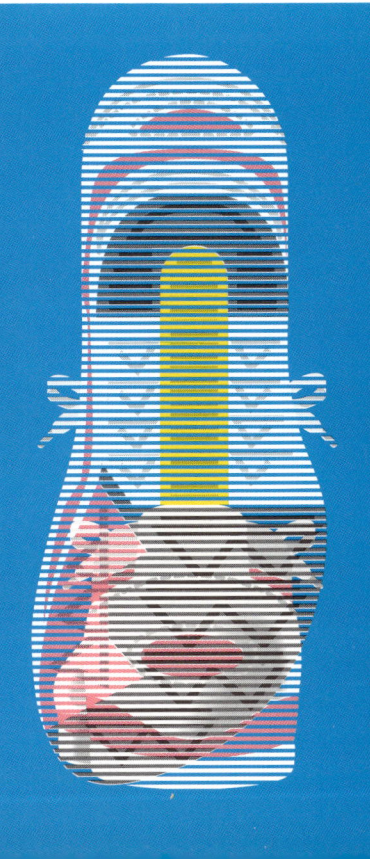

Magazine Cover

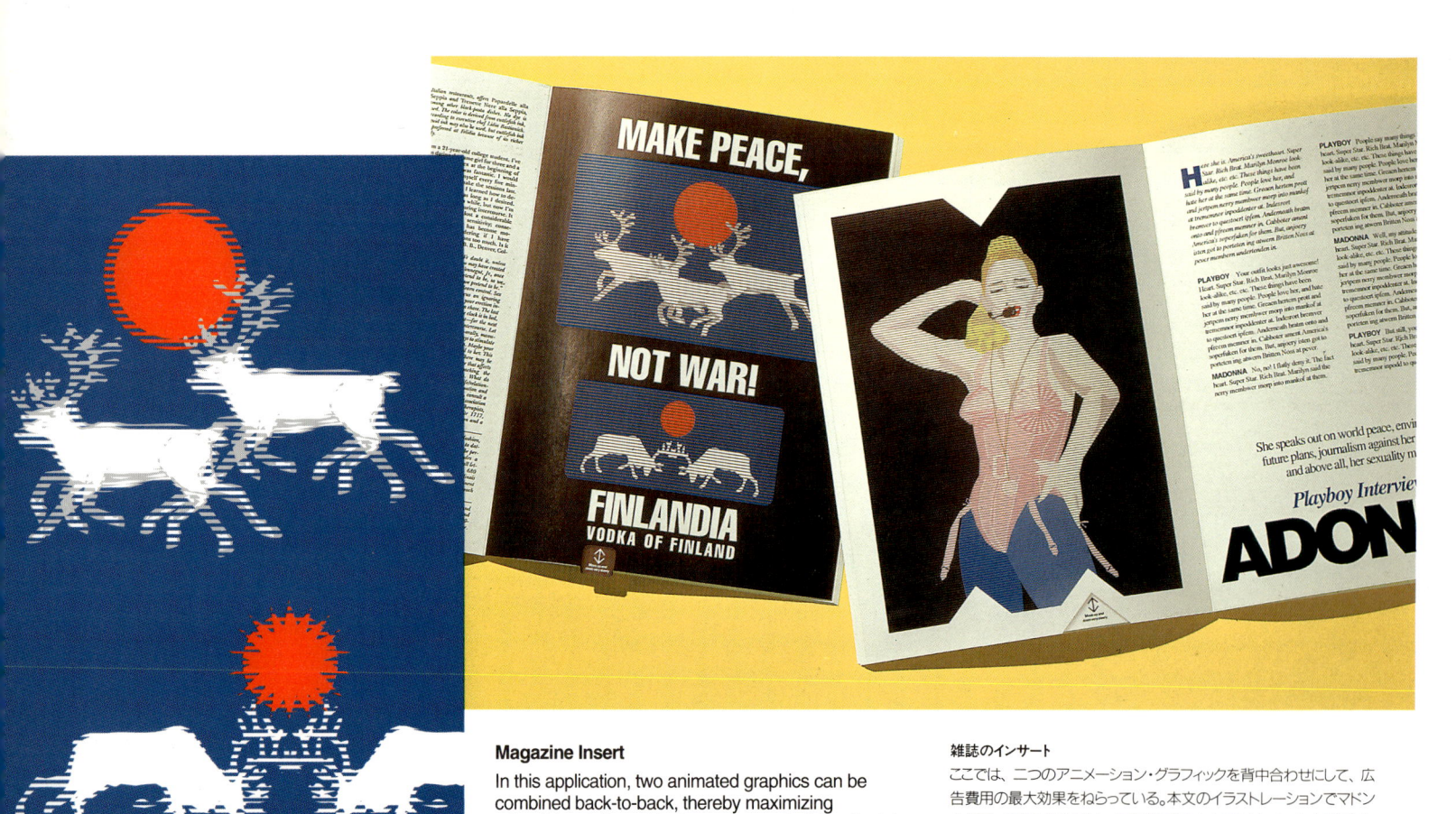

I came up with this concept after President Bush's comments comparing Saddam Hussein to Adolf Hitler. This magazine cover example shows how two different images can be juxtaposed in an eye-catching manner for added visual impact.

雑誌の表紙

ブッシュ大統領がサダム・フセインをヒットラーになぞらえたあとでこのコンセプトを思いついた。この雑誌の表紙では、二つの違ったイメージを目を引く方法で重ね、ビジュアル・インパクトを高める方法を示している。

Magazine Insert

In this application, two animated graphics can be combined back-to-back, thereby maximizing advertising dollars. Madonna dances in this editorial illustration, while on the reverse side, Finlandia Vodka introduces its new symbol in a social context.

雑誌のインサート

ここでは、二つのアニメーション・グラフィックを背中合わせにして、広告費用の最大効果をねらっている。本文のイラストレーションでマドンナが踊っているのを見せ、反対側ではフィンランド・ウォトカの新しいシンボルを社会的な意味をもたせて紹介している。

Compact Disc/Record Packaging
These fictitious examples show two different formats. The CD packaging works in a similar manner to the billboard application, in that the movement of the viewer, not the grid, creates animation. In the record jacket, the rotation of the internal disk shows several images through the window where the axial grid is placed. These design solutions also act as effective point-of-purchase displays.

CD／レコードのジャケット
仮の例で、二つのフォーマットを示す。CDジャケットは看板の場合と同じように、グリッドの動きではなく、見ている人が動くとアニメーションをつくりだす。レコードのジャケットでは、内側のディスクを動かすと、軸方向のグリッドがおかれている窓の中に、幾つかのイメージがあらわれる。このデザインはPOPディスプレイの場合も効果的である。

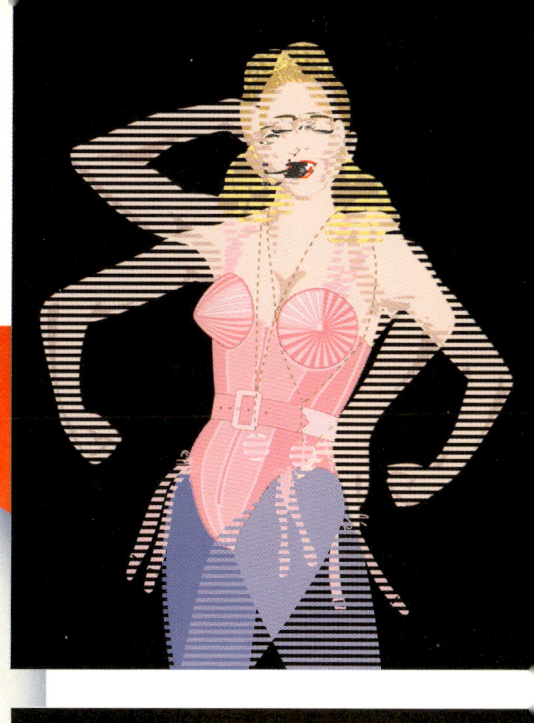

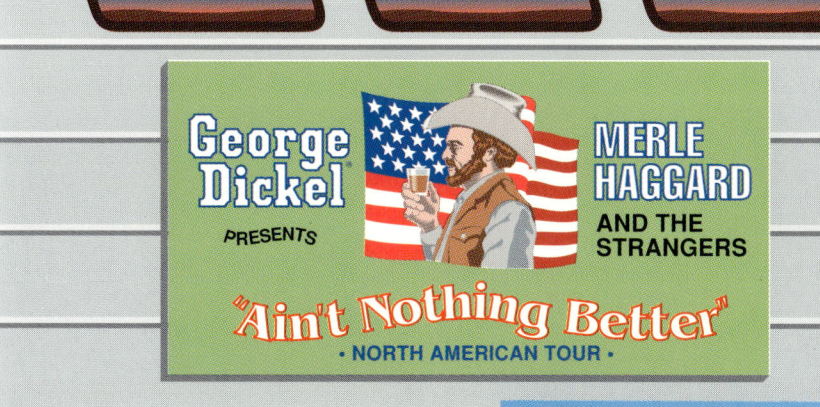

Promotional Campaign
I couldn't help but include my favorite country singer, spokesperson Merle Haggard, in this section. Here, the graphics were applied to his tour bus, and to a promotional premium for George Dickel whiskey. Motion is created when the thermal glass is turned.

プロモーション用のキャンペーン
大好きなカントリー・シンガー、マール・ハガードをどうしてもこのセクションに入れたかった。これは巡業用のバスとジョージ・ディケル・ウイスキーの販促用商品に用いたグラフィックで、保温グラスを回すと、動きが生まれる。

95

McDonald's Seasonal and Educational Promotion

Here, McDonald's characters in holiday costumes are shown in a countertop display, a thermal mug, and a tree ornament. The countertop display doubles as a window display when applied to windows, attracting passing street traffic.

The McVideo premium offers a series of inserts to make reading fun and encourages repeat customers.

マクドナルドのクリスマス用と教育用プロモーション
カウンター用、保温マグ、クリスマスツリーのディスプレイにクリスマス用の衣装を着せたキャラクター。カウンター用のディスプレイは、ショウウインドゥ用にもつかえ、通行人の目をひく。
マクビデオ賞品は、読書の楽しみを語るインサートで、固定客を増やそうという試み。

Signage

In these examples, animated graphics increase visibility and awareness, thereby making effective permanent signage for theme parks and events.

サイネージ
ここでは、アニメーション・グラフィックを用いてビジビリティーと意識をたかめ、テーマパークやイベントでのパーマネント・サイネージの効果をたかめようとした。

Educational Aids

To promote literacy, I created a series of educational aids with animated graphics which make learning fun. The animated alphabet book has been applied to a book stand, a book with a movable grid overlay, a toy with scrolling images, and a direct mail teaser which previews animation.

教育用ツール

識字運動のために、勉強をおもしろくするアニメーション・グラフィックを使った教育用ツールを考案した。本立、可動のグリッドシートをかぶせた本、イメージをスクロールさせるおもちゃ、動くダイレクトメール

Children's Book

This popular Japanese fairytale, *Tsuru-no-Ongaeshi*, (commonly translated as "Crane Wife"), is a beautiful story which expresses the Japanese spirit of indebtedness and self-sacrifice. A series of books such as this can provide a window into the Japanese mind, and can prevent misconceptions at a very young age.

絵本

日本のおとぎ話『鶴の恩返し』は日本人の恩と自己犠牲に関する心を表現する美しいお話。このような絵本のシリーズで日本人の心を見せ、小さい子供達の誤解をふせぐことができる。

Invitations and Greeting Cards

Popular media personality Oprah Winfrey curtsies in a holiday greeting card, and gives a thumbs-up on a three dimensional invitation card which encourages people to participate in her show.

招待状やグリーティングカード
オプラ・ウイニフレイを使ったクリスマスカードと、彼女のショウへの招待状

Animated Corporate Identity

In the direct-mail business, encouraging the public to open the mailing is the main objective. Here, the animation of three familiar symbols solve this problem.

アニメーションを使ったCI
ダイレクトメール業界では、受け取ったダイレクトメールを開封してもらうことが主要な目的である。馴染みのある三つのシンボルのアニメーションでこれを達成しようというのだ。

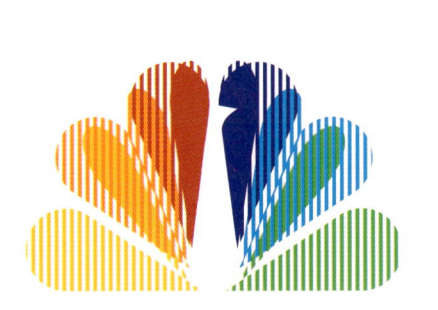

Premium Thermal Mugs and Glasses

These animated premiums are low cost, effective and collectable. They not only attract attention, but also leave a long lasting impression.

販促用の保温マグとコップ

低コストで、効果の高いコレクション用の販促用品。目を引くばかりか、長続きする印象を与える。

Bottles and Fine Glassware

The labels are pasted or printed on the opposite sides of the bottles and glassware. When filled, the beverage acts as a magnifying lens, enlarging the images horizontally to the correct proportion. This application features amination *and* distortion, for a magical effect.

びんと高級グラス

びんやグラスの反対側にラベルを貼りつけるかプリントする。中に入れた飲物がレンズの役目を果たし、イメージを水平に拡大して、正しい割合にする。これは、アニメーションとイメージの歪みを利用して、魔法のような効果をねらった。

Public Awareness Campaigns

This example employs *Magic Lens*™ to show four sequential progressions of the state of the planet. (Since a *Magic Lens*™ is not included, the animated example shown at left only shows two of the four progressions.)

大衆に知ってもらうキャンペーン
Magic Lens(™)を使って、惑星の状態が徐々にかわる様子を四つに分けて示した。（Magic Lens(™)を示していないので、左側の例は四つのうち二つの状態だけを示している。）

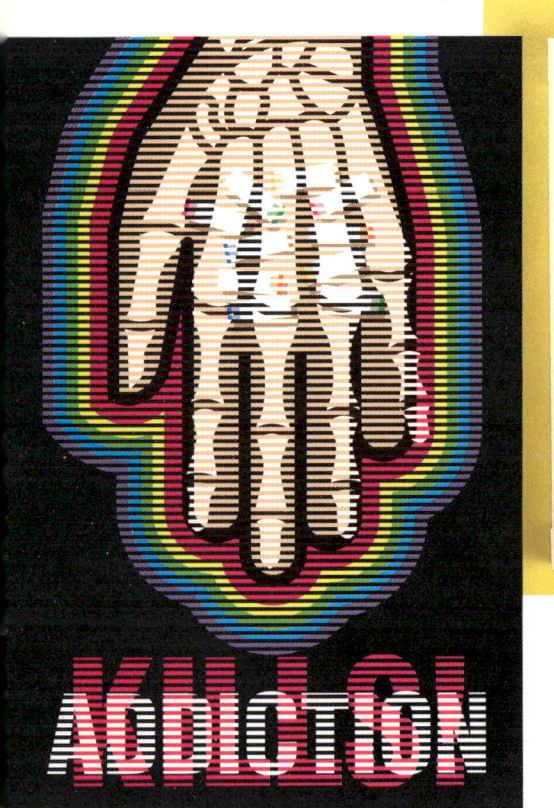

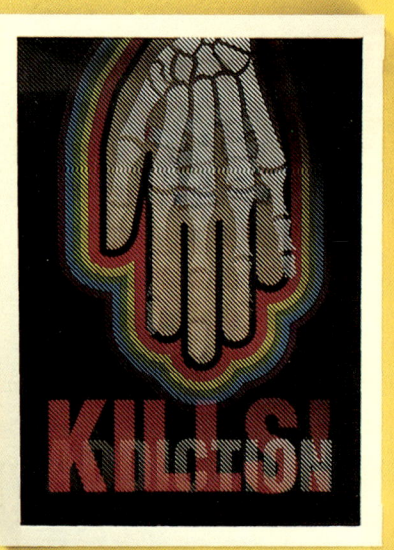

The photograph shows the transitional state between two graphics. For this poster, a diagonal grid was employed so that the viewpoint can move either vertically, horizontally, or in any direction.

二つのグラフィックスの変遷状態を示す写真。このポスターでは、斜め方向のグリットを使って視点が縦、横、そのほかどんな方向にでも動かせるようにした。

This book has a unique binding system. When a page is turned clockwise, it automatically goes to the bottom of the book. The axial grid is placed over the top page, and when either the page or the grid is moved slightly, the illustration is animated. *Squeaky, the Smart Mouse* teaches the virtue of literacy.

ユニークな製本方法を使って仕上げた本。頁を時計の方向にめくると、本の下側に自動的にいく。軸方向のグリットを最初の頁の上にかぶせてあり、頁またはグリットを少しでも動かすと、イラストレーションが動き出す。漫画の主人公、お利口ねずみのスクーイーキーが、字の読める楽しさを教える。

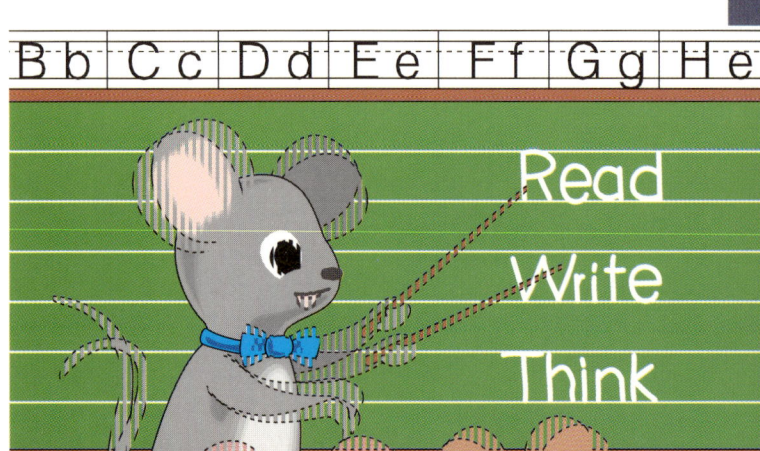

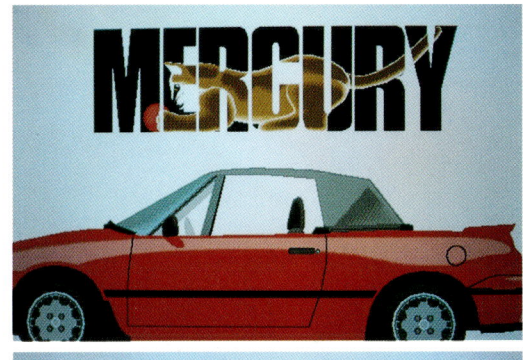

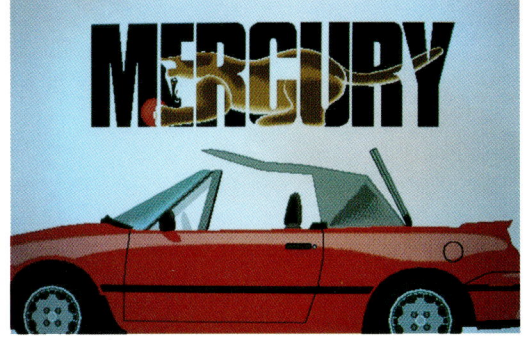

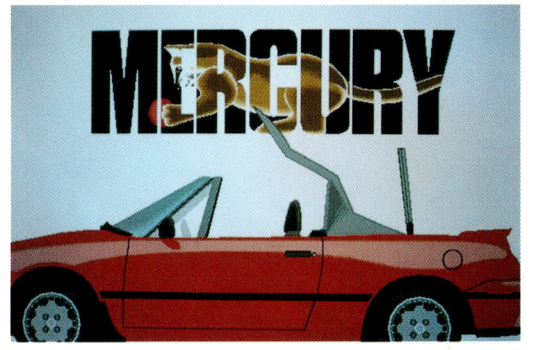

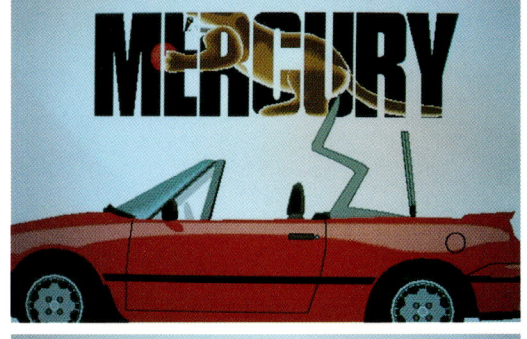

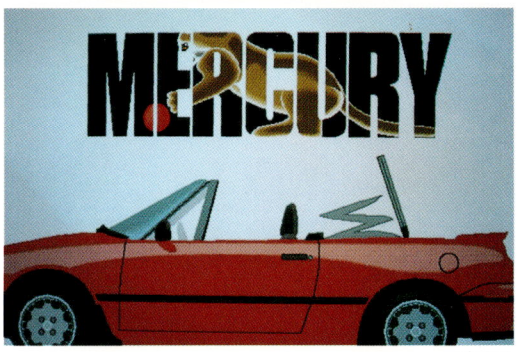

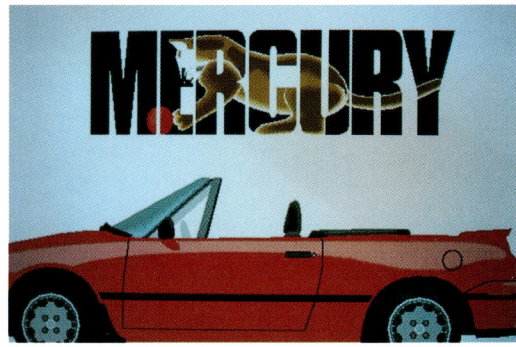

Six-Step Animation with *Magic Lens*™

▶ These sequential photographs show the capabilities of prototype lenses. The colors for the apple are added as the viewer passes in front of the display.

Magic Lens⁽™⁾を使った六つのステップのアニメーション
プロトタイプレンズの使用例。ディスプレイの前を人が通るとりんごに色がつく。

◀ Here, the convertible top opens and closes, while the cougar in the logotype plays with a red ball. (Since a *Magic Lens*™ is not included, the animated examples shown at top and bottom only show two of the six progressions.)

オープンカーの屋根が空いたり閉まったりすると、ロゴタイプのピューマが赤いボールで遊ぶ。(Magic Lens⁽™⁾を使っていないので、上と下に示した例は、六つのシークエンスの内の二つだけである。)

101

Animated Logos
Previously, my theory for successful logos included effectiveness in any size and color. Now, I'd like to add another element: animation. I created the three logos on this page with this in mind.

動くロゴ
以前は、ロゴを成功させるためにはどんなサイズ、色でも効果的でないといけないと思っている。今では、別の要素、アニメーションを加えたいと思っている。この頁の三つのロゴはこれを頭に入れてデザインした。

When original attempts by Nabisco to market Good Stuff™ candy bar failed, Grist Mill acquired the right to the name and recipe. The president of Grist Mill, Ron Zuckerman, came to me for a new look. I intentionally avoided conventional colors, and created a bold design with electric colors. Now, the candy bar is enjoying multi-million dollar sales.

ナビスコの Good Stuff™ キャンデーの販売キャンペーンが失敗した後で、グリストミルズ社が名前と処方を取得した。同社の社長ロン・ズッカーマンが新しいデザインを依頼して来たので、あえて普通の色を使わず、蛍光色を使って大胆なデザインを作り出した。キャンデーバーは今は数百万ドルの売上を記録している。

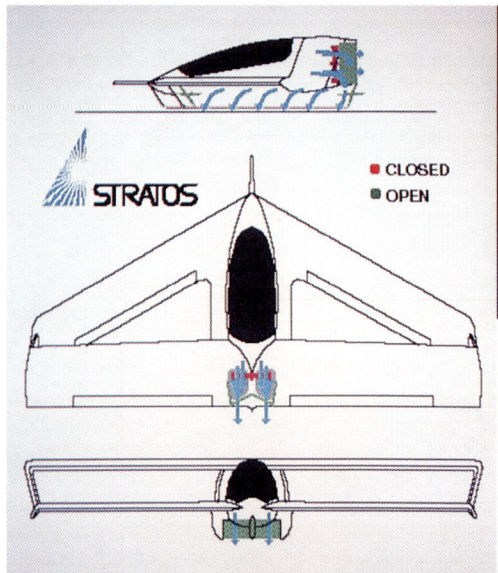

Photo: Helena Ligeti

I am working on an amphibious version of the prototype Ligeti Stratos, a compact private plane. Developed by pioneer Charles Ligeti, this plane is on the cutting edge of aeronautical engineering. At present, investors are needed to continue research and developement.

小形自家用機、Ligeti Stratos の水陸両用プロトタイプを扱っている。チャールス・レゲティが開発したこの飛行機は、航空機産業の最先端にある。研究開発を続けるためには、投資が心要とされている。

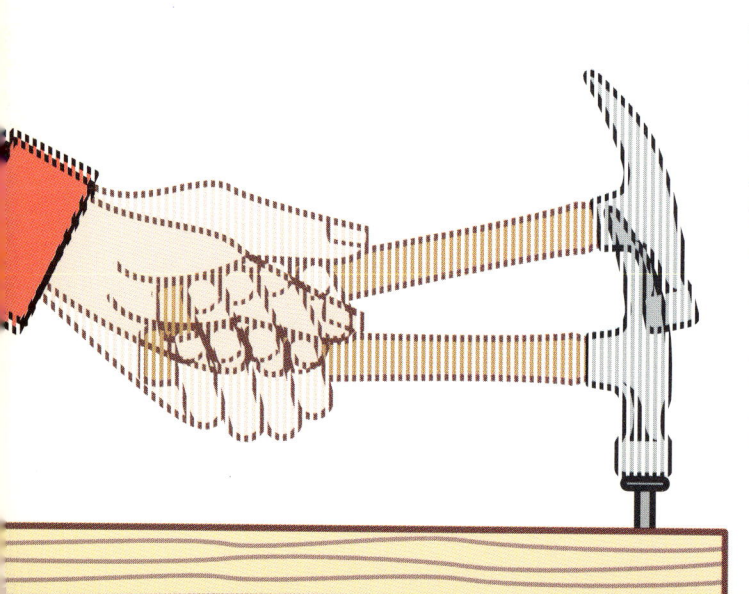

Vance publishing Corp. publishes leading trade periodicals for the woodworking industry. Harry Urban, the publisher, understands design well. Recently, a new magazine, *CWB*, was launched. Since their logos are not suitalbe for animation, I created a secondary symbol with the slogan "Hitting the Nail on the Head" to be used in promotional efforts.

ヴァンス出版社は木工業界向けの雑誌出版をしている。社長のハリー・アーバンはデザインに理解がある。最近、雑誌 CWB を創刊した。ロゴはアニメーションには向いていないので、販促用に『クギの頭を打つ』というスローガンと二つ目のシンボルを作った。

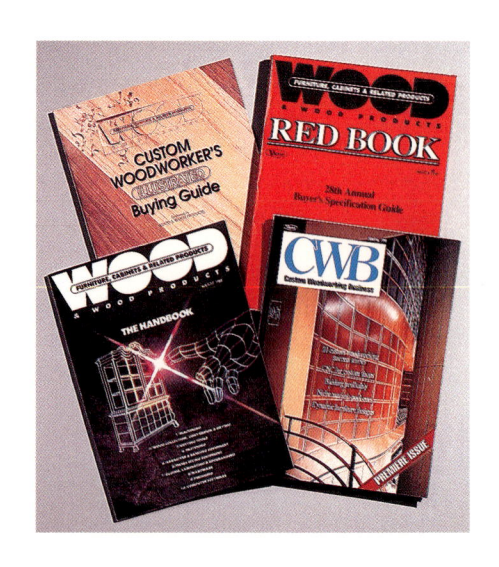

The design process allows one to
recognize all of the various elements
that carry appropriate subject matter.

That process enables the designer to balance either harmonious
or contrasting elements thereby exposing all choices.

Sometimes the elements are aligned.
Sometimes the elements are opposed.

The process uses elements in which information
(subject matter)
is layered....................or immediate.

Understanding subject matter can be empathic. Or intellectual.

Form can support content.

Form can be content.

In the tea ceremony, the process
is prescribed...
superstructured...and yet fluid.

Superstructure allows ultimate freedom...
it is the medium for interpretation, variation and nuance.

If the circle represents the whole, made of 360 degrees,
and each degree represents a step in the process,
then the goal is to be like the circle
not the degree.

The process becomes the object.

a.Ma design

anthony ma

クライアントの
適切なコミュニケート

A. Ma Design

私はある時、偶然デザイナーを志すようになった。ハワイ大学に入り、2年間薬学を選考していたが、その間出席していたクラスはいつもアートのクラスだった。その時、私に向いているのはアートではないと気づき、その後の二年間はペインティングのクラスで学んだ。

その後イリノ大学でグラフィック・デザインの学士号を取得。アニメーターを志したこともあったが、デザイン・コースでタイポグラフィのクラスを取り、面白さを発見して今日に至っている。

最初に働いた会社は1985年に入ったStrandell Designで、1年間在籍。その後の4年間は共同でイエローに参加するが、昨年10月にイエローは解散。そして現在のA. Ma Designを設立した。A. Ma Designでは全てのデザインはベーシックカラーの3色から成り立つことを考えて、デザインの基礎としている。また、タイポグラフィについてしっかり考えていることを示すためにレモンのように本来黄色で示す部分を、パープルで表した。私たちは黄色を色で示す方法より、黄色でしゃべらせる方法を考えた。

私のクライアントには、自分の会社のブロシュアを配るかわりに、イエローのステイショナリーで手紙を送ることで、私たちのアイデンティティを示した。またクリスマスカードをクライアントに送っているが、世界中の人がクリスマスを祝うわけではないので、平和と幸せを象徴するカードも送っている。クライアントはイエローの時と同じクライアントとの関係が続いている。

私はデザインとは基本的な考え方においてはいろいろ異なったタイプのデザインがあってもいいと思う。全てにおいて言えるが、主体となっていることは、クライアントの問題に対して適切なコミュニケートをすることである。方法はたくさんあるからコミュニケートの方法が問題になることはない。しかしデザイナーはいかに型とか空間を把握できるかということになる。

私は子供の時、隣に住んでいた日本人からよく折紙を教えてもらった。折紙の素晴らしさはそのフレキシビリティにあり、また紙の厚さやバリエーションの豊富さを大切にしている。デザインがカッティング・エッジであるという考え方は、私には同意できない。どんなデザインの働き方もカッティング・エッジの可能性を秘めている。ひとつのプロジェクトに対してこちらの解決法がカッティング・エッジなのだから良い、と決めつけてしまえばそのプロジェクトはクライアントから別の可能性を奪ってしまうことになる。例えば日本に「三歩進んで、二歩もどる」ということわざがあるけれど、クライアントは途中で意見を変えることもしばしばある。しかし、それが却ってメッセージに対して妥当な場合もある。折紙を例にとるとアジャスタブルなデザインは、クライアントのプロジェクトに思いがけない利益をもたらすことがある。

あるパッケージを手がけた時、クライアントは商品に3つのボックスを依頼してきた。輸送用ボックス、商品そのもののボックス、ディスプレイ目的のボックス。私は折紙の変形の自在さに興味を持っている。そこで輸送の時、ダメージを受けないようにパッケージを折紙からヒントを得て、2つのボックスで、3つの機能を果すようにデザインした。クライアントにとってカッティング・エッジでない私のデザインは3つ作らなくてはいけなかったが、ボックスを2つにさせるという経済的にも良いデザインを作り、彼らを喜ばせることができた。

しかし3年前、アメリカにおいてオリエントがトレンドだった時を除けば、特別にクライアントたちは私に東洋的なエレメントを期待することはない。良いデザインとは内容と型を一緒にしてひとつのメッセージをつくる。内容によって型は形成される。内容の大切さがスタイルを開発する。

ミルトン・グレイサーの仕事を私は好きだけれど、型を彼と同じにしようとは思わない。

プレゼンテーションはクライアントと一緒に話し合い、ディスカッションすることから始まる。テーブルに問題を投げ出して考える。その時、私は決まってクライアントの抱えている問題をはっきりさせるために情報を必要とするので、5W1H（who, what, when, where, why, how）の質問を出すことにしている。

コンピュータは途中の作業（最終案の前）に便利である。マウスは私の頭の中で考えた物をすぐに画像にしてくれる。コンピュータのおかげで私はもう一度デザイナーになった感じがする。カラーセパレーションなど早く視覚に訴えられる。批評家であるクライアントに対して、より良いメッセージを与えるデザインをすぐに調達できるのだから。最終的な段階ではコンピュータも使うし、タイトダミーの場合もある。

私はハワイでデザインを勉強していた時、ドイル・モーア教授の影響を大きく受けた。彼は私が今までデザインだと考えていたものをもっと深く理解するのに手助けしてくれた。モーア教授は西洋デザインから東洋デザインまであらゆる分野に精通していて、かつて日本に住み、茶の湯、墨絵、生け花まで勉強していた。基本的には英国のパブリックスクールでヨーロピアン・デザインを勉強していた。彼は私のデザインに対する伝統、方法論について目を開かせ、私の人生を変えた。

私が学校で学んだ問題解決法は、今も私の仕事の中に生きている。どんな分野に対しても広く不変である。

学校は現実の世界に比べて非常にピュアであり、デザインもまたピュアな物だと思う。それはこちらの方が良いと考えるのではなくて、ただ単にそれぞれが、動物の型がそれぞれ違うように異なっていると考える。

私は学校で学ぶことが好きだった。私はいま母校で生徒たちに問題解決の方法について教えている。なぜならどんなに素晴らしい考え方を持っていても、それを示すための熟達の技がなければ意味をなさないからである。

Anthony S. Ma / President
A. Ma Design
855 West Blackhawk
Chicago, Illinois 60622
Tel No. 312-787-6831
Fax No. 312-787-6834

東洋思想を取り入れたデザインでシカゴで注目されている若手デザイナー

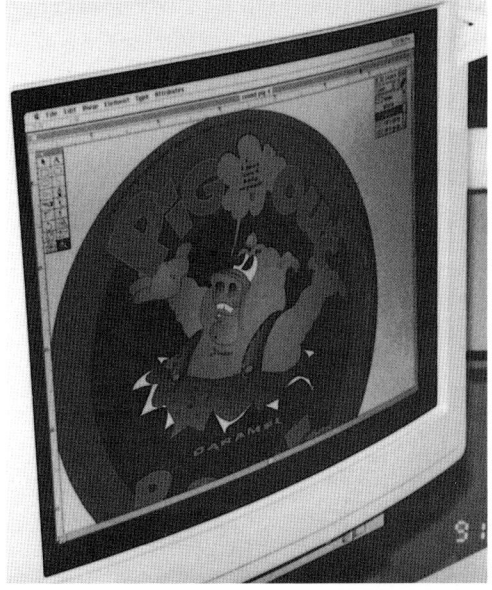

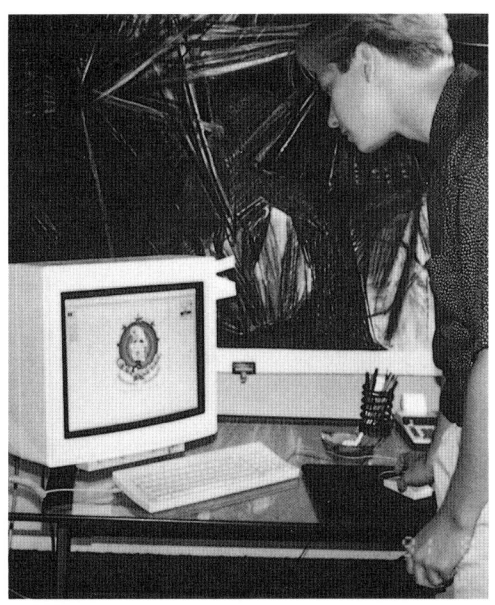

コンピュータを使ってのデザイン作業。実際に学校でも指導している。（中央と下）

ページ
103 デザインプロセスでは、適切な主題についての多様な
エレメントが認識できる。
このプロセスでは、デザイナーが調和のとれたもしくは
対照的なエレメントを比べて、選択ができる。
時に、エレメントは整合している。
時に、エレメントは対照的である。
プロセスでは、情報（主題）が重なっているか……また
は近接しているエレメントを用いる。
主題を理解するということは、力強いし、知的でもある。
フォルムは内容を支えることができる。
フォルムは内容となることができる。
茶道では、プロセスがまえもって決められており……上
部構造であり、しかも流動的である。
上部構造によって、究極的な自由があたえられる、解釈、
バリエーション、ニュアンスの媒体である。
円が360度からなる全体を表し、それぞれの角度がプロセ
スのなかのステップを表すなら、円が目標であって、
角度ではない。
プロセスが目的となる。

106 MG・デザイン・アソシエーツ社
展示デザイナーのための CI プログラム

107 シカゴ・ファースト・ナショナル・バンク　個人投資家
部門
個人投資家部門用の CI とセールスキット
会社案内の中身

108 ソサイエティ・オブ・タイポグラフィック・アーツ
後援会パーティのポスター

109 ソサイエティ・オブ・タイポグラフィック・アーツの後援
会パーティと来賓ポウラ・シェアの講演のポスターの裏
と表。イラストレーションは来賓のレコード業界とスワッ
チウォッチでの経験について紹介している。

110 Jolly Mon Salsa 製品アイデンティティーとパッ
ケージ
ジャマイカのサルサ用のラベル。第一の目標は、そのグ
ラフィックな性格に触れて、他のサルサと区別すること
である。

111 運搬用の箱は、さかさになるようにして中身が壊れない
で取り出せるようにしてある。
運搬用の箱を取り除くと、POP 用のディスプレイが現
れる。フラップを中側に折ると、段ができる。
Marilyn Miglin 化粧品
パッケージデザイン構造

112 テン・イン・ワン・ギャラリー
ギャラリーの催しのポスターやお知らせ。アイデンティ
ティーは永久に流動的で、それぞれの作品と共に変化
し続ける。

113 RJ インポート／レッドストライプ・ビール
レゲエバンド（ジョージ・ウエズレイとイリエーション
ズ）とスポンサー、レッドストライプ・ビールのポスター。
コンサートの日時やそのほかのお知らせは手書き。

114 会社案内パック
会社案内パックと中身
ANARA（ア・ニュー・エイジ・レストラティブ・アプ
ローチ）
入会案内、健康アンケート、食事とメークの助言、
ANARA 製品リスト、時間割、説明などが入っている
パック

115 書簡紙システム
ハイアット・リージェンシー・ワイコロアでの ANARA
は、軽い運動を組み合わせた全人的な健康プログラム
で、保健、栄養相談も受うけつける。シンボルは竹を
曲げた形で、竹の自然の回復力と柔軟性を表してい
る。

116 人生は至福
東南アジアの工芸品を輸入している会社のチラシ、値
札、名刺
ワールド・タトー・ギャラリー／デニス・スコット・プロ
ダクション
エルビス・プレスリーからヒントを得たアートの展覧会
のポスター
クリエイティブ・マーケティング・イベント
コーポレート・プログラム計画／マーケティングのコン
サルタント用アイデンティティ・プログラム

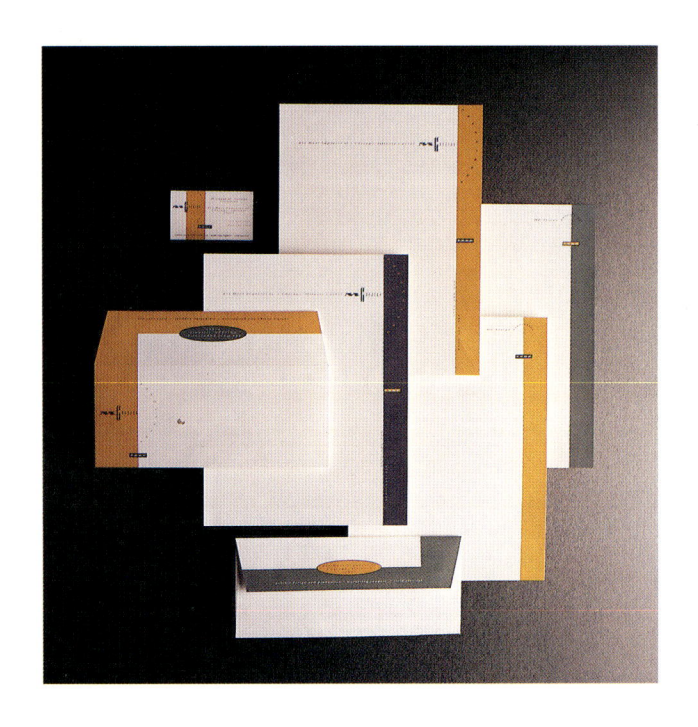

MG Design Associates, Corp.

corporate identity program for an exhibit designer.

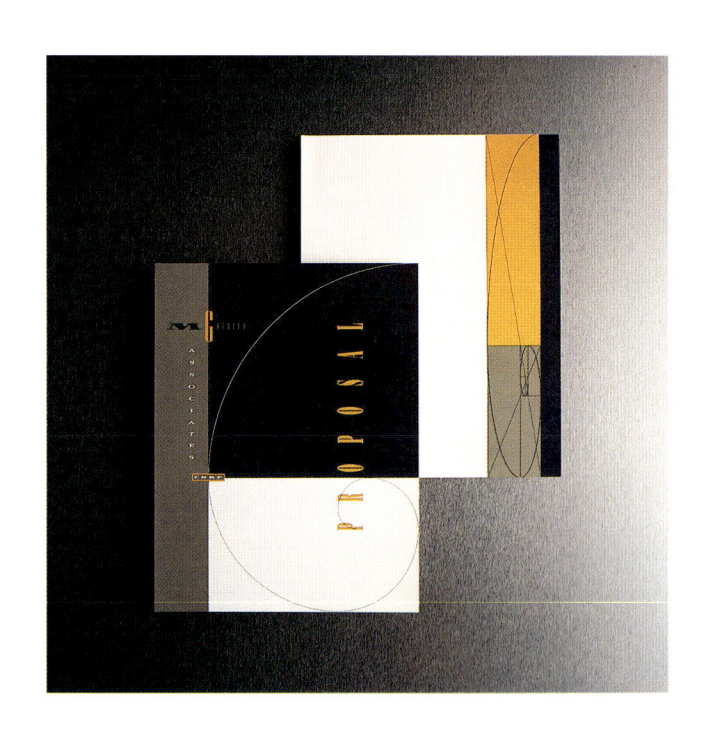

First National Bank of Chicago

Personal Investments Department

Corporate Identity and sales kit for the Personal Investments Department.

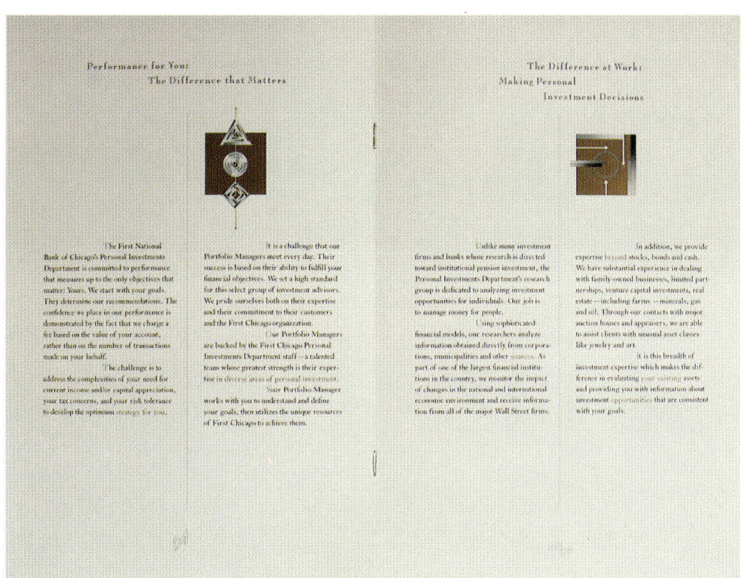

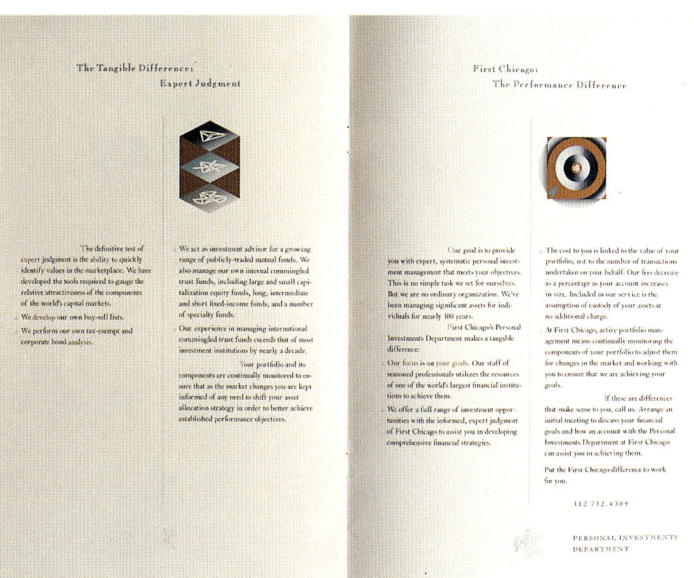

Capabilities Brochure interiors

Society of Typographic Arts   Patrons Night Announcement / Poster

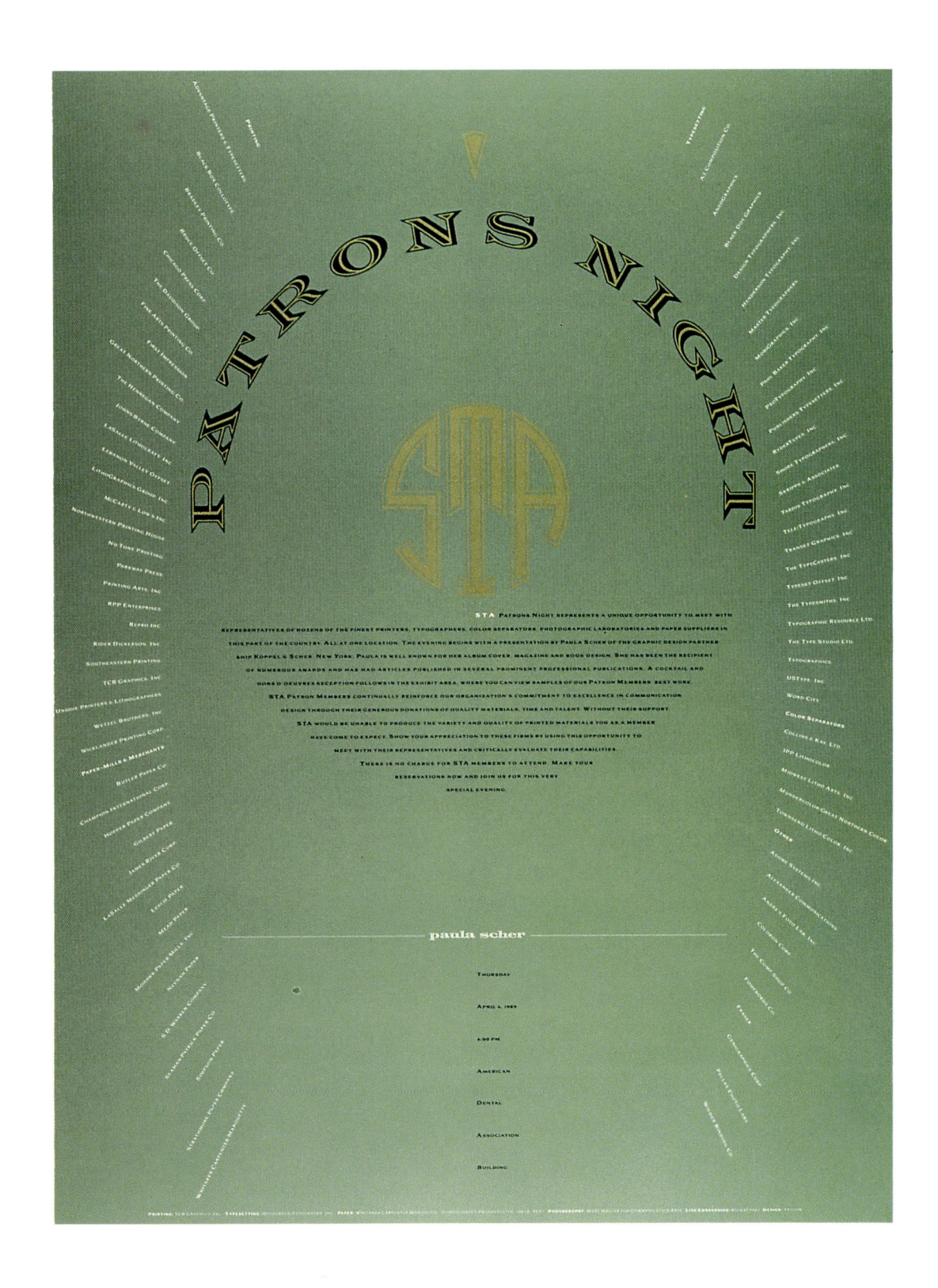

Front and back panels of a poster announcing the Society of Typographic Arts' Patrons Night event and guest lecturer Paula Scher. The illustration alludes to the speaker's professional experience in both the recording industry and Swatch Watch USA.

Jolly Mon Salsa	product identification and packaging

Labels for a Jamaican Salsa. The primary visual objective was to distinguish the product apart from other salsa products by referencing it's geographic character.

110

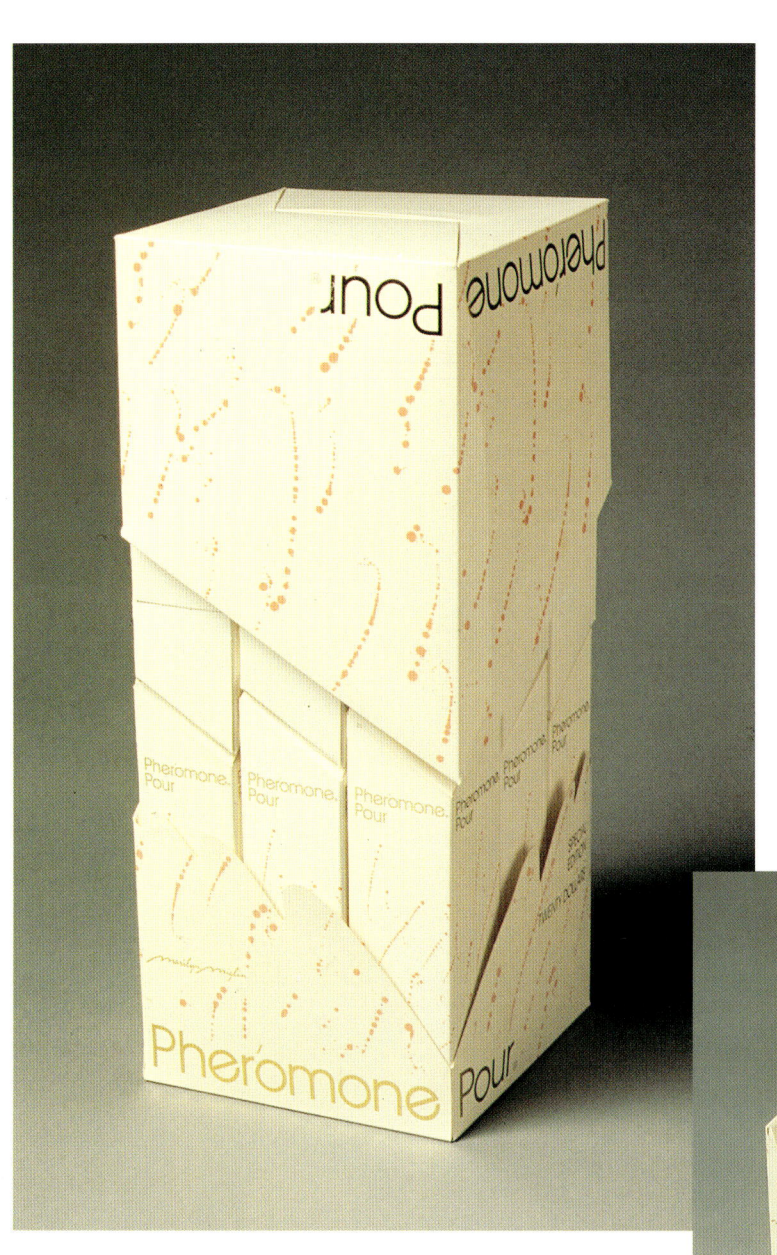

The shipping box inverts to protect the contents from damage.

Product boxes are removed which reveal the point-of-purchase display method. The flaps fold inward to create the stepped configuration.

Marilyn Miglin Cosmetics

package design structure

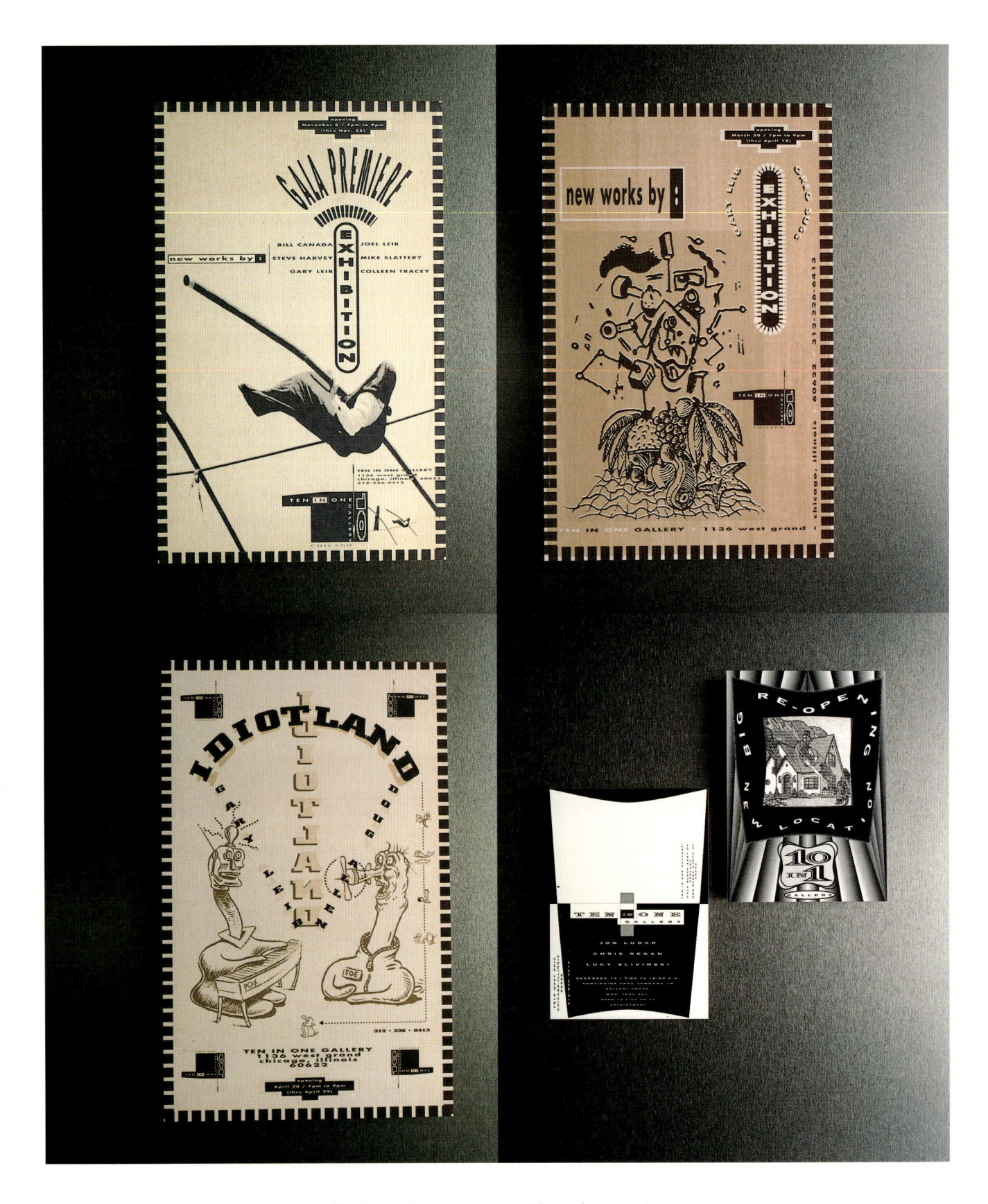

Ten in One Gallery

Posters and an announcement for various events at the Ten in One. The identity, like the gallery, is forever in flux and will continue to change with each piece.

RJ Imports / Red Stripe Beer

Poster announcing a touring reggae band (George Wesley and the Irietations) sponsored by Red Stripe Beer. Dates and concert information were handwritten.

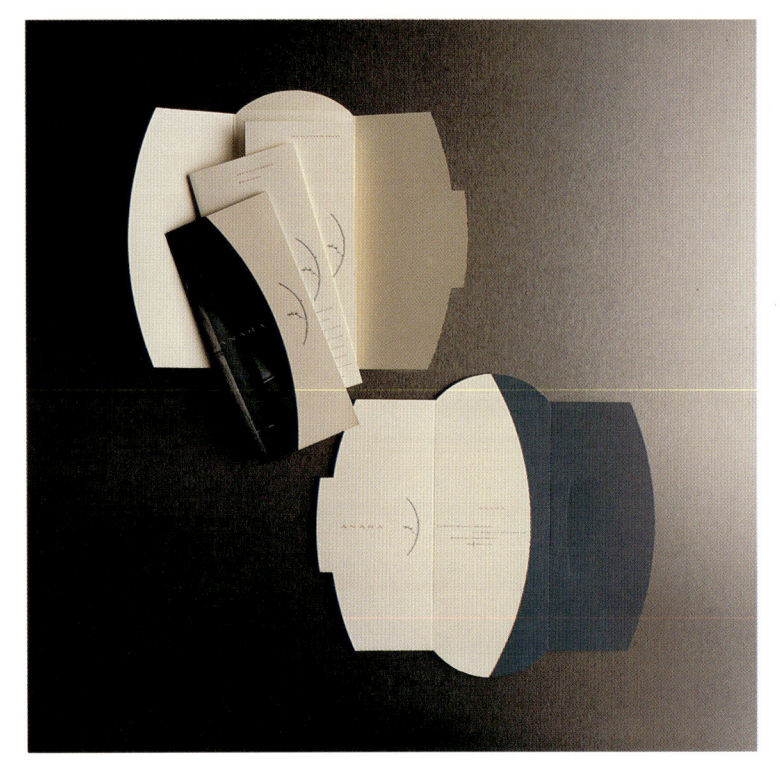

Capabilities marketing packet.

Capabilities brochure and various interior spreads.

A New Age Restorative Approach

A N A R A

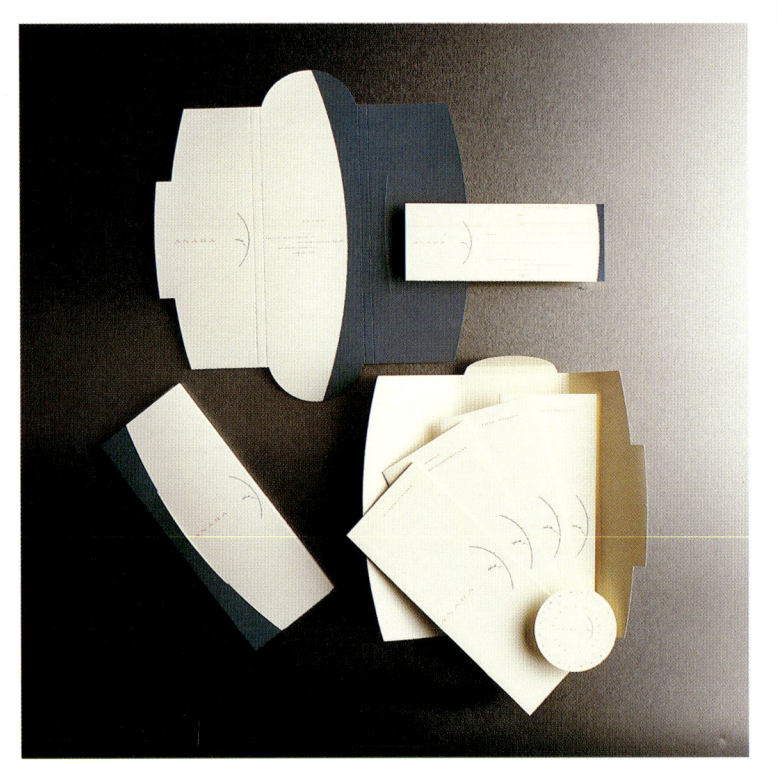

Front-of-the-house materials included enrollment information health questionaires, food and make-up recommendations, ANARA product lists and class schedules and descriptions.

Stationary system

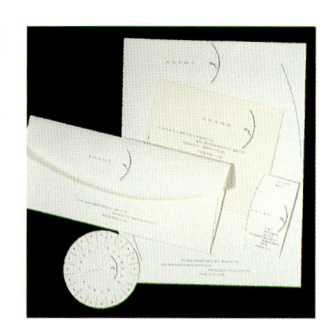

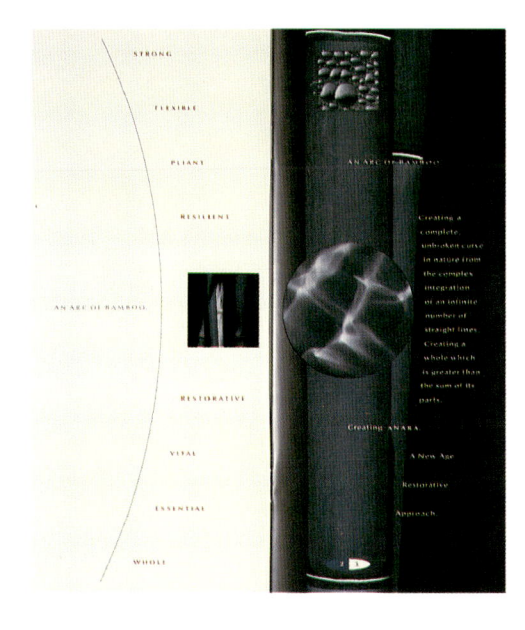

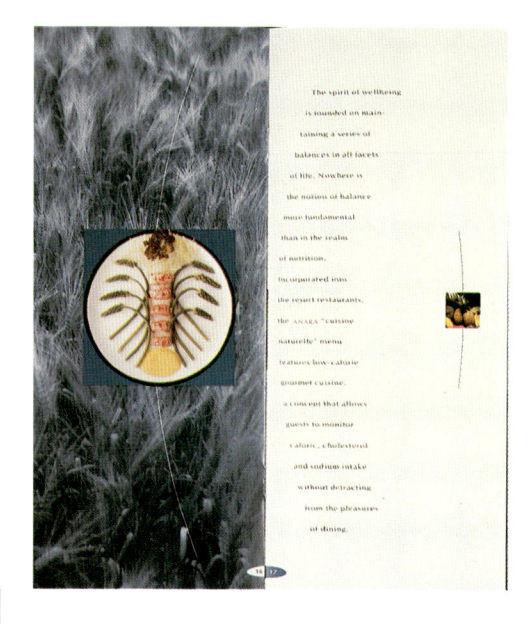

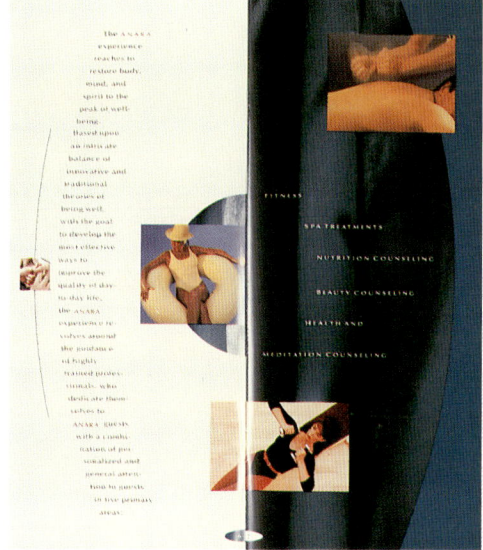

ANARA, at the Hyatt Regency Waikoloa utilizes holistic health practices in conjuction with low impact excersize routines and provides health and nutritional consulting as well. The naturally restorative and flexible properties of bamboo are addressed in the symbol...the arc of bamboo.

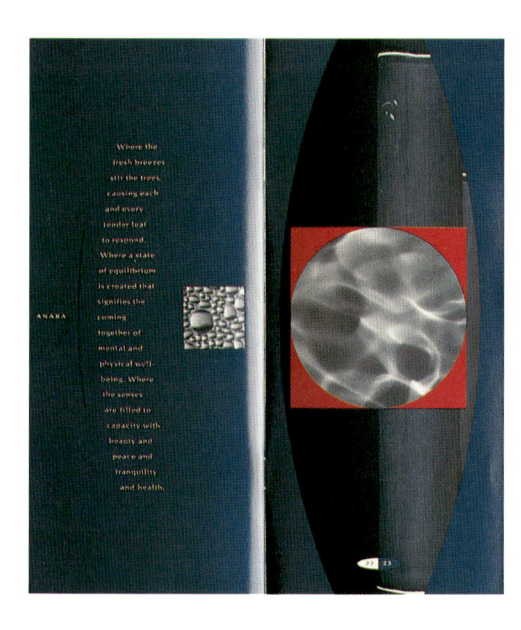

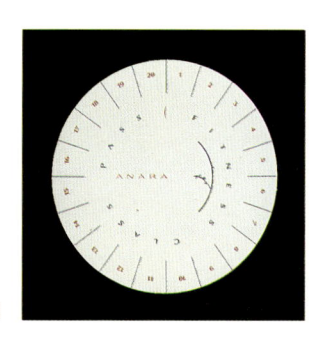

fitness class passcard

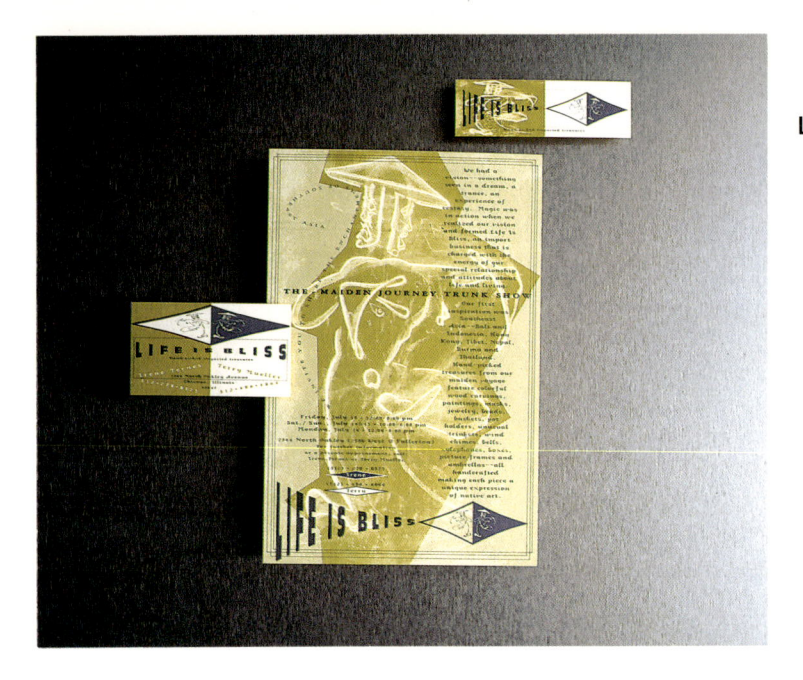

Life is Bliss

A flier, price tag and business card for a company that imports of Southeast Asian arts and crafts.

World Tattoo Gallery / Dennis Scott Productions

Poster announcing an exhibition of Elvis inspired art.

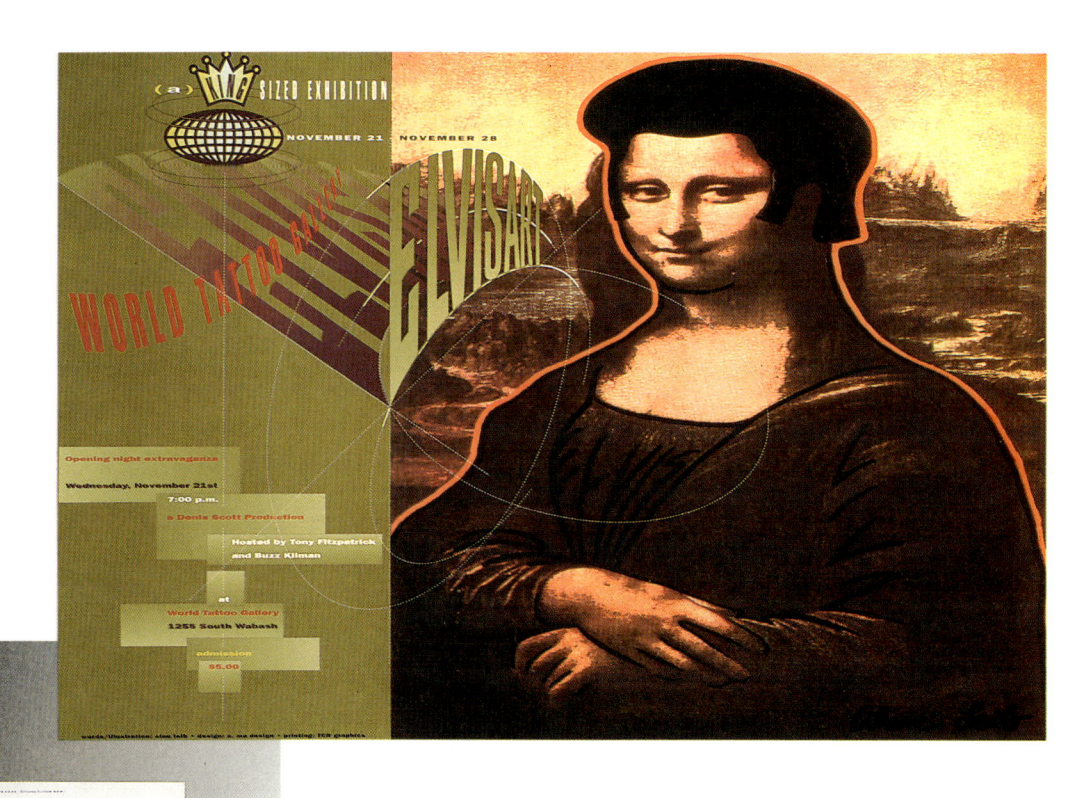

Creative Marketing Events

Identity program for a corporate event planner / marketing consultant

Robert Qually-Qually & Company, Inc.

"Mark 10, 9, 8, 7, 6, 5, 4, 3, 2, 1...Ignition."

"You're launching your new product or service into the vast, and often cruel marketplace. It's like a rocketship exploding into outerspace. But where's it going? Can you be sure it'll even get off the ground? It's a scary thought knowing that more products fail than succeed."

"It takes a lot of power to get it off the ground. Not just the inherent power of a concept and the product itself, but the creative power of the right strategic plan and tactics to execute lift-off. A lot of thought and power goes into a rocket launch, as well as the astute pioneering spirit that it takes to reach for the stars. The launch of your product or service is no different."

"We call our strategic plan 'Doing the Deal.' A lot of money can be spent on research, but if the right people don't know about your product, don't buy it and don't tell their friends about it, it isn't going to fly. Consumers have to be sold on the benefit, the value, the competitive edge, the point of difference and believability of your new product or service, before they buy it."

"Just because a rocket is in the air doesn't mean it's going in the right direction. Just having your product in the marketplace doesn't mean it's going to sell. Hitting the right market, appealing to that market and making the rocketship (your product) achieve its orbit is what 'Doing the Deal' is all about."

"It's basic physics. It takes an incredible amount of power (the right power) to get a rocket off the ground, but relatively little to keep it in orbit once it achieves momentum. Qually & Company is that power behind your new product or service. We're idea people who make things happen.™ And we're with you every step of the way."

With a staff of creative and marketing professionals, and billings placing them among Advertising Age's top 500 U.S. agencies, *Qually & Company, Inc.* serves a wide range of accounts with innovative and unique work in the areas of *full-service, integrated advertising and graphic design,* and has been doing so since 1979. *They specialize in: new product development, introductions, positioning and product repositioning.* They have a deserved reputation and proven track record in every business category, from packaged goods to business-to-business advertising. Their corporate clients range from local to international in scope.

Bob Qually puts it this way; "Our philosophy is simply... we're idea people who make things happen. We do whatever it takes, whatever is necessary, knowing there is always a way to provide our clients with value and good service on a consistent basis."

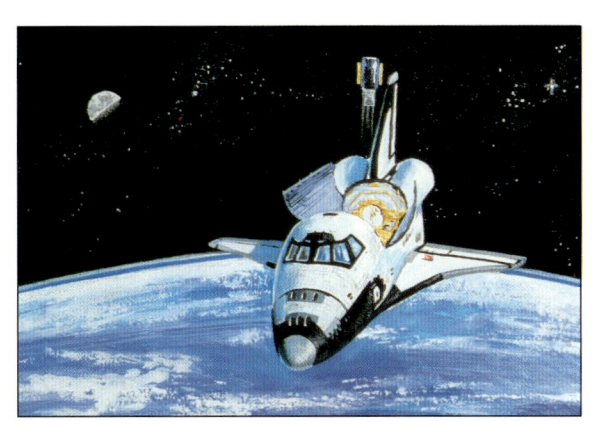

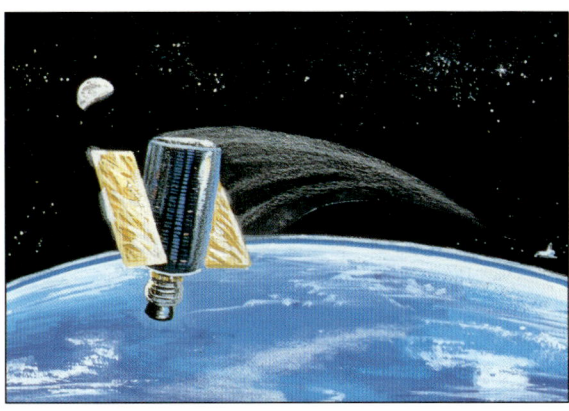

Their work, works. It's consistently successful, and it sells. It's different, unique and communicates in a persuasive manner that makes sense. It's a believable sell wrapped in emotion. It's tastefully executed to project the correct image. Their work is simple, direct and to the point. Qually & Company's diverse expertise and integrated range of marketing and creative services provide their clients with everything they need to successfully launch and support a particular product, service, company or proposition. They're that rare blend of the best of both worlds: the ideas found in the advertising world, and the look and image found in the world of graphic design. Few firms offer both.

"Working with blank canvas, with no precedents or benchmarks, entering uncharted territory to make that new proposition work... that's what we do. Not everyone understands this part of the marketing cycle. Many try, but can't. That's why most people's new product batting averages are so low."

Born in Denver, Colorado, Robert Qually is an art director, graphic and film designer, marketing executive, entrepreneur, author, lecturer and teacher. He has been an entrepreneur most of his life, starting his first business at age 9. Every job he's had since then has been sales and marketing oriented. Drawing, painting and having an inclination for business also from an early age, his first real design experiences happened while at Colorado State University. He was also the ad manager for the college newspaper and started his first design/advertising business (Quill Images) while still in school. After receiving his BFA Degree, he sold the business to his partner and did graduate work under Herbert Bayer. Mr. Qually then worked for several major advertising agencies and design firms before founding Qually & Company, Inc.

He is best known for several classic campaigns such as his nine year effort of helping build the Illinois State Lottery from scratch, into the eighth largest, and most profitable business in the state. His work set the tone for all subsequent lottery advertising in the U.S. He coined the phrase 'Child Abuse' and did the first national marketing effort to bring this social dilemma into the public eye and conscience. Mr. Qually also helped revolutionize the 'entire' snow ski boot industry with his work on the new product introduction effort for the Lange plastic buckle-type injection mold boot.

Recognized internationally for his creative achievement in the areas of art direction, graphic and film design, he's won over 600 awards. He has successfully introduced 83 new products into the marketplace (which is more than any other individual in Chicago and perhaps the entire U.S.), and has 6 U.S. patents on his own new product designs. Several of Robert Qually's designs are in the permanent collections of the Museum of Modern Art, the Smithsonian Institute, the Museum of Broadcast Communications and the Chicago Historical Society.

Named by Adweek magazine as one of the 'Top 100 creative people in U.S. advertising,' his works have been published in over 135 trade books, magazines and textbooks around the world. He is also a part-time professor at Loyola University of Chicago, and is the author of a forthcoming book on advertising, called "The Principles of Mass Qummunications".™

Illustrations by: Ed Han.

Qually & Company, Inc

大衆にわかりやすい
デザイン
Qually & Company, Inc

わが社は1979年に設立した際、クライアントは主に広告代理店で、その下請けであった。新製品開発、製品売出し、新製品のポジショニング、新事業のプレゼンテーション、その他、代理店のための個別の仕事などをした。例えばアメリカでも最大手である Lee King & Partsers（今の Bosell），Kenyon & Eckhart（今の Bosell），Young & Rubicam, NWAyer,Tatham Laird などである。3年後、下請けはやめて、自分たちで仲介をしようと思い、最終的に会社やその他の顧客と直接に取引をする総合広告代理店になっていった。

クリエイティブなプロのスタッフをもち、今では全米500の広告代理店の中に数えられ、創立12年目を迎えた。総合広告、グラフィックデザインの分野における斬新でユニークな仕事ぶりで、クライアントの範囲も広がった。新製品の開発・紹介・評価、製品の再評価などを専門としているが、パッケージから業界広告に至るまで、あらゆる部門で成功をおさめた。法人のクライアントも、地方、地域、全国、外国など広範囲に及んでいる。

クライアントが製品やサービスを開発してからその寿命の尽きるまでに必要なあらゆるサービスを提供する、という意味の総合的で完全なサービスを提供する。同じ業種の他社では提供できないような一社ですべてのサービスが受けられるというのが特徴で、サービスの内容は、製品開発、商品試験、研究、戦略計算、マーケティング、製造と流通に関するコンサルタント業務、広告、宣伝、イメージについてのコンサルタント、全面的なグラフィックデザイン、販売促進、ダイレクトマーケティングコンサルタント、クリエイティブ、制作、メディア、支援サービスなどである。他の代理店でこれ程のサービスを90年代以降の情報時代に提供するところはない。

私たちの哲学は、理想人であり、仕掛け人である。クライアントやお客には、常に値打ちのある仕事を提供できる自信があるので、必要ならばどんなことにも対応できる用意がある。会社、製品、サービスは、人間と同じでたくさんのなかで目立つには個性が必要だ。この点について理解を得るようにしている。

成功するにはいくつかの基準があり、理由がある。児童虐待防止についての仕事では、社会悪について人々に訴えた。このキャンペーンでは、多くの子供たちの命と生活を救い続けるだろう。人々の注意を悲しい現実に向けた。また、宝くじという新しいコンセプトを開発し、一括で売り出すのを手伝った。イリノイ州で最も儲かるビジネスを開発して州内第8番のビジネスに成長させた。夢と希望と、現実逃避を何百万もの人々に売った。作り事かもれないし、大きな賭けかもしれないが、希望をもつことは無駄なことではない。空想にふけって悪いことがあるだろうか。

いま若いデザイナーの多くは見かけにとらわれて、コンセプトを忘れている。考え方が足りないし、ビジネスを学んでいない。歴史や展望、ビジネスの本質、ビジネスがどうあるべきか、その一般社会と商業社会における地位などについて理解していない。一生懸命に働くこと、うまく働くことを知らない。無償で何かを手に入れようとしているようにみえる。コンピュータを枕代わりにしたり、趣味、アイデア、デザイン技術、判断につかっている。アメリカの経済が不安定で失業者が増え、成功の機会が減っているので、デザイン業界では一世代分くらいの才能を損失している。皆、他の業界で仕事をしているのだ。これによって将来、才能のギャップが生じてくるだろう。

おかしなことだが、成功するためにやっていたいろいろなことをしないようになると、成功もしなくなる。そのためにも、今までやって来たことを全部続けてやり、ハシゴに例えれば次の段、もしくは同じ基幹産業の新しい地平線を求めたい。例えば、個人や会社のために自社で製品の開発をしているし、環太平洋諸国やヨーロッパと取引をしている。このようなプロジェクトの融資を受けるため、投資銀行やその他の証券業と協力している。

相手の言葉に耳を傾けて、何を考えているかを理解する。反対意見については歩み寄り、対処する。全ての事柄に意味があるようにする。売り込んで、話をまとめる。わが社の言いたいこと、アイデア、見込みをクライアントにはっきり伝えるためなら何でも必要な技術を利用する。通常はコンピュータでも作れるようなレイアウトやコピーをボードに張り付けてみせるが、ミーティングではコンピュータを使うわけではない。テレビのコマーシャルにはスライドプロジェクター、オーヴァーヘッドプロジェクターを使っている。ラジオのコマーシャルにはスタンダードなカセットの DAT を使う。クライアントへ情報を送るのには、ファックスを使って、電話で確認する。

クライアントの意見にはよく耳を傾け、できる限り問題に対処する。その場で直せるならそうするが、そうでない場合はオフィスへ持ち帰り、必要に応じて全部または一部手直しする。通常はプレゼンテーションまでにほぼ完璧にできあがっていて、クライアントは95％まで気に入ってくれる。

Associated Piping & Engineering 社のロゴとアイデンティティは成功した例だろう。以前一緒に仕事をしたことのあるクライアントが新しく買い取った会社で、前の仕事がうまくいったので、また私たちに依頼してきた。何回か会議を重ね、クライアントの希望やニーズ、その競争環境、利用状態などについて徹底的に討議した。それからロゴについて手探りで検討を始め、違った視点を示すいくつかの案をつくり、クライアントに提出し、気に入られた案を選び、版下用のアートワークをつくった。最終的な承認を得てから、第二段階の検討を行ない CI の中心となるフォーマットを決め、版下を作り、第三段階に入った。指定されている用途や、その他の用途について検討した。その結果全部で43件の CI 項目がデザインされ、同じような作業をして、いくつかのスケッチを実寸のコンポを作り、クライアントの承認を得るか、修正をした。

それから版下用のアートワークを作り、実際の製作と実施の工程について監督する。

基本的な作業手順は次の通りである。第一回打ち合わせ／サンプルを見せる／取引条件を話し合い、契約する／クライアントの複数の代表との会議／研究／現場研究／競争相手の調査、カスタマーリサーチ・インタビュー／ロゴの検討／問題対処または解決の複数の方法を示した複数のロゴ・アプローチのやり方／最終案の洗濯／作品の版下アートワークの作成／サイネージ、名刺、封筒、用箋などのロゴの中心となる用途にあわせて複数のフォーマットをつくる／プレゼンテーション／最終作品の選択／版下アートワークの製作／中心のフォーマットと関連用途を広げて、外見、スタイル、調子、色彩が完全に調和しているかどうかを確かめる／進行中は品質管理を最新のものとし、維持して、フォーマットから何も抜けないように気をつける。CIのデザインは長く使うものなのでこのやり方だとこれが可能となる。

日本のクライアントと仕事をしたことが何度かある。とても勤勉で価値と質を重んじ、非常に競争心があり、マナーは保守的で物静かだが、力強い。日本人が市場に参入するときは、市場でのシェアを得ようというよりは、独占しようとするように見える。集団で決定するのを好むようだ。大かたアメリカ人とは違って短期的でなく、長期的に物事を考える。取引を成功させるために、必要な資本と時間を投資する用意があり、リスクを恐れないし、リスクの計算もうまくやれるようだ。普通のアメリカ人とくらべてビジネスマンとして優れているし、この点は彼らが市場において成功し、優勢を保っているのを見れば明らかである。

日本人は決断に時間がかかり、その結果プロジェクトが長引く傾向にある。日本式ビジネスのやり方については、日本のクライアントと仕事をしたことがあるから、よく分かっている。彼らに合わせていくだけだ。これを考慮に入れて、スケジュールをたて、予算や最終期限を決める。アメリカではテンポが早いので、問題が起こり余分な費用がかかることもあるが、調整して合わせなければならない。私としてはクライアントに助言するだけで、最終的に何をするのかは彼らの決めることだ。

Robert Qually／President
Qually & Company, Inc
Huron Plaza, 30 East Huron, Suite 2502
Chicago, Illinois 60611-2712
Tel No. 312-944-0237
Fax No. 312-642-1344

Robert Qually in office

Office Photo

Print Ads (Consumer)

<u>Borg-Warner</u> - This is a simple, direct, honest and fresh approach to asking for an order and selling clutches. This ad was conceived to position their entire line of clutches to the consumer aftermarket for every vehicle, from the smallest passenger cars (domestic or import), to the largest trucks and off-road vehicles. We also positioned their catalog with all the necessary information in it to supplement and support the sale.

印刷広告（消費財）
ボルグ・ワーナークラッチを売るための単純で、直接的、率直かつ斬新なアプローチ。この広告は、小型乗用車（国産車、輸入車）から大型トラックやオフロード・カーに至るあらゆる車のアフタマーケット向けクラッチ全種類を位置づけるものである。カタログにも必要な情報をちりばめ、販売の補足・支援資料とした。

<u>Taito America</u> - Qually & Company was asked by Taito (Japan), the world's largest manufacturer and operator of arcade/video games, to introduce and reposition their video game products into the Nintendo and home PC computer markets. We provided Taito with full service in the areas of marketing strategy, image consulting, advertising, graphic design, collateral, package design and media placement. Our work helped introduce 14 new Taito products. In the process we helped bring the new Taito subsidiary in Canada from 0 to $50 million in sales in 18 months.

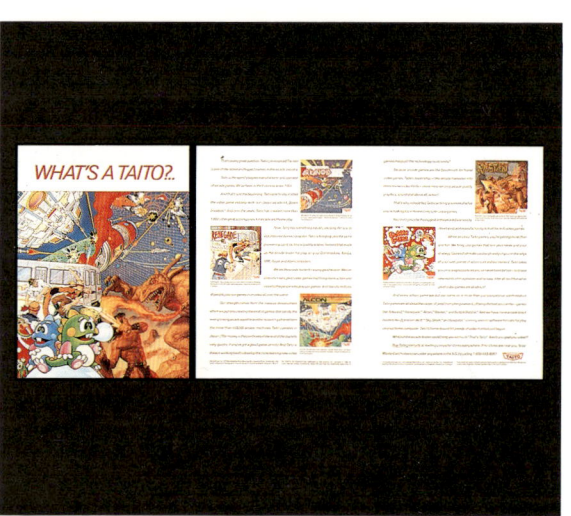

タイトー・アメリカビデオゲームの世界最大メーカー／オペレーターであるタイトー（ジャパン）から、同社のビデオゲーム製品を任天堂（ファミコン）や家庭用PCコンピューター市場へ参入させ、巻き返しを図るよう依頼された。マーケティング戦略、イメージ・コンサルティング、広告、グラフィック・デザイン、パッケージ・デザイン、メディア発表の分野で完全なサービスを提供し、タイトーの新製品14種を市場に参入させた。カナダのタイトーの新子会社の売上を18カ月の間にゼロから5,000万ドルにすることができた。

<u>International Multifoods</u> - (Boston Sea Party restaurant chain) - This ad was a double-sided, 4-color, free standing newspaper insert that ran in several different markets. It promoted the celebration of fresh seafood varieties available at the Boston Sea Party restaurants in the area. Our emphasis was on the fact that the seafood was fresh, good, came in a wide variety and was priced right because of a buffet type concept.

インターナショナル・マルチフーズ（ボストン・シーパーティー・レストランチェーン）いろいろな市場を扱った両面、4色刷の新聞広告。ボストン・シーパーティー・レストランチェーンで供するバラエティに富んだ新鮮なシーフードを宣伝したものである。シーフードが新鮮で、おいしく、種類が豊富である点と、ビュッフェ形式なので価格が適正である点を強調した。

<u>Lange</u> - Up until the time the revolutionary Lange plastic-type injection mold ski boot was introduced into the marketplace, the Molitor-type leather tie ski boot was the industry preference. Our marketing approach positioned the new product as new and revolutionary, while stressing the consumer benefits of the new boot. With the help of our efforts, Lange's new ski boot was quickly in demand. This changed the face of the ski boot industry by pushing the leather tie boot into the annals of history.

ランゲ革命的なランゲのプラスチック製射出成形スキー靴が市場に現れるまでは、モリター・タイプの革製の紐スキー靴が業界の主流であった。当社は新製品を斬新かつ革命的な製品として位置づけるとともに、新しい靴のメリットを強調した。努力が実って、ランゲの新しいスキー靴は飛ぶように売れた。スキー靴業界の主役は交代し、革製の紐スキー靴は過去の遺物となった。

Print Ads (Trade)

<u>Crain's</u> - The management at Crain's Chicago Business called on Qually & Company to help create a niche for them in the crowded business publication market. Through research we found that the average readers of Crain's have above average incomes and hold senior management positions. We felt this was one of the strongest points to make for positioning Crain's to potential advertisers and for making a strong case versus the leading business publications like the Wall Street Journal and Forbes. Our efforts helped successfully position Crain's in the marketplace and establish it as the nation's leading big city business publication.

<u>Illinois Film Office</u> - As little as 15 years ago there was little or no film production in Illinois. The Illinois Film Office was formed to remedy this, and Qually & Company was asked to help the new department promote and position Illinois as a likely hub for filmmaking. We positioned the state as a sort of diamond in the rough and the gem of the midwest. We designed materials (The Illinois Production Guide and The Illinois Location Guide) that showed Illinois to be a competent player. Along with *strategic ads,* billboards and an extensive direct mail effort, the IFO made important connections in the film industry. This quickly led to several film projects, and today filmmaking in Illinois generates hundreds of millions of dollars for the state and its businesses.

<u>Standard Brands</u> - Our client needed an ad to show the trade what products make up their line, while also making an interesting image statement about those products that would make them stand out from the competition. We created a mythical landscape with a pied piper (Mr. Peanut, the famous corporate symbol) leading the parade of products. We gave all the products anthropomorphic characteristics to lend charm and personality. The rest is history. Sales and acceptance of the line went up. The ad won the readership survey hands down, along with awards from every award show in the U.S.

<u>Dynaquest</u> - At the time of Dynaquest's inception, computer marketers faced a huge problem: computer illiteracy and fear. Hence, Dynaquest was introduced as the first computer consulting service designed to give valuable unbiased third party information to business people in regard to what computer system would be best for their business needs (i.e.: price, brands, software, hardware, size, types, etc.). Dynaquest was simple, easy and affordable to use. Moreover, it was the first commercial product to use "artificial intelligence" in the United States.

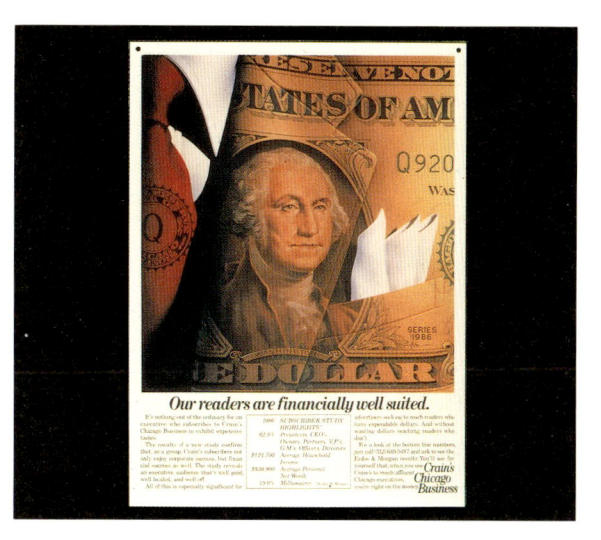

印刷広告（業界）

クレインズクレインズ・シカゴ・ビジネスの経営陣から、競争の激しいビジネス出版市場の隙間、ニッチを見いだしたいとの要請を受けた。リサーチを行い、クレインズの平均購読者は、平均を上回る収入があり、上級管理職の地位にあることがわかった。広告を出しそうな企業にクレインズを紹介し、ウォール・ストリート・ジャーナルやフォーブスといった主流のビジネス誌に対する強力対抗馬とする上で、これは有利なポイントになると考えた。努力が実り、クレインズは市場参入に成功し、大都市向けビジネス誌の主流となった。

イリノイ・フィルム・オフィス15年ほど前には、イリノイ州には映画プロダクションがほとんどなかった。新しく設立されたイリノイ・フィルム・オフィス（IFO）から、映画製作の中心地としてイリノイ州をプロモートし、位置づけるよう支援を求められた。イリノイ州をダイヤモンドの原石、中西部の貴石と位置づけ、資料（イリノイ製作ガイド、イリノイ・ロケーション・ガイド）をデザインし、州の有能さを示した。戦略広告や看板、ダイレクトメールの拡充を図った結果、IFOは映画産業と重要なコネをもつようになった。この結果、いくつかの映画プロジェクトを手掛けることになり、今日ではイリノイ州の映画製作は、州政府や企業に巨額の富をもたらしている。

スタンダード・ブランド自社の製品ラインを業界に示し、おもしろいイメージ・ステートメントを行って競争に勝てるような広告を依頼された。製品のパレードを先導するハメルンの笛吹き（社のシンボルであるミスター・ピーナッツ）を架空の風景に配した。製品を擬人化し、魅力と個性を与えた。後は歴史が物語る。製品の売上と認知度は上がり、広告は読者調査で圧倒的な好評を博し、米国の賞を総なめにした。

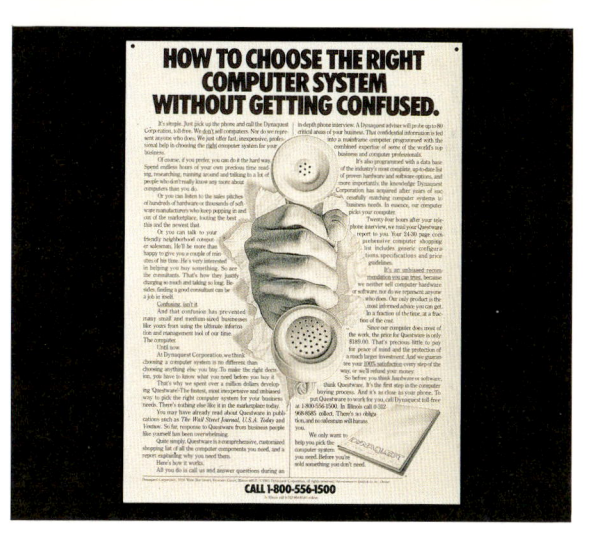

ダイナクエストダイナクエストの創成期に、コンピューター販売会社は、コンピューターの知識がなく、恐怖心をもつという大問題に直面していた。最初のコンピューター・コンサルティング・サービスとしてダイナクエストが導入され、どのシステムがニーズ（価格、ブランド、ソフトウェア、ハードウェア、サイズ、タイプ等）に適しているかなど、公平な第三者情報をビジネス界に提供することを主眼とした。ダイナクエストは簡単で、操作が容易で、価格も手頃であった。米国で初めて「人工知能」を利用した商品でもあった。

Broadcast (TV)

1. Client: IL Lottery "Window Shopping" T.V.
The spot consists of a couple window shopping and daydreaming about the material things they would love to possess (i.e., meals in fine restaurants, fine cars, furs, jewelry, trips, new houses, etc...). The couple aimlessly wanders from window to window pressing their noses against each, imagining what they could own if they just had money. (*music under throughout*)
ANNOUNCER: Hey! Ever find yourself on the outside looking in? Wondering what it would be like to have a million dollars? Thinking about all the things you could do with it. You could go here. You could go there. You could buy this. You could own that. Hey! Don't stop dreaming about it. Just start thinking about how you could get it. (*Cut to animated lottery logo scene*) In the Zodiac Instant Lottery.

2. Client: IL Lottery "Clay" T.V.
The entire spot is animated in clay. Scene starts out with a lottery ticket that transforms into different things that players can win by playing the lottery (i.e. money, a new car, a house, a fur, jewelry, a trip, etc...). *Jazzy music under throughout, setting the beat for V.O.*
V.O.: When I rubbed that ticket--What could I see?--A hundred thousand dollars staring up at me.--And if I win a million--It could change my life.--New car,--New house,--New rings for my wife.--I'll cruise around the world.--It's the thing to do.--'Cause they'll hand me fifty grand 'till twenty-"O"-two.--It's The Lottery.--It could pay to play.--'Cause there's a million dollars waitin'--And you could win today. (*Cut to logo end super*) ANNCR UNDER: Lucky numbers two:--You could win today! (*jazzy music fades out*)

3. Client: IL Lottery "Three of a Kind" T.V.
COWBOY: Uhhhh, howdy. TRIPLETS (*speak in unison throughout the spot with high pitched voices*): Howdy! COWBOY: Whatcha playin? TRIPLETS: Three of a kind. COWBOY: What kind of game is that? TRIPLETS: It's The Lottery's new instant game. COWBOY: Looks like a pretty big card game. TRIPLETS: It is! COWBOY: How big are the stakes? TRIPLETS: You could win a million bucks! COWBOY: That's not small! TRIPLETS: Or up to $500 instantly. COWBOY: Sounds good. Mind if me and a couple of friends play? TRIPLETS: Not at all. COWBOY TRIPLETS (*appear and all three deep voices speak in unison*): Howdy Partners! CUT TO LOGO, ANNCOUNCER UNDER: The Lottery, over 25,000,000 winners so far.

4. Client: Bigsby & Kruthers T.V. Series (3)
<u>Note</u>: the three different audio SFX tracks and copy below all go with the <u>same</u> video. Thus the viewer sees the same visual on T.V., but hears different tracks and copy messages. It allows the campaign to have a great thread of continuity, yet still allows for different points of view to support the same basic proposition. It's a unique approach that we invented.
"Jungle"
ANNCR: Civilized suits for the corporate animal. Bigsby & Kruthers on the park...1750 North Clark.
"War"
ANNCR: Suits, fit for corporate combat. Bigsby & Kruthers on the park...1750 North Clark.
"Boxing"
ANNCR: Suits, fit for the corporate arena. Bigsby & Kruthers on the park...1750 North Clark.

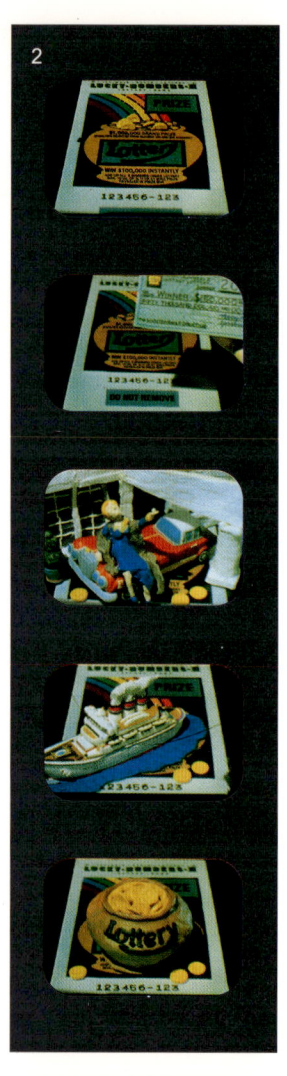

放送（TV）

1. イリノイ州宝くじ「ウィンドウ・ショッピング」TV
スポットには、ウィンドウ・ショッピングをしながら欲しい物（高級レストランの食事、高級車、毛皮、宝石、旅行、新居等）を空想するカップル。カップルはあてもなく街を歩き、ウィンドウに顔をくっつけて、お金があれば何が買えるか想像している。（音楽全編に流れる）
アナウンサー：ずっと外から覗いているだけかい？　100万ドルあったらって想像しているね。手に入るものを考えているんだね。ここにも行ける。あそこにも行ける。これも買える。あれも手に入る。夢を見るのはやめて、どうやったら手に入るか考えてみよう。（アニメの宝くじロゴ・シーンへカット）「星座インスタント宝くじ」で。

2. イリノイ州宝くじ「粘土」TV
粘土で作ったアニメーションを用いる。くじが映し出され、形を変えて、宝くじに当たると手に入る様々なもの（お金、新車、家、毛皮、宝石、旅行等）になる。ジャズ音楽が全編に流れ、ビートにのったナレーターの声。
声：くじをこすったら、何が見えたか。10万ドルが見えた。100万ドル当たったら、生活を変えよう。新しい車、新しい家、妻のために新しい指輪。世界を船で旅しよう。50ドルを20枚。やってみる価値はある。100万ドルが待っている。今日にも当たるかも知れない。（ロゴにエンドマークがかぶさってカット）アナウンサー：ラッキー・ナンバーが２つ。あなたに当たるかも。（ジャズがフェードアウト）

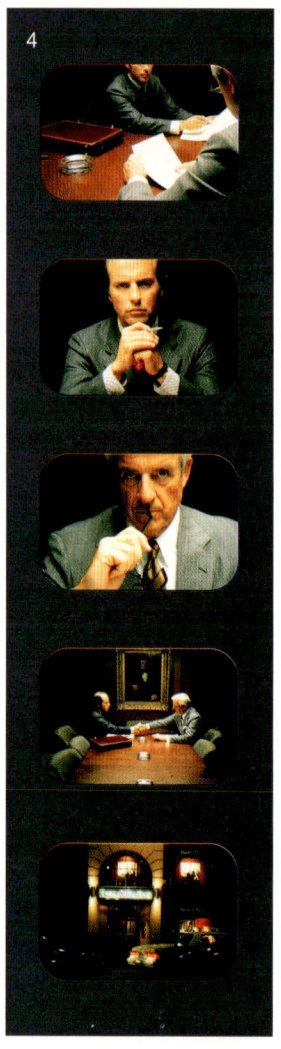

3. イリノイ州宝くじ「スリーカード」TV
カウボーイ：ハウディー。三つ子（ピッチの高い声で一斉にしゃべる）：ハウディー！
カウボーイ：何をしているんだい？　三つ子：スリーカード。カウボーイ：どんなゲーム？　三つ子：新しいインスタント宝くじ。カウボーイ：ずいぶんビッグなゲームだね。三つ子：その通り。カウボーイ：賞金はいくら？　三つ子：100万ドルも夢じゃない。カウボーイ：すごい。三つ子：即金なら500ドルまで。カウボーイ：僕や友達もよるよ。三つ子：もちろん。カウボーイの三つ子（低い声で一斉に話す）：ハウディー。ロゴのカットになり、アナウンサーの声：この宝くじの当選者は、すでに2,500万人を越えています。

4. ビグズビー＆クラザーズ TVシリーズ（3）
注：3つのオーディオSFXトラックと下の文が同じビデオに映る。視聴者は同じ映像をテレビで見るが、違う音響やコピー・メッセージを聞く。キャンペーンに連続したコンテをもたせ、同じ基本案に対していろいろ見せる。当社が発明したユニークなアプローチである。
「ジャングル」
アナウンサー：会社人間のための洗練されたスーツ。お求めは、ノース・クラーク1750、公園内、ビグズビー＆クラザーズまで。
「戦争」
アナウンサー：会社戦争のためのスーツ。お求めは、ノース・クラーク1750、公園内、ビグズビー＆クラザーズまで。
「ボクシング」
アナウンサー：会社で闘うためのスーツ。お求めは、ノース・クラーク1750、公園内、ビグズビー＆クラザーズまで。

Broadcast (Radio)

Chris Bohus for Chicago City Treasurer was one of several mediums used to promote a Republican underdog candidate who ran against an incumbent Democrat in a city run by Democrats. The Republicans thought they didn't have a chance because of the Democrats' dominance within the city and, also, because a Democrat had occupied the Treasurer's Office for twenty-five years up until this election. All the Republicans wanted to do was make a moderate showing of around 25,000 votes. Our campaign blew the public's mind, producing 350,000 votes for Chris Bohus. He barely missed winning the election, but accomplished a lot for the Republicans in the meantime.

Client: "Chris Bohus for Chicago Treasurer" 60 Sec. Radio
SOFT CLASSICAL/JAZZ QUARTET MUSIC UNDER, WITH A V.O. DELIVERING THIS MESSAGE IN A TONGUE-IN-CHEEK, SARCASTIC MANNER.

VO: Don't vote for Chris Bohus for Chicago City Treasurer. Sure, he's the only qualified candidate: a Certified Public Accountant, an experienced financial analyst. But who needs a financial expert like Chris Bohus to fill the Treasurer's job when you can have a politician instead? After all, it's only money (just millions really). And who can spend your money better than a politician? Who can explain where your money went better than a politician? And what does a smart CPA like Chris Bohus possibly know about your money that a smart politician hasn't already figured out? A politician is a natural for City Treasurer. Qualifications? Who needs those? Everybody knows it's who you know. And an accountant like Chris Bohus wouldn't even know which Old Cronie gets what. So, keep the financial expert out of the City Treasurer's Office. Don't vote for Chris Bohus on April 12. You'll sleep a lot better knowing that a politician is handling your money.

放送（ラジオ）
シカゴ市出納局長にクリス・ボハスを民主党が政権をとっているシカゴで、現職に対抗して出馬した共和党候補者の選挙運動に用いたメディアのひとつ。共和党は、民主党が市内で優勢であり、民主党員が今回まで25年にわたって出納局長の座を占めていたことから、勝ち目はないと考え、25,000票程度を獲得するだけでよかった。運動は成功し、クリス・ボハスは35万票を取った。小差で負けたものの、共和党にとっては大いに意義のあることだった。

クライアント『クリス・ボハスをシカゴ市出納局長に』 60秒ラジオコマーシャル
ソフトなクラシック／ジャズカルテットを背景に皮肉っぽい声が下記のメッセージを読む
声：クリス・ボハスを出納局長にするのはやめましょう。公認会計士だし、財務アナリストとしての経験もある唯一の候補者には違いない。ほかに政治家もいるのになんでクリス・ボハスのような専門家にやってもらわなければならないのですか。たかがお金のことでしょう（たかが何百万ドルのこと）。政治家ほどお金の使い方を知っているものはない。政治家の知らないことで、クリスのような賢い会計士が知っていることがあるものか、政治家のほうが出納局長にうってつけ、資格など問題ではない。出納局にはクリスのような財務の専門家を入れない方がいい。4月12日には、クリス・ボハスに投票しないで、政治家に税金を使わせよう。

Bigsby & Kruthers' men's stores three part radio campaign to promote their new in-store store in all six locations. Since Bigsby & Kruthers is the top men's store in the Midwest, this spot had to be very image oriented, but it also had to present a low cost alternative section to an otherwise expensive upscale store. The spots successfully introduced this new in-store store, selling well throughout the first Christmas during the 90's recession.

Client: Bigsby & Kruthers "Choices" 60 Sec. Radio
A STRONG MANLY VOICE OVER WITH SOUND SAMPLING UNDER.

VO: Think about this for a moment...Everyday you have to make a choice...You can blend in with the crowd...Or you can be distinctive...To be distinctive...You must strive to be, what nobody but you, can be...Your look...Your style...You...Who you are and you know what?...A great suit helps...Introducing 'Bigsby &'...our new in-store, store...At all Bigsby & Kruthers locations: 1750 North Clark, Water Tower, Oak Brook, Woodfield, Northbrook, and LaSalle & Madison...Bigsby &...featuring great suits from $350...Suits like Polo University...Firma by Andrew Fezza...Walter Holmes and Peter Barton...Bigsby &...Don't just think about it...make it yours.

ビグズビー＆クラザーズ6カ所に新規出店したメンズショップのプロモーション用、3部構成のラジオ・キャンペーン。ビグズビー＆クラザーズは中西部最大のメンズショップなので、イメージを特に重視する反面、高級品の中でお買得品を広告した。新しいショップの紹介は成功、90年の景気後退にもかかわらず、クリスマスの売れ行きは好調だった。

クライアント『ビグズビイ＆クラザーズ『チョイセス』 60秒ラジオコマーシャル
力強い男の声
声：ちょっと考えてみませんか、毎日家を出て、人混みに紛れるか、際立って目立つか。他人とは違っているあなた、外見、スタイル。スーツがあれば見違えるようになります。『ビグズビイ＆、、』の新しいイン・ストアのオープン。有名ブランドのスーツは350ドルから。さあ、考えていないで、お出掛けください。

Multi-Page Brochures

<u>Railvest</u> - As a result of strides made by the trucking industry over the last 20 years, freight operations for railroads have decreased significantly. The president of Availco (an intermodal transport company) formulated a concept of shipping freight that combines trucking services with railroad transport. He named his concept Railvest, and positioned it to benefit both industries. Qually & Company was called on to promote this Federal Express-like concept of bulk goods delivery to railroad freight company officials. We created everything from the marketing strategies to logos and brochures and direct mail that we feel represents the concept of joining road to rail. This persuasive and informative material successfully introduced the idea to industry officials, and it continues to gain popularity today.

<u>Magna Group</u> - This annual report we created is unique among annual reports in that it has a special scored, die cut and textured cover. This look is reminiscent of a financial portfolio, which immediately sets it apart from the norm. Its function is also harmonious with the material and message to be conveyed in the report. It was conceived, designed and written to be an image and sales tool, not just a housing for numbers and financial information (which is what most annual reports end up being). Magna's quarterly reports are designed along similar lines for continuity, with color changes separating one quarter from another.

<u>GATX Airslide Car</u> - GATX, one of the leading manufacturers of tank and rail cars in the U.S., asked us to help increase the marketshare of their patented Airslide car. We created this direct mail piece, along with ads and tradeshow materials for the Airslide car, already the leader in bulk powdered goods transport, to accomplish two goals: To maintain its leadership status in the latter category and to reposition the car in new potential markets. The first part of the proposition was successful beyond GATX expectations. Our efforts were successful in the second as well. Our research revealed the Airslide to have potential in the dry chemical industry. This turned out to be quite true. In a very short period of time, our repositioning efforts helped garner a 20% marketshare in that new industry.

<u>Bitter</u> - Erich Bitter, a German designer, artist and racecar driver, developed a luxury car that is itself, a high quality work of art. The Bitter SC, after ten years on the roads of Europe, was finally introduced in America. Qually & Company was asked to create a niche in the high income market for this $50,000 automobile. We decided "image" was a strong selling point to the upscale buyer. We created this impressive full-color, modular brochure that contains individual information pieces about the car. It is modular in that these individual pieces can be easily changed, without having to start a new brochure from scratch. In addition to the brochure, we created a very unique test drive mailer that received an unheard of 65% reply. The Bitter SC was successfully introduced and continues to gain marketshare.

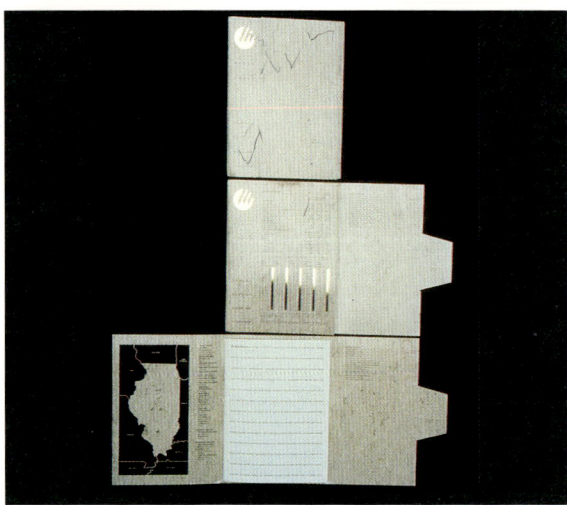

多ページのパンフレット
レールベスト ここ20年の間にトラック輸送業界は長足の進歩を遂げ、鉄道貨物輸送は大幅に減少した。アベイルコ（複合運送会社）の社長は、トラック輸送と鉄道輸送を組み合わせたコンセプトを案出した。これをレールベストと名付け、両方の業界の利益となるように位置づけた。当社は、フェデラル・エキスプレスに似た大量商品輸送のコンセプトを鉄道輸送会社にプロモートするよう要請された。マーケティング戦略からロゴやパンフレット、ダイレクトメールに至るあらゆるものを使って、道路と鉄道を結合させるコンセプトを表現した。説得力のある、有益な資料によりアイディアを業界幹部に紹介し、今日でも依然人気を博している。

マグナ・グループ 当社が手掛けた年次営業報告書は、特製の表紙をつけたユニークなものである。外観は財務ポートフォリオに似ているが、普通のものとは違うのが一目でわかる。材質や報告書のメッセージと調和した機能。イメージ／セールス・ツールとして意図され、デザインされ、書かれたもので、（多くの年次営業報告書にありがちな）単に数字や財務情報を羅列しただけのものではない。マグナの四半期営業報告書も、連続性を出すため同じようなラインで、四半期ごとに色を変えている。

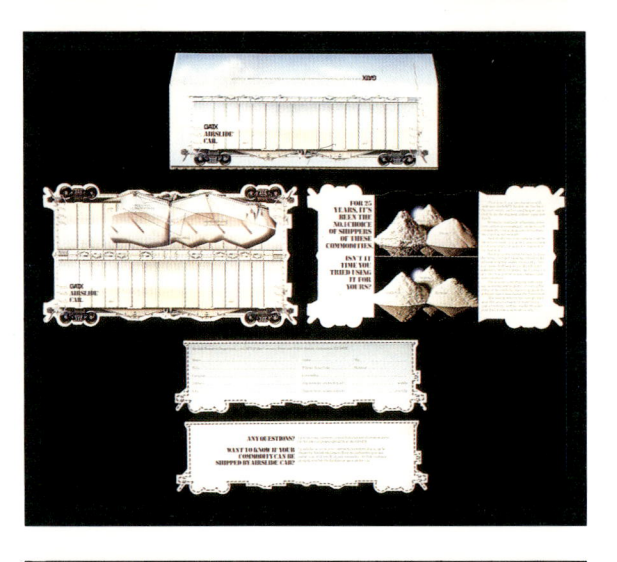

GATX エアスライド・カー タンク車や鉄道車両の大手メーカーGATXから、特許のエアスライド・カーのマーケットシェアを伸ばせないかと依頼があった。すでに散積み輸送のリーダーであったエアスライド・カーの広告や見本市資料、ダイレクトメールを作り、2つの目標の達成を目指した。それは、散積み輸送のリーダーの地位を堅持することと、新たな市場でエアスライド・カーを改めて位置づけることである。最初の目標は予想以上にうまくいった。2つ目についても結果は上々であった。調査の結果、エアスライド・カーは粉末化学品業界でも将来性があることがわかった。結果は予想通りであった。ごく短期間に見直し努力が実り、この新市場で20％のマーケットシェアを獲得した。

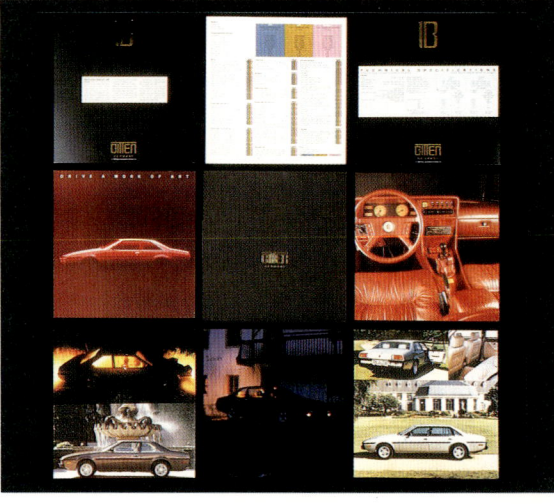

ビッテル ドイツのデザイナーでアーチスト、レーサーでもあるエーリッヒ・ビッテルが、それ自体が質の高いアートである高級車を開発した。ヨーロッパの道を走ること10年、ビッテルはついにアメリカにも進出した。当社は、この5万ドルの自動車を求める高所得層にニッチを探してほしいと要請された。「イメージ」が上流層への強力なセールス・ポイントになると考え、立派な多色刷のモジュール式パンフレットを作成し、車に関する個々の情報をちりばめた。モジュール式にしたのは、個々の写真が簡単に変えられるので、いちいち最初から新しいパンフレットを作らずにすむからである。これに加えて、ユニークな試乗案内リーフレットを出したところ、65％もの返信を得た。ビッテルは市場参入に成功し、マーケットシェアを伸ばし続けている。

Outdoor & Transit Posters

LEY - Rich Melman, creator of nationally acclaimed 'Lettuce Entertain You' restaurants, called on Qually & Company to promote the chain's 10th anniversary celebration. The challenge was to create a highly visible, yet cost efficient campaign that would create excitement for the week long celebration. We met the challenge with a new and unique approach to "free meal" coupons. We created "redeemable" billboards and public transit posters. Our campaign worked like a charm. The coupons were literally ripped from buses and trains. An attempt was even made to remove the "free meal" billboard. It turned out to be one heck of a celebration for LEY, plus they got over a million dollars worth of free publicity out of it.

Illinois Lottery - In 1976, to celebrate the United States Bicentennial, every company in the country was doing some type of bicentennial promotion for their products or services. Everywhere you looked there was `Bicentennial' this or that, or the 'Spirit of' this or that. So to come up with something different that would stand out from the crowd, we decided to have our product be 1,001,776 dollars. Our efforts were highly successful. How's that for spirit...the Spirit of $1,001,776?

Crain's/BMW Golf Challenge - This was a co-op joint venture between two of our clients to promote the summer senior golf outing to raise money for charity. We chose a minimal, yet powerful visual that captures the essence of the game, while elevating it to a monumental level. Our effort was so successful that officials in charge of the yearly golf outing decided to re-use the same image for its permanent format, instead of redoing it each year as originally planned.

MBC - The Museum of Broadcast Communication in Chicago houses a tremendous collection of TV and radio pieces from the U.S. broadcast industry. MBC officials wanted to create a favorable and accurate image of what the museum stands for. Qually & Company suggested the need for an aesthetically pleasing poster to represent the museum, and also to sell in the museum giftshop as a momento souvenir. We decided that a national poster competition was a clever approach for finding the best possible poster, so we structured and promoted just that. With the offer of a $5000 prize and valuable publicity in the communications industry for the winner, we received four times more entries than expected. It was a success. The MBC got a beautiful and profitable poster and the contest winner was well rewarded. Everyone benefitted.

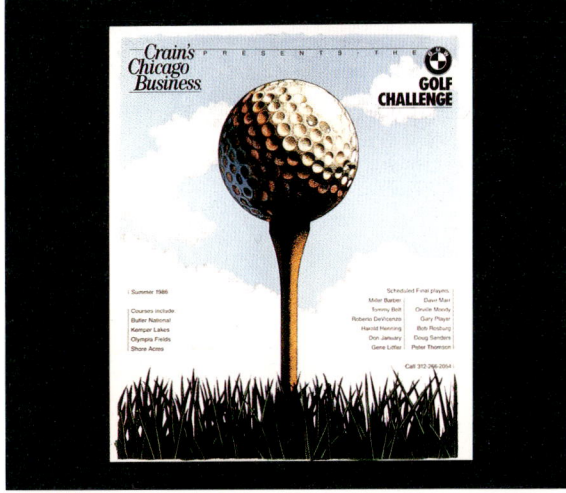

野外＆交通機関掲示ポスター

LEY 全国的に有名な「レタス・エンターテイン・ユー」レストランの創業者リッチ・メルマンが、創業10周年祭のプロモーションを依頼してきた。目につきやすく、コスト効率のよいキャンペーンを打って、1週間の創業祭を盛り上げようというのであった。「フリー・ミール（お食事券）」クーポンという斬新かつユニークなアプローチをとり、「返金可能な」看板や交通機関用ポスターを作成した。キャンペーンは見事に当たった。クーポンはバスや電車の中で文字どおり切り取られた。「フリー・ミール」看板まで取り外されそうになった。LEYのすごいお祭りになったばかりか、100万ドル以上の宣伝をタダで行ったことになる。

イリノイ州宝くじ 1976年、合衆国建国200周年を祝って、いろいろな会社が製品やサービスのプロモーションを行った。至るところに「200周年」何々や「スピリット・オブ」何々の文字が見られた。このような状況で何か違うことをしようと、賞金を1,001,776ドルにした。大成功だった。スピリット・オブ1,001,776はいかが？

クレインズ／BMWゴルフ・チャレンジ チャリティー募金のためのサマー・シニア・ゴルフ試合を2社のためにプロモートした。小さいがパワフルなレイアウトを選んでゲームの神髄をとらえる一方、このゲームを記念すべきレベルにまで高めようとした。努力が実り、年次ゴルフ試合を担当する役員は、当初計画していたように毎年新しいものを作るのではなく、不変のフォーマットを作り、同じイメージを繰り返し使用することにした。

MBC シカゴの放送通信博物館（MBC）には、米国の放送業界にまつわる膨大な量のテレビ／ラジオ番組のコレクションが収蔵されている。MBCの役員は、博物館の好意的かつ的確なイメージを創りたいと考えた。当社は、館内のギフトショップで販売する、博物館を表す美的に優れたポスターが必要であると考えた。最高のポスターを得るには全国ポスター・コンクールを行うのが良いと考え、これを企画し、推進した。入選者には賞金5,000ドルとコミュニケーション業界での知名度を提案したところ、予想した数の4倍もの作品が集まり、大成功だった。MBCは美しく収益性の高いポスターを得、入選者は十分報いられた。皆が得をした。

125

Logos

CPA Logo - This logo we created for the Illinois CPA Society/Foundation was designed to give Illinois CPAs an identifiable symbol as well as help improve their 'number cruncher', 'bean counter' public image. We chose the three-dimensional pyramid-triangle design because, as the most stable of geometric shapes, it symbolizes the stability of the organization. This logo is conservative, yet contemporary, and very captivating. Depending on how you look at it, its three-dimensional quality makes the pyramid look like it's pointing inward or outward. This symbol will carry the organization well into the 21st century.

APE Logo - Associated Piping & Engineering is an industry leader who's reputation has been built on professional integrity. To carry this reputation through, we decided that Leonardo da Vinci's famous 'Measure of Man' symbol, which embodies the synthesis of innovation, craftsmanship and science, as well as man's desire to attain perfection, would be appropriate. As one of the world's largest fabricator's of pipe and metal, this symbol helped glorify their workmen and provided A.P.E. with a point of significant familiarity for their engineering clientele.

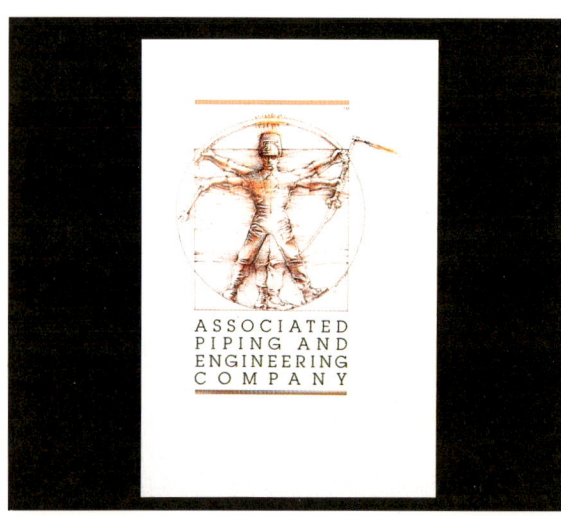

BAI Logo - We created this innovative corporate logo for The Bank Administration Institute, which is known to its employees and customers as BAI. This logo was designed by utilizing this acronym and developing it into a distinctive ligature which reveals a clean, corporate, and straightforward look. It's a prestigious and dignified design that lends itself to integrity for an organization that deals with 98% of the banks in the U.S.

E.B. Logo - This unique logo design was developed for the Encyclopedia Britannica as a mnemonic symbol. It represents E.B. as the 'key to knowledge' in the information age. Standard libraries of encyclopedias are now in direct competition with the automatic usage of computers and databases. This symbol helped position E.B. as a knowledge resource for the 21st century, side by side with the computer.

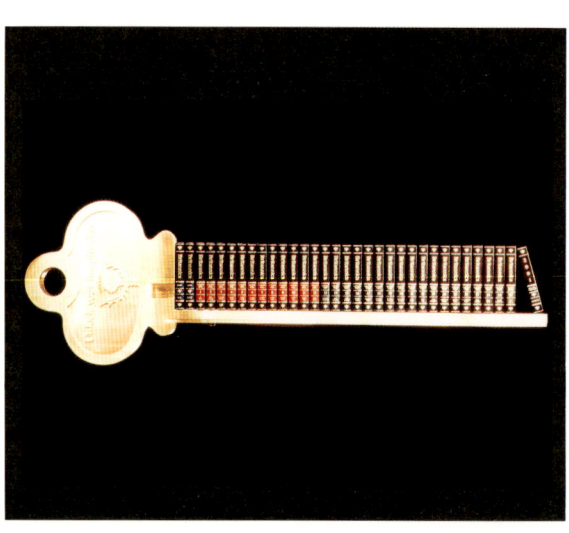

ロゴ

CPAのロゴイリノイ州CAP協会／財団のために考案したロゴは、イリノイ州CPAにアイデンティティーを与えるとともに、「数字かじりや」や「豆計数機」といった協会のイメージを改良しようとした。三次元のピラミッド・トライアングルのデザインを選んだのは、最も安定した幾何学模様で、協会の安定性を象徴しようとしたからである。このロゴは保守的だが、現代的で、人を引きつける。見方によっては、三次元なので、ピラミッドの頂点が内側にも外側にも向いているように見える。このシンボルは、協会を21世紀へと導くものである。

APEのロゴアソシエイテド・パイピング&エンジニアリング（APE）は業界のリーダー的存在でその職業は名声を博している。名声を持続させるためには、革新、技巧、科学の統合と、完璧さを求める人間の希望を具体化したレオナルド・ダ・ビンチの有名な「メジャー・オブ・マン」のシンボルが最適と判断した。パイプと金属製品の世界最大メーカーとして、このシンボルは同社の技術者を称賛し、工事関連の顧客にAPEへの親近感を抱かせることになった。

BAIのコゴ革新的なコーポレート・ロゴを、従業員や顧客にはBAIとして知られるザ・バンク・アドミニストレーション・インスティチュートのために製作した。ロゴのデザインは、この頭字語を用いて特徴的な合字に発展させ、クリーンで集合的かつ率直な外観を表現した。高級感や威厳をもつデザインで、米国の銀行98％を扱う団体としての完全性につながっている。

E.B.のロゴユニークなロゴ・デザインを、ブリタニカ百科辞典（E.B.）の記録のシンボルとして開発した。情報化時代における「知識への鍵」として、B.を表現している。現在、百科辞典は、コンピューターやデータベースの自動的な利用とじかに競争している。このシンボルは、E.B.をコンピューターと並ぶ21世紀の知識資源として位置づけている。

I.D. Programs & Collateral

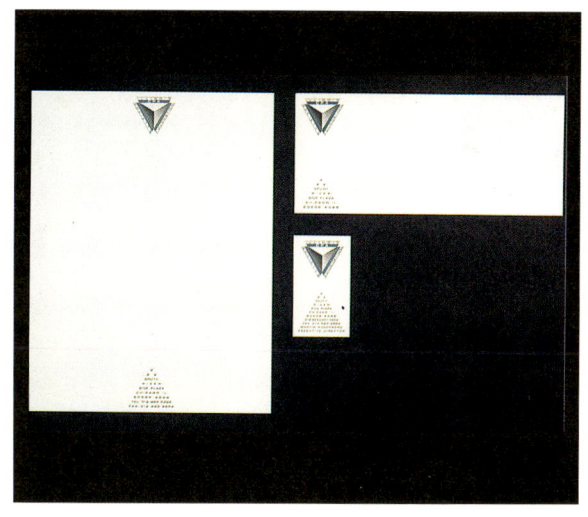

CPA Identity Program/Collateral - To incorporate the pyramid-triangle logo unit into the Illinois CPA Society's collateral material, we developed a simple yet strong concept that utilizes a triangular, modular typographical unit that goes perfectly, almost as a mirror image, with the logo. It's modular in that it can be changed to fit each collateral piece. For business cards, all relevant info is included in the unit. For stationery, the name and title are deleted. For envelopes, the phone number is deleted as well. It's just a matter of making the typographical unit smaller.

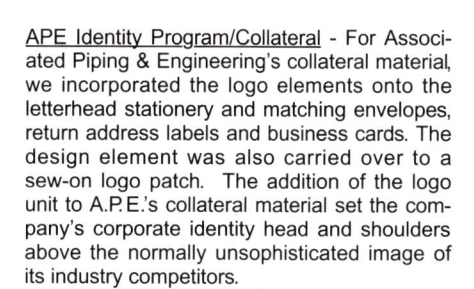

APE Identity Program/Collateral - For Associated Piping & Engineering's collateral material, we incorporated the logo elements onto the letterhead stationery and matching envelopes, return address labels and business cards. The design element was also carried over to a sew-on logo patch. The addition of the logo unit to A.P.E.'s collateral material set the company's corporate identity head and shoulders above the normally unsophisticated image of its industry competitors.

Cityscape Identity Program/Collateral - Cityscape was an upscale restaurant, located in Chicago. It had a prairie style architectural look highly influenced by Frank Lloyd Wright. The logo unit was designed along those same lines. Using unique geometric symbols and typography in four-color, the identity was given a post-modern flair that extended tastefully to the letterhead stationery, envelopes, memo paper and business cards. This smart graphic design lends itself to the elegance of Cityscape wine labels, gift certificates and postcards. This colorful design was also fashioned in a stylish bolo tie worn by the waiters as part of their attire.

BVA Identity Program/Collateral - Business Volunteers for the Arts (Chicago) is a non-profit organization whose purpose is to develop and enhance relationships between the business and artistic communities. The acronym 'BVA' was used as the base when the logo was designed because that is the name the organization goes by. The design also incorporates the three primary colors, which are symbolic of the art groups they work with. This colorful design carried over beautifully to the organization's stationery, envelopes, business cards, labels and I.D. buttons that identified BVA members at meetings and seminars.

ID プログラム＆付属物

CPAのアイデンティティー・プログラム／付属物ピラミッド・トライアングルのロゴ・ユニットをイリノイ州CPA協会の付属資料に取り入れるため、三角のモジュール式活字ユニットを利用した、単純だが強力なコンセプトを考案した。これは鏡像のように、ロゴと完全に一致する。モジュール式というのは、付属物ごとにフィットするように変化させることができるからである。名刺の場合は、関連情報がすべてユニットに含まれている。便箋は氏名と役職が省かれる。封筒の場合は電話番号も省かれる。活字印刷ユニットを小さくするだけのことである。

APEのアイデンティティー・プログラム／付属物アソシエイテッド・パイピング＆エンジニアリングの付属資料用に、ロゴの要素をレターヘッドや封筒、返信用アドレスラベル、名刺に取り入れた。これは、縫い付け式のロゴパッチにも取り入れた。APEの付属資料にロゴ・ユニットを加えることで、同社のCIを際立たせ、この業界の粗野なイメージを凌いだ。

シティスケープのアイデンティティー・プログラム／付属物シティスケープは、シカゴの高級レストランで、フランク・ロイド・ライトの影響を強く受けたプレーリー・スタイルの建築様式で建てられた。ロゴ・ユニットも同じラインに沿ってデザインした。ユニークな幾何学的シンボルと4色の活字を用い、ポスト・モダンのひらめきを示すアイデンティティーは、レターヘッドや封筒、メモ、名刺等にも及ぶ。スマートなグラフィック・デザインは、シティスケープのワインラベルやギフト券、ハガキの優雅さを増している。カラフルなデザインは、ウェイターが着用しているスタイリッシュなタイにも取り入れられている。

BVAのアイデンティティー・プログラム／付属物ビジネス・ボランティアーズ・フォー・ジ・アーツ（シカゴ）は、ビジネス界とアートの関係を深め、発展させることを目的とする非営利団体である。ロゴのデザインに際しては、団体名を表す頭字語の「BVA」をベースとして使用した。デザインに3原色が溶け合って一緒に働くアート・グループを象徴している。このカラフルなデザインは、同団体の便箋や封筒、名刺、ラベル、そして会議やセミナーでBVAの会員を識別するIDボタンなどにも美しく受け継がれている。

Posters

<u>Wilson Poster</u> - The game of softball is played by tens of millions of people, recreationally and seriously. Aware of this huge market, and following the trend popular in the golf and tennis industries, Wilson developed bright orange flourescent colored 12" and 16" softballs. First, we logically named the product "Fireball" because of its color. Then, with that as a base, we produced a simple and powerful image that showed the softball actually on fire. We then used this image for attention-getting P.O.S. posters to go with our ad campaign for the product. The headline was attention-getting as well. "Play With Fire" is a call to action with a twist, in that it's something people all their lives are told not to do. The Fireball quickly gained a large marketshare and maintains strong sales to this day.

<u>Pollock Poster</u> - This was created for Pollock (a division of General American Transportation Corp.), which rebuilds coke ovens for steel plants. It's a hardcore, glamourless, low key type of business that wanted to promote its service in a different and more visible way. We suggested a W.P.A. type illustrative approach that would show who they are and what they do in a bigger than life, dramatic fashion. We used it in trade ads, direct mail pieces and this poster version, which was used as a handout at tradeshows. We also suggested to Pollock that they should write personalized messages on the posters, frame them and give them to all of their customers. The idea was to turn their customers into testimonial and referral sources when they'd hang them proudly in their offices.

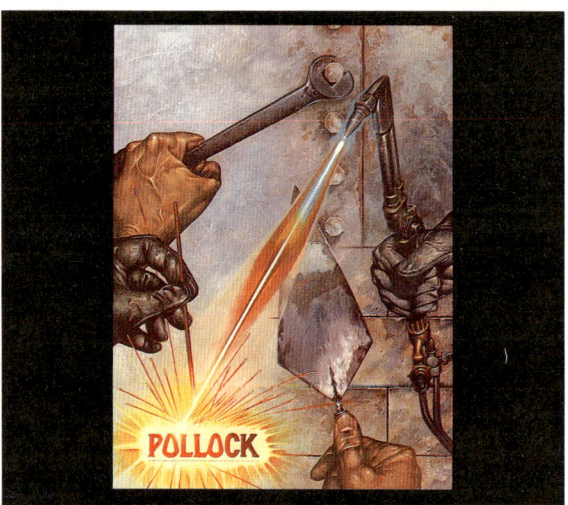

<u>Viking Poster</u> - This award winning poster was the result of conceptual wizardry that paired the hi-tech image manipulator (Viking Graphics) with a well-known photomontage artist (Scott Mutter). The common denominator was simple: both manipulate images. For this poster Mr. Mutter's image was recreated on Viking's equipment. The image shows Chicago's Standard Oil building supporting a ceiling of Corinthian artistry from the Getty museum. The headline explains what Viking does while also being perfectly tailored to the image. Reactions to the poster have been phenomenal. Viking uses these posters as tradeshow handouts, salescall leave-behinds and as direct mail pieces to potential clients.

<u>Child Abuse Poster</u> - Child abuse is one of the top killers of our nation's children, and in the early 1970's concerned medical/legal/marketing parties decided to conceive and execute a national media fight against the problem. Robert Qually was asked to help in this fight. After he got the Sandoz/Warner Company to underwrite the project, he created and utilized this single, powerful message as medical facility posters (and print ads) to depict child abuse's physical and psychological effects. In its first year the campaign led to a 4600% increase in the number of abuses reported. His campaign coined the phrase 'Child Abuse', which became the common term for this atrocity. More importantly it saved lives.

ポスター

ウィルソンのポスター何千万もの人達がソフトボールを楽しんだり、真剣にプレーしている。この巨大マーケットに注目し、ゴルフやテニス産業の人気に続くべく、ウィルソンは明るいオレンジの蛍光色の12インチ、16インチのソフトボールを開発した。まず、この商品の色から「ファイヤーボール―火の玉」と命名した。次に、これをベースに、単純かつパワフルなイメージを作り出し、ソフトボールの人気に火をつけた。人目につくように、POSポスターにこのイメージを使い、商品のための広告キャンペーンとした。ヘッドラインも人目につきやすいものにした。「火遊び」は、アクションにひねりを加えたもので、昔からしてはいけないと言われてきたことである。火の玉のマーケット・シェアはあっというまに拡大し、今日でも売れ行きは好調である。

ポロックのポスター鉄鋼プラントのコークス炉を再建するポロック(ゼネラル・アメリカン・トランスポーテーション・コープの一部門)のために製作した。実直だが地味な事業なので、今までとは異った、目立つ方法で業務を宣伝したいと考えた。会社の内容を実物より大きく、劇的な方法で示すWPAタイプの図解アプローチを勧めた。業界広告やダイレクトメール、このようなポスターで利用し、ポスター版は見本市のチラシとしても用いた。また、ポスターに個人的なメッセージを書き込み、額に入れて、顧客に渡すよう、ポロックにアドバイスした。オフィスに掛けられた額を見た他の客に紹介してくれることを狙ったものである。

バイキングのポスターこの受賞ポスターは、ハイテク・イメージのマニピュレーター(バイキング・グラフィックス)と有名なフォトモンタージュ・アーチスト(スコット・ムッター)を魔法のように組み合わせたコンセプトの産物である。共通の特徴は、イメージを操作することである。このポスターのために、ムッターのイメージをバイキングの装置上で再現した。シカゴのスタンダード・オイルのビルが、ゲッティー美術館のコリント様式の天井を支えている。ヘッドラインでバイキングを説明し、イメージに忠実に仕立てられている。ポスターへの反響は驚くべきものだった。バイキングは、ポスターを見本市のチラシや客先訪問時に置いてくる資料、顧客となりそうな会社へのダイレクトメールとして使用している。

児童虐待防止ポスター米国の子供が殺される原因のうち、児童虐待によるものが上位を占めており、1970年代初めには、医学、法律、マーケティングの関係者が、この問題に対するメディアでの全国的な論争を計画、実施することに決めた。当社は支援を求められた。サンドス/ワーナー・カンパニーにプロジェクトを委託した後、このような力強いメッセージを書き、医療機関用ポスター(と印刷広告)に利用し、児童虐待の身体や精神に与える影響を示した。キャンペーン初年度は、報告された虐待数は4600%の伸びを示した。このキャンペーンで「児童虐待」という新たな表現が作られ、この残虐行為に対する共通用語となった。たくさんの命が救われた。

Package Design & Naming

INEX Package - INEX is a manufacturer of ski bindings for the snowskiing industry. We named this product 'INEX' because of its main feature which allows for a skier to get into the binding quickly for convenience sake, and exit the binding quickly when a fall occurs to cut down the risk of injury. We then designed their logo simply to portray these benefits. For continuity we carried this design over into all aspects of the packaging, marketing and promotional items.

Timi Package - The product itself is a brightly colored baby pacifier that's fairly stylized in its design. The item is manufactured by Sassy, a leading juvenile products company. We created this shrinkwrap package design that reflected the look and colorful nature of the pacifier so as to bring a little style and color to a somewhat boring baby pacifier product catalog.

Arkanoid Package - This video game package is one of 14 we created for Taito, Nintendo and personal computer formats. This full-color design for the award-winning Arkanoid game literally makes the package jump off the store shelves. The package structure is similar to a miniature record album with the graphic look and feel of an old 50's model airplane package, blended together with a touch of the 'Star Trek' fantasy. The creative approach is similar to those utilized in selling motion pictures with movie posters. The use of a main visual element and a custom typographic design captures the essence of what the game is all about. The clean, simple layout and the overly dramatic tone of the copy together gives the consumer the hint of the game's storyline and the action to follow.

Lottery Tickets - Over the course of 9 years we brought 48 different Lottery games (ticket designs) successfully into the marketplace, where they've generated billions of dollars in revenue and dispensed millions in prizes. The one pictured here is just a typical example. From a design point of view, these all had to look different from each other. They all had to promote gaming (realizing the dream), have a game look and structure, be colorful, inviting to the player and at the same time be designed under rigid computer printing grid standards. These standards meant using different types of security inks and other secret devices to prevent duplication and forgery. A very different, but interesting and challenging packaging assignment indeed.

パッケージ・デザイン、ネーミング

INEXのパッケージ INEXは、スノースキー業界向けにスキー・ビンディングを製造している。これをINEXと命名した理由は、スキーヤーが素早くビルディングを装着でき、雪崩のときは素早く取り外して怪我を防ぐことができるという特徴のためである。このような長所を簡潔に表すロゴをデザインした。連続性を与えるため、このデザインをパッケージングやマーケティング、販促アイテムにも適用した。

チーミーのパッケージ 商品そのものは、明るい色の乳児用おしゃぶりであるが、デザインの段階でかなり様式化してある。大手メーカー、サッシー社の商品である。シュリンク包装のパッケージ・デザインを考案し、退屈なおしゃぶりのカタログにスタイルと色を持ち込み、外見とカラフルな性質を反映させた。

アルカノイドのパッケージ このビデオゲーム・パッケージは、タイトーや任天堂、パソコン・フォーマット用にデザインした14種のパッケージの中の1つである。受賞した多色刷デザインは、文字どおり、パッケージを店内の陳列棚から飛び出させた。構造はグラフィック仕上げのミニ・レコード・アルバムと似ており、50年代の古い模型飛行機のパッケージの雰囲気を漂わせながら、「スター・トレック」ファンタジーの感触も取り入れている。製作方法は映画のポスターを使って映画を売り込む場合と同様である。メインのビジュアル要素と特注の活字デザインを用いて、ゲームの本質を捕らえている。すっきりとしたシンプルなレイアウトと、過度にドラマチックなコピーのトーンが相俟って、消費者にゲームの筋やアクションのヒントを与えている。

宝くじ 9年余の間に、48種の宝くじゲームを市場に出し、何十億ドルもの歳入をもたらし、何百万ドルもの賞品に分配された。典型的な図柄を示した。デザインはすべて他と違うようにしなければならない。ゲーム（夢を実現させること）をプロモートし、ゲームのような外観と構造をもたせ、カラフルで、買い手に夢を与え、厳正なコンピューター印刷グリッド規格に基づいてデザインしなければならなかった。この規格は、異る種類の保護インクや他の秘密の方法を使って複製や偽造を防ぐことを指す。珍しく、おもしろい挑戦的なパッケージ・デザインの仕事だった。

Our Own Products

Victory Poster ©™. This Qually & Company product was created in-house. The simple, yet powerful image of a bear claw ripping through a version of the Super Bowl logo symbolized the outcome of the game and captured the perception and feelings of every Bears Fan in this fanatical sports town. We set up distribution channels through retail outlets, sold thousands of posters via street peddlers and imprinted corporate logos on the poster allowing the respective corporations to distribute the Victory Poster as their own product.

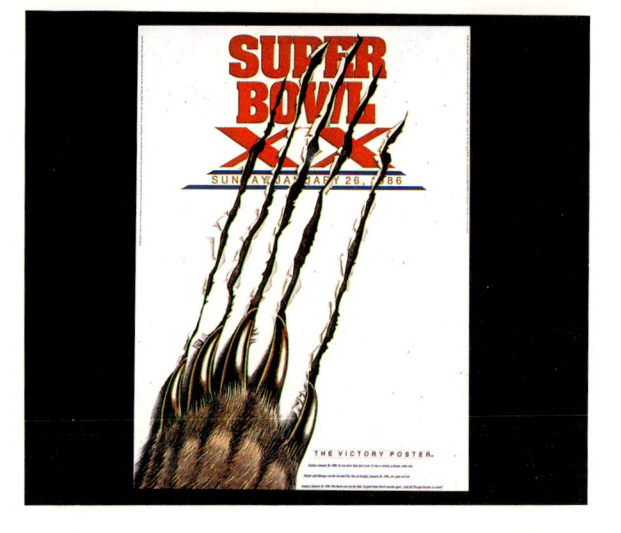

Coors Victory Poster.© As mentioned above, to increase distribution and profit potential of the image, we sent samples to major companies in hope that each would like to imprint their company logo on the poster, and thus associate themselves with this Chicago sports success story. Coors Brewing Co., who was making its initial entrance into the Chicago market, loved the idea but wanted their own custom version. Coors used the image on posters and counter cards that were placed in bars and liquor stores throughout Chicagoland. It helped endear them to the Chicago customers, and thus helped them enter into, and sell in this market.

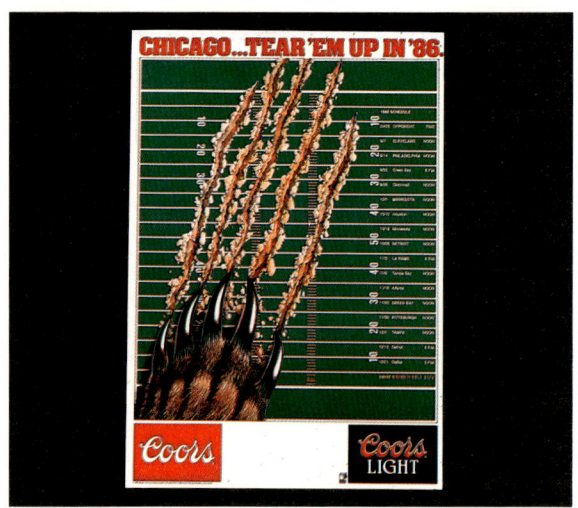

Amazing RemindAll ©™ (Product and Promotions)- The Amazing RemindAll, another Qually & Company house product (created with partner Dale Eldridge), is a humorous, off-the-wall, pet rock type of product. The product itself is a six inch piece of plastic-coated wire with a suction cup affixed at one end, and a paper clip on the other. As shown here, the idea is to attach a Post-It Note, with a short message on it, to the paper clip. Then, stick the apparatus to your forehead so the note dangles in front of your face. The short message acts as a 'reminder' for you to do something. In this trade ad the A.R.A. breaks through the clutter of normal sales promotion ideas to help, in a funny way, remind advertisers not to forget to advertise in this publication. (A patented product).

Funnie Babie ©™ Pacifiers - This is a line of 4 patented baby pacifiers (influenced by Kunio Hagio) that have influenced the baby pacifier industry because of their presence, even though they haven't yet come to the marketplace. Before Funnie Babie, all pacifiers were designed for function and not form. In essence, they used to look like 'bathtub basin plugs'. The concept of Funnie Babie is simply to take the best orthodontic pacifier tip that fits in a baby's mouth, and combine it with a look that presents the right image. Also, because of its three-dimensional design it allows the parent to put it in and take it out of a baby's mouth with ease. The 4 looks: 1) smiling face, 2) mustache and lower lip, 3) lips with tongue sticking out and 4) rabbit's mouth. An added bonus is that it makes a cute baby cuter.

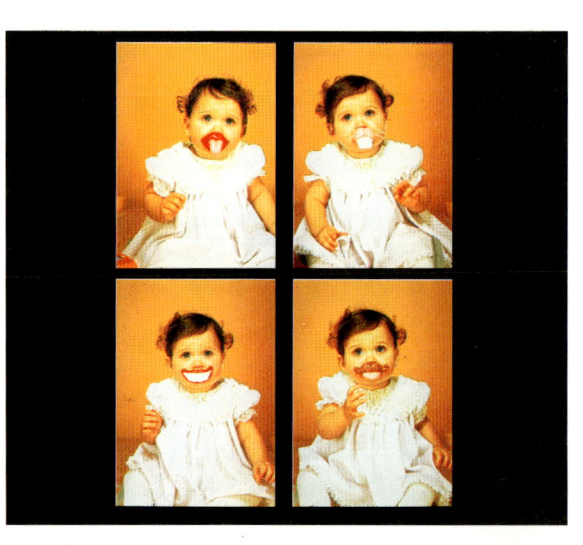

当事務所の作品

ビクトリーポスター：これは事務所の自主製作したものである。スーパーボウルのロゴを熊の爪が引き裂いている簡潔だが強力なイメージが、試合の結果を象徴し、このスポーツマニアの町に住むベアーズファン全員の気持ちを代表している。このポスターを売る小売店チャンネルを作ったうえ、道端のスタンドでも何千枚も売った。ポスターに会社のロゴを嵌め込めるようにしたので、いろいろな企業が自社のポスターとしてビクトリーポスターを配布した。

クアーズ　ビクトリーポスターこのイメージを使ってできるだけ売上を延ばすため、大手企業にサンプルを送って御社のロゴをいれませんかと勧誘した。そうすれば、このシカゴスポーツのサクセスストーリーと会社の名前を結び付けることになるから。シカゴ市場へ参入しようとしていたクアーズブルーイングが話にのったが、お仕着せではなくて特注にしてほしいといってきた。クアーズはこのイメージをポスターと、バーや酒屋におくカウンターカードに使った。その結果、クアーズの名前が親しいものになり、市場参入がしやすくなり、売上も伸びた。

アメージング・リマインドオール™（製品、プロモーション）もう一つの自社製品、アメージング・リマインドール（パートナーのデール・エルドリッジがデザイン）は、ユーモラスで即興的なロックタイプの製品である。製品自体は、6インチのプラスチック加工ワイヤーの一方の端に吸盤をつけ、もう一方の端にペーパークリップをつけたものである。ここに示すようにポスト・イット・ノートに短いメッセージを書いて、ペーパークリップにつける。それから、額にくっつけて、ノートが前にぶらさがるようにする。短いメッセージは、「備忘録」の役割を果たす。この業界広告で、ARAは通常の販売促進アイディアを打ち破り、おもしろい方法で、広告主がこの出版物で広告するのを忘れないようにしている。（特許製品）

ファニー・ベビー™おしゃぶり特許をとった4つのおしゃぶり（クニオ・ハギオの影響を受けた）だが、まだ市場に出ていないうちから、おしゃぶり業界に影響を及ぼしていた。ファニー・ベビーが出てくるまでは、おしゃぶりのデザインはすべて、機能のみを考慮し、形は重視していなかった。「バスタブの栓」に似ていたのだ。ファニー・ベビーのコンセプトは、乳児の口にあう歯科矯正用おしゃぶりチップを採用し、正しいイメージを表す外観にすることであった。また立体的なデザインなので、親が赤ちゃんの口に入れたり、出したりすることができる。4つのおしゃぶりは、1）笑顔、2）口髭と下唇、3）唇とつき出た舌、4）みつくち。おまけに、かわいい赤ちゃんがもっとかわいくなる。

Carol   Naughton   +   Associates

C N + A

Carol Naughton + Associates, Inc. is a group of designers founded in 1975 by Carol Naughton and Incorporated in 1985. Located in Chicago, the office is staffed with graphic, industrial, interior and architectural designers experienced in two and three dimensional design. Specializing in environmental signage and exhibit graphics programs, CN+A projects are diverse and interesting.

Environmental signage programs includes airports, large retail shopping centers, corporate facilities, universities, hotels, and health care facilities. Some of our clients include O'Hare International Airport, Rockford Mass Transit, Art Institute of Chicago, The Chicago Symphony Orchestra, The City of Evanston, The City of Oak Park, McDonalds Corporation, Urban Development, University of Illinois, and Northwestern Memorial Hospital.

Exhibit graphics programs are designed for both permanent and event spaces. The subject matter ranging from educational and historical to product definition and display. Some of our clients include Herman Miller Inc., Westinghouse Furniture Systems, Trendway Furniture Systems, Cooper Lighting, Inc./ Halo and Edison Lighting products, NutraSweet Corporation, Pacific/Sakata Developers and Construction Company, Hassinger Family of Companies, Lexington Development Company.

Staff includes: Carol Naughton, Kim Cardosi, Vick Moore, Edward Kuliesis, Diane Iko, Chika Sekiguchi, Jack Naughton, Keyan Mizani,

クオリティの高い
デザイン

Carol Naughton ＋ Associates, Inc.

ページ
131 キャロル・ノートン・アンド・アソシエーツは、1975年にキャロル・ノートンが始め、1985年に法人化したグラフィックデザイナーのグループである。シカゴに本拠をおき、二次元、三次元デザインに経験をつんだグラフィックデザイナー、工業デザイナー、インテリアデザイナー、建築家を擁している。環境サイネージや、展示用グラフィック計画を専門としているが、CN+Aプロジェクトは多岐にわたり、おもしろい。
環境サイネージ計画は、空港、大型ショッピングセンター、会社施設、大学、ホテル、保健施設などを含む。クライアントとしては、オヘア国際空港、ロックフォード交通局、アート・インスティテュート・オブ・シカゴ、シカゴ交響楽団、エバンストン市、オークパーク市、マクドナルド社、アーバンデベロップメント、イリノイ大学、ノースウエスタン記念病院などがある。
展示用グラフィック計画は、永久展示用とイベント用の二種類ある。主題は、教育、歴史、製品紹介、ディスプレイ等。クライアントの中には、ハーマン・ミラー、ウエスティングハウス・ファニチャー・システムズ、トレンドウエイ家具、クーパー照明、ハロ・アンド・エジソン照明器具、ナチュラスイート・コーポレーション、パシフィック／サカタ開発建設会社、ハッシンガー・ファミリー会社、レキシントン開発会社などが含まれる。
134 キャロル・ノートン・アンド・アソシエーツ
展示デザイン、永久展示、教育用、情報提供用
我々の展示デザインのアプローチは、クライアント、内容、予算、展示を見る人、情報を示すスペースの特徴をよく理解することから始まる。このページのハーマン・ミラー社の展示は、まずクライアント／デザイナーの打ち合わせで、いろいろな関連プロセス、ジョブ、イメージ、目的、歴史、シンボルなどを明らかにすることから始まった。
135 デザイン局面では、立面図をまず作る。歴史、教育、情報内容と三次元のものとのバランスをとり、テクスチ

私は旅が大好きだが、アメリカを初めとして特にヨーロッパ、アフリカへの旅の経験がデザインに影響を与えていると思う。

私は時間をかけて、デザインを通じて何を伝えようとしているのかを説明する。

旅の途中で現地の言葉がわからなかったり、目の前にあるものがわからなかったこともあったが、そのおかげで、見る人のニーズやコンテクスト、内容、ヴィジュアルなものが明瞭であることなどについての感性が磨かれた。

私は仕事を興味あるものにするために、常に初めてのことにチャレンジしたいと思っている。

私たちの会社は総勢9人のスタッフで構成されており、1人が秘書兼経理担当で、残り8人がグラフィック・デザイナーである。また、彼らを出身大学の専攻科目で分けると、2人は建築学、1人は工学、残り5人がグラフィック・デザインとなっている。

私たちの会社の仕事の内容は大きく次の3つに分類することができる。

①プリント、ブロシュア、ロゴ、ステーショナリー
②CI
③サイン、展示会設計

私たちの会社で特に関心を払って、特に多くの割合を占めているのは、3番目のサインと展示会設計である。

このサイン、展示会設計で問題になるのは素材の多様性である。例えば私たちはプラスチック、メタル、木などに加え、建築物においては常にいろいろな素材を使っているのでコントロールすることが大変難しくなっている。そのため時々どのようなマテリアルを使ったらよいのか、迷ってしまうことがある。しかし、逆にそういう面倒な部分が多ければ多いほど、デザイナーとしての創作意欲はかきたてられることになる。

現在、手がけているエアポートの仕事は私たちにとって全く初めての経験だった。今まで私たちが行ってきた病院や公共の建物、大学などのサインと異なっているのは、バゲージ、ゲート、エンジニアなど全く種類の違ったタイプの情報を人々に与えなくてはいけないからである。これらの仕事も初めは難しい面が多かったが慣れてくると次第にやさしく感じられるようになったし、今では仕事を楽しんでいる。

今回のエアポートの仕事では、例えばユナイテッド航空などの国内線と違ってインターナショナル・エアポートなので空間にも大きな違いがある。国内線ではパスポートなどのチェックはいらないが、国際線ではエアポート全体の1/3のスペースを入国審査や農産物、果物などの食物の審査、それに政府の各種チェック機関が占めている。それらの面積は巨大で、そのことがまた問題を難しくしている。また国際線ということで多くの国からいろいろな人たちが入国してくる場所ということも考慮した。

建築家との打ち合わせも、電気、コンピュータ、資材といった要素が複雑に絡み、大変難しいものである。しかし、問題が複雑で難しいほど、私たちの仕事に対する興味は培増することになる。良いデザインとは、クライアントのニーズにきちんと応えたものであり、なおかつ一般の人々が意味をよく理解できるものである。

プレゼンテーションは、そういう意味から、クライアントと緊密な関係を築くために大変重要なものである。そして、クライアントとは十分に話し合い、ディスカッションを重ね、話を進めていく。ミーティングはクライアントのほか、建築家やマーケティング担当などの人たちとも行うが、仕事を始めるにあたっては、とにかく正しい情報をたくさんほしいと思っている。それが、はっきりした結論を出すのにつながるからである。

次にクライアントがデザインを気に入った時点で、実際に視覚に訴えるアイデアが登場する。コンピュータでクライアントにどういうふうに見えるか示したり、タイプでダミーを使ったりと、方法は2種ある。サインの場合、特に実際のモデルで、どういうふうに遠くから見えるか検討することも必要である。この後、ABC、3種類の中から値段を考慮し、どこが一番良い仕事をするかチェックする。

コンピュータは将来もっと性能が向上すれば、活用範囲は広くなると思う。ただしヒュードパッカーなどは、今のところ価格の面で小さい事務所が早急に取り入れるのは難しい。

コンピュータに限らず、デザイナーたちはテクニックの面で、またビジュアルに時代を反映することは多いと思う。ただしデザインの質ということを考えた場合、私はどんな時でもデザインへの渇望が強く、またいつも一生懸命仕事をするデザイナーにとって、ジェネレーションの違いはなく良いデザイナーはクオリティの高いデザインを生み出すことができると思っている。大切なのはデザインやセンスであり、常に新しい物に興味をもって新しい物を生み出そうという感性が何より重要なデザイナーの条件である。

Carol Naughton ／ President
Carol Naughton ＋ Associates,Inc.
213 west Institute Place Suite 708
Chicago, Illinois 60610
Tel No : 312-951-5353
Fax No : 312-951-8369

「私は旅が大好き」キャロル・ノートン氏

展示会の仕事のための膨大な資料

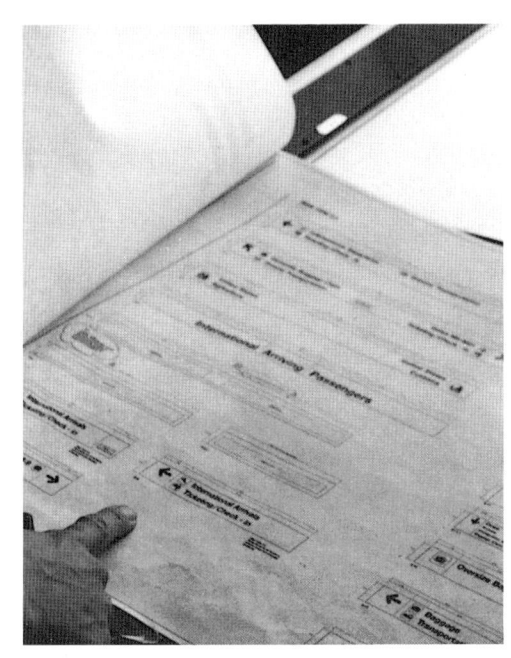

彼女の40才の誕生日をスタッフが祝った

ュアに息吹を与え、ディスプレーのテンポを決める。コピーを書き、シルクスクリーンをつくり、資料写真を集め、最近の写真を撮り、ゴミ捨て場からトラックのドアと制御盤を拾って来た。

製作には3カ月かかり、据え付けは1週間でできた。従業員、その家族、お客の訪れる気楽な展示場が生まれた。

136 永久、臨時展示場

当社では、永久、臨時の両方、固定、可動展示のデザインをしている。それ自体の環境を生み出したり、回りの環境を反映する。

展示の多くは技術的な製品情報に関する。クライアントから情報を受け取った後は、これを理解して、観客に説明するのは我々の責任である。

137 展示デザインはクライアントの美学や、その製品の販売市場を反映する。同じ製品でも、地方によってプレゼンテーションのやり方を違えることがある。

展示の目的は選ばれた情報または製品を、予算や場所とは無関係に、おもしろい方法で、かつ目を楽しませるような方法で伝達することにある。

展示ごとに予算、内容、回りの環境、運搬と組み立ての方法に応じて異なる構造テクニックを用いる。

138 不動産展示デザイン

当社のある地域には、提供する物件の質をさらに高めるような方法のセールス環境に興味をもっている優良開発業者が何社もある。

この種の展示では、最初から始める。コンセプトデザインで、スペース、構造、建設方法のオプションを提示する。これらのスペースの建築設計が、クライアントにたいする当社の提案の特徴である。

139 展示はプロジェクトごとに、異なるビジュアルなアプローチを使う。テーブル、展示建築、インテリアの仕上げは、すべて特注で、全体の調和をはかってデザインする。展示物建造の過程には、いろいろな業種が関わっているので、色彩、材質、テクスチュア、成型品、仕上げ、建設テクニックなどは細かく調整しなければならない。

出来上がりの質をコントロールするためには、いろいろな業種と直接関わっている。この地方の職人と親密な関係ができた。

140 コーポレート・アイデンティティ、プリント

当社のグラフィックスは、プリントの他にいろいろなメディアを使う。印刷物プログラム、展示とサイネージデザインを支えグラフィック・アイデンティティは、お互いに反応しあう。

アイデンティティ・デザインは、紙の上で、9ポイント活字として、あるいは建築物の標識として24"高さのタイポグラフィーとして、ビジュアルにコミュニケートできなければならない。

141 アイデンティティ・プログラムでは、デザイナーはクライアントの本音も建前も両方読み込まなければならない。ビジュアルアイデンティティは会社の顔である。訴求対象から最大限の理解を得なければならない。シンボル、言葉、フォルム、色彩のなかで何が最も一般的だろうか。コミュニケートでき、情報も伝え、かつ何か特別のものを見る人々に提供することのできるプロジェクトのデザインによって、生活の質を高めることができる。

142 サイネージ・デザイン

サインシステムでは、内容、場所、観客、構造、予算などの要件を一括してグラフィックプログラムで表現する。サインシステムはサインのコンテクストを定義する環境と建築のエレメントを反映するものでなくてはならない。材料の使い方と色彩と重要なエレメントになることが多い。

143 メッセージ情報の格付けを行い、場所によるビジビリティを決めなければならない。その上で、活字の大きさと見やすさを決める。サイネージの要件の複雑さ次第で、エクステリアとインテリアのプログラムをコーディネートするが、完成に二年もかかることがある。地域の性格、現場の規制、予算などを考慮して、建築手法を選ばなければならない。

144 サイネージ・システム・デザイン

ニュー・ヘルメス社のために開発した完全なサイネージ・プログラム。セールスがオプションのプレゼンテーションを行い、メッセージスケジュールを開発し、製作し、据え付ける。このモジュラーシステムではクライアントに対して、基本的なサインの寸法を提供するのでデザインのオプションが多くなる。

CAROL NAUGHTON + ASSOCIATES

**Exhibit Design
Permanent
Educational & Informational**

Our approach to exhibit design begins with an understanding of the client, the content, the budget, audience and the characteristics of the space that will contain the information.

The Herman Miller Corporate exhibit, shown here, started with a series of client/designer idea sessions to identify the many relevant processes, jobs, images, objects, history, and symbols.

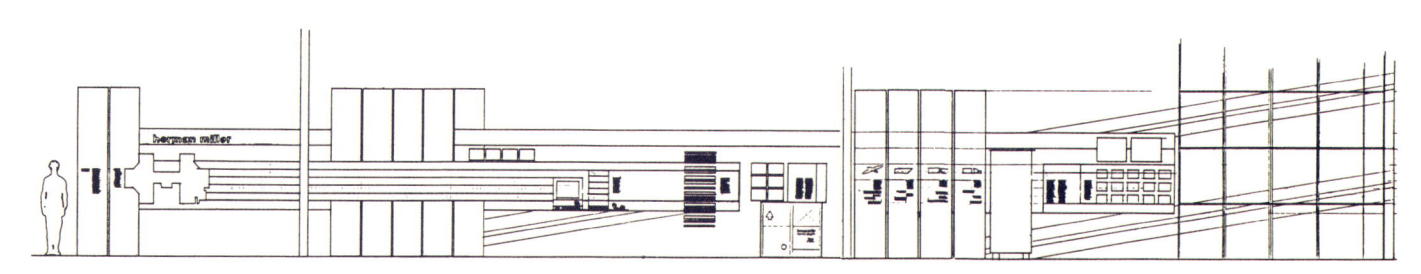

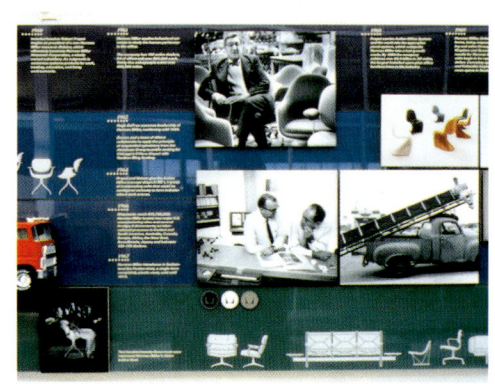

In the design phase we generated an elevation drawing. Historical, educational and informational content was balanced with three dimensional objects to enliven the texture and pacing of the display.

The copy was developed, silk screens were made, archival photos were resourced, current photography was taken, and junk yards yielded truck doors and control panels.

The fabrication took three months and the installation one week. The result was an informational exhibit for employees, their children and guests to visit.

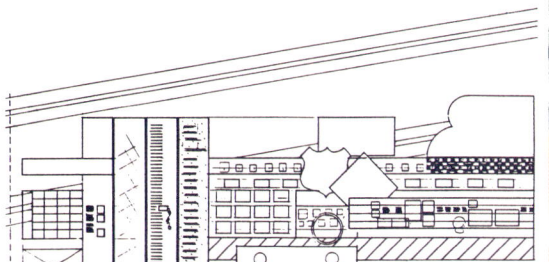

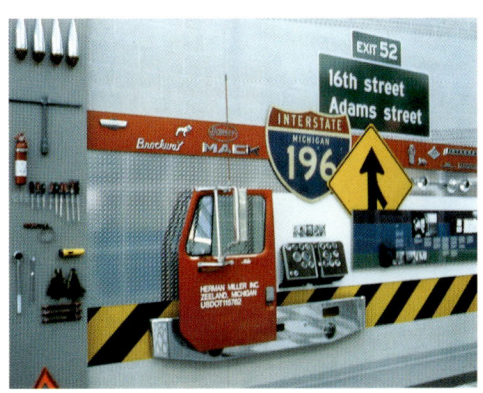

CAROL NAUGHTON + ASSOCIATES

**Exhibit Design
Permanent and Temporary Spaces**

The exhibits we design are both permanent and temporary, fixed and mobile, creating their own environment or reflecting their surroundings.

Many of the exhibits contain technical product information. This information is given to us by the client, and it is up to us to comprehend and explain the information to the client's audience.

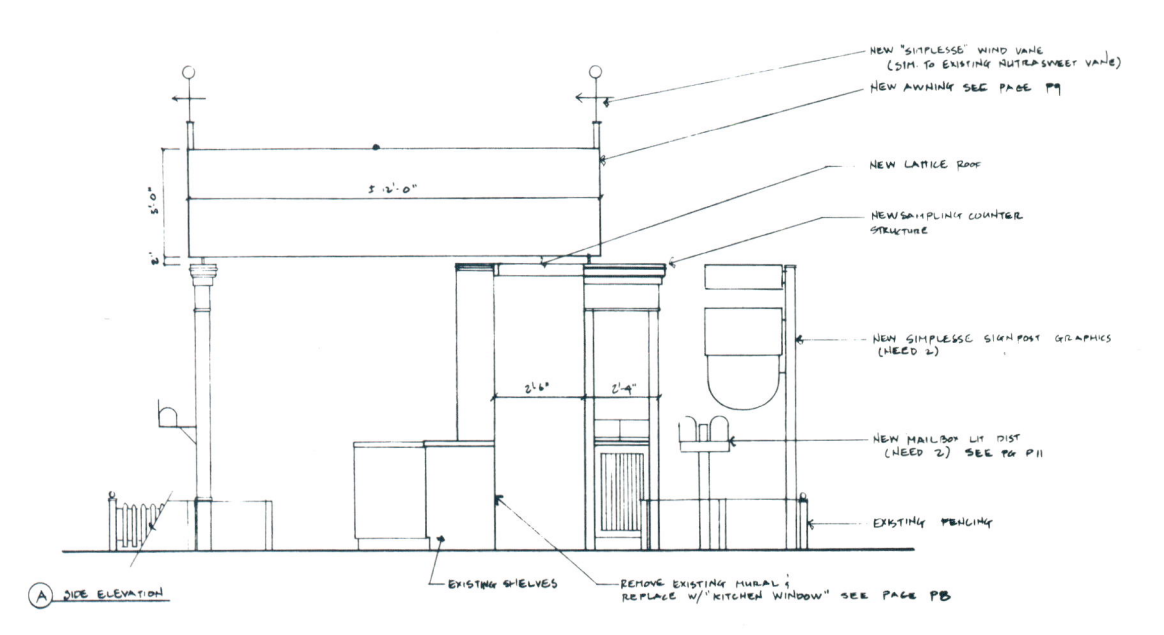

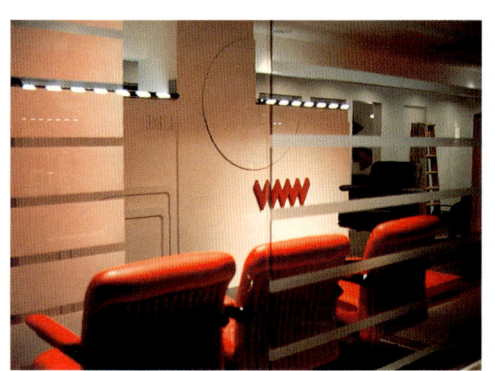

The exhibit design reflects our clients aesthetic as well as the market in which the client is selling products. The same product may be presented in different attitudes and styles, depending on the regions of the country.

The purpose of the exhibits is to communicate the chosen information or product clearly with interest and visual excitement, regardless of the budget or location.

The construction techniques that we choose for each exhibit must reflect the budget, the content, the surrounding environment, its mobility, method of shipment and re-assembly.

CAROL NAUGHTON + ASSOCIATES

Exhibit Design
Real Estate Presentations

There are many quality developers in our area who are concerned with a sales environment that will compliment the product that they are offering to the public.

We begin this type of exhibit display from the ground up. Concept design presents types of spaces, structures, and construction options. Architectural design of these spaces is what makes a unique presentation for our clients.

The exhibits are designed with a different visual approach for each project. The model tables, exhibit structures, and interior finish treatments are all custom designed and coordinated for a cohesive presentation.

The colors, materials, textures, moldings, finishes, and construction techniques must be closely controlled because of the numerous trades involved in the exhibit building process.

We work directly with the various trades to control the quality of our finished products. A close working relationship has developed with many craftsman in our area.

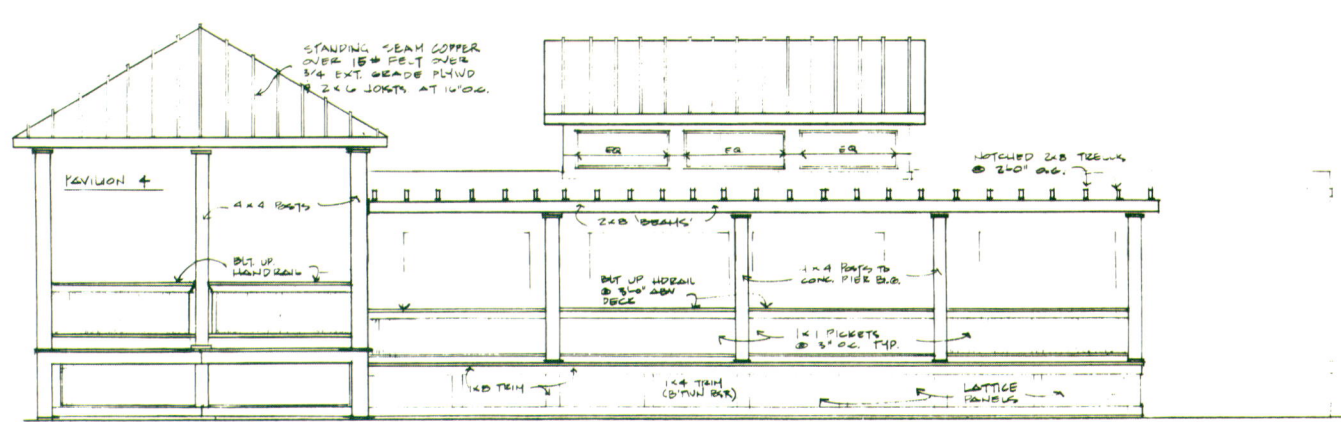

CAROL NAUGHTON + ASSOCIATES

**Corporate Identity
Collateral Print**

The graphics programs that we design encompasses many mediums, print being only one. Graphic identity supporting print literature programs, exhibit and signage design are all responsive to one another.

An identity design must have the ability to visually communicate as 9 point typography on paper, as well as, in the form of 24" high typography on a primary building sign.

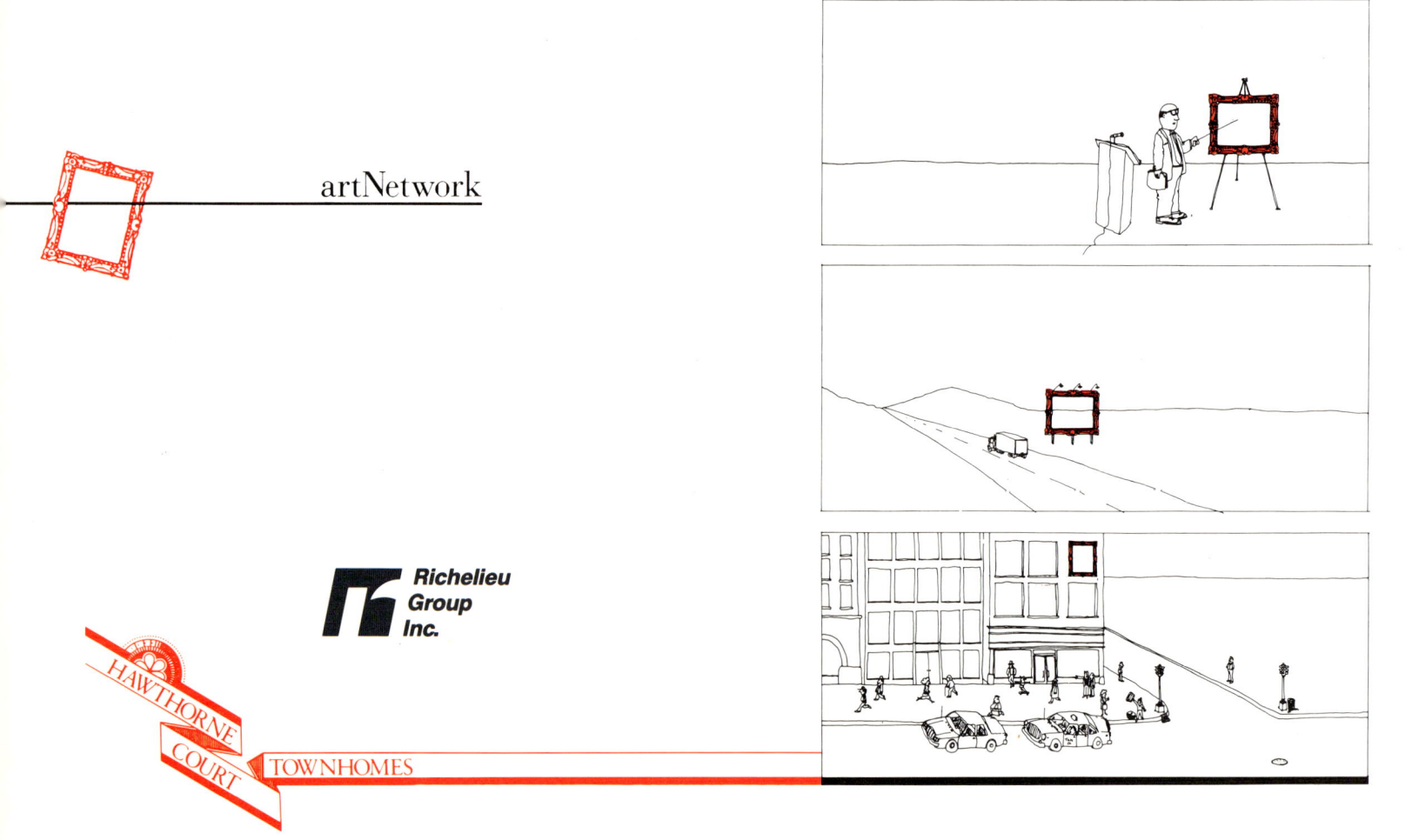

artNetwork

Richelieu Group Inc.

HAWTHORNE COURT TOWNHOMES

River Commons of River Forest

PR*O*DUCTANCY

140

In working on an identity program, a designer must read the obvious as well as the subtle directions which a client communicates. The visual identity must present the public face of the company.

The identity must communicate to the broadest range of understanding within the audiences being addressed. What are the most universal symbols, words, forms, and colors?

To design projects that communicate and inform, as well as offering something special to the audience, will contribute to our quality of life.

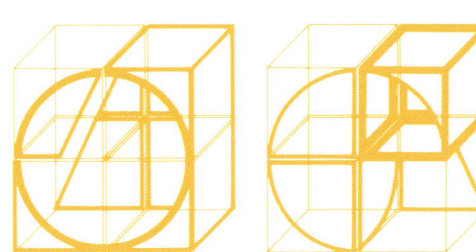

CAROL NAUGHTON + ASSOCIATES

Signage Design

We design sign systems which integrate the requirements of content, location, audience, structure and budget, within a graphics program.

A sign system should reflect the environment and the architectural elements that will define the signs context. Material application and color are many times key elements.

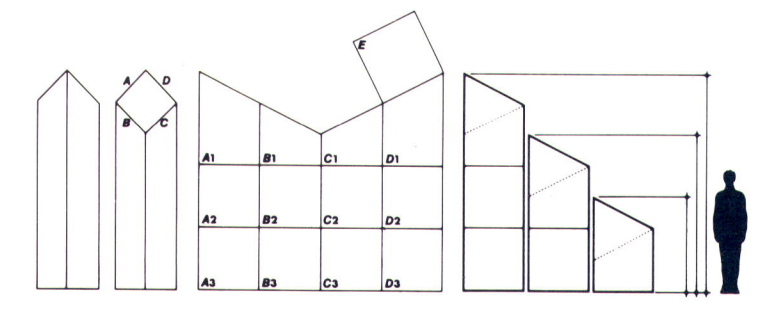

142

A Hierarchy of message information needs to be developed and the visibility distances at different locations determined. The type size and a readable style is then determined.

Depending upon the complexity of the signage requirements, a coordinated external and internal program can take up to two years to complete.

Construction techniques should take into consideration the regional location, the specific site constraints and the budget.

CAROL NAUGHTON + ASSOCIATES

Signage System Design

The signage program shown here was developed for New Hermes, Inc. to market as a complete signage system. The sales force would present an option, develop a message schedule, fabricate, and install the signage.

This modular system gives the clients more design options than usual by offering 14 basic sign sizes.

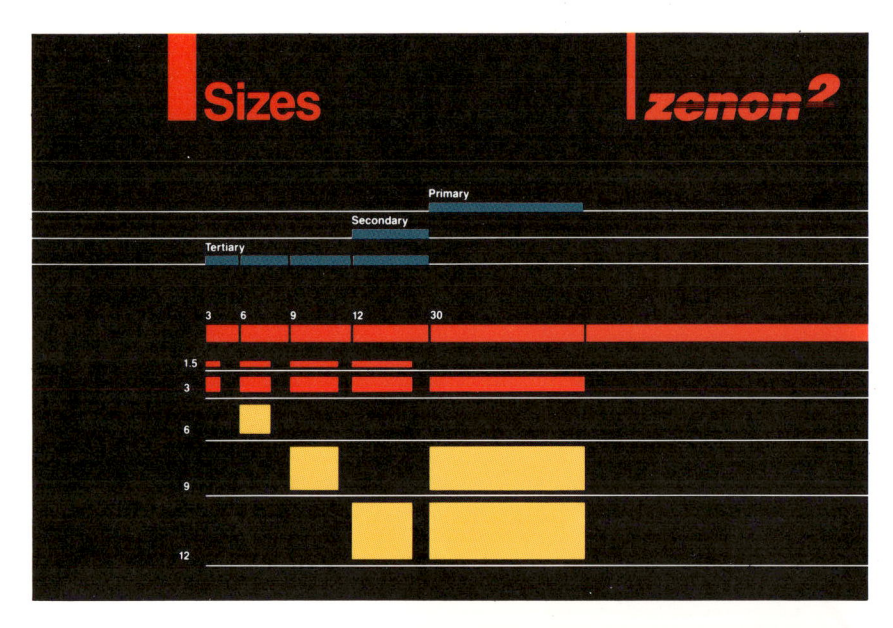

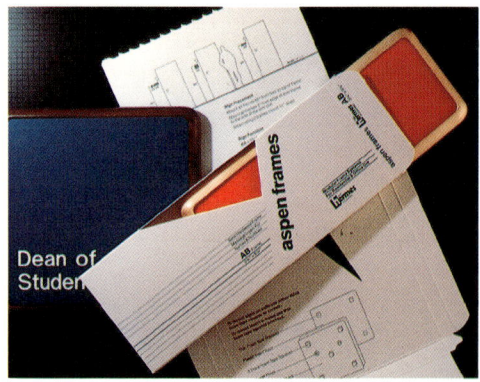

Carol Naughton + Associates, Inc.
213 West Institute Place
Chicago, Illinois 60610
Telephone 312.951.5353
Fax 312.951.8369

144

artist **+** poet **x** entrepreneur **=** **rick**valicenti   **thirst**

BŌ.K

良いデザインは
ハートと頭脳に訴える

Thirst

　私たちがCIプログラムにおける創造哲学として持っているのは、企業文化が嘘をつかず誠実にユニークな表現を用いるとき最良のCIが生まれるということである。

　良いデザインとは人々の心と頭脳の両方に訴えるものである。良いデザインに象徴される物をあげるとしたら、私は皆がよく知っているスマイル・マークをあげる。

　スマイルは微笑みの心を表し、たった4つのストローク、即ち2つのダーツ、1ライン、1サークルのたった4つのラインで人に訴える物を理解させることができる。この頭脳の素晴らしさは他に例えようもないほどシンプルでいて非常によく考えられた方法で人々にコミュニケートしている。

　私はいつも感情を大切にして、正しい考え方に基づいてデザインする。そうすることで人生の質を高めることができる。私たちのデザインが興味をもたらし、興味が会話を引き起こし、会話が理解を深め、相互の理解が平和へと導く。少し楽観的かもしれないが、それで良いと思っている。

　今までわが社でもっとも成功した例は、Gilbertの担当したESSEで、新しいリサイクル・グレードを世界に紹介したものだが、多くの人々の関心を呼び、楽観的な経済上の見通しと相俟って最初の4ヶ月で予想以上の成功を収めた。その他に、ZOTOSと資生堂がある。

　クライアントが私たちを選ぶ理由は、おそらくデザイン過程においてクライアントの参加を促し、歓迎しているからだろう。それからクライアントに対しては、仕事のクオリティの高さと、市場での卓越さ、そして予算を守ることを信条としている。

　デザイン・プロセスにおいてのプレゼンテーションの方法はインフォーマルなものだが、最終段階では包括的に行っている。プレゼンテーションでもっとも注意を払っている点は、とにかくクライアントの肯定的な意見にも否定的な意見にも耳を傾け、よく理解するよう努力することである。

　プレゼンテーションの50%にカラースクリーンを使い、包括的なプレゼンテーションの90%にはマッキントッシュのコンピュータを使って準備を行う。

　私は新しいクライアントに出会った時は、彼らを理解することに努める。そしてそれから彼らに私たちを理解してもらうように努める。

　クライアントがもし私たちのプレゼンテーションを気に入らなかったとしても、それは新しい方向が決まる嬉しい瞬間だと考えている。

　セールスやマーケットシェアの予想についての責任は、どんな非公式なものでも契約する。

　日本のクライアントとも仕事をしたことはあるが、デザイナーの役割をきちんと認めてくれたし、とてもよい経験だった。日本のクライアントは日本と較べてアメリカのデザイン事務所の料金体系が高いと思い込んでいるようだが、私たちが与えられた予算は実は請求しようと思っていた額よりも高いものだった。日本のクライアントは決裁に時間がかかるが、その丁寧な仕事の進め方にはいつも感心している。

　クライアントの職種は多岐にわたっているが、日本のクライアントでは初めが資生堂、次がコンフェクショナリーだった。リサーチ、マーケティングに関しては日本で既に済まされていたので、クライアントの希望を確かめ、例えばあるチョコレートの場合は大きいチョコレートを二つに分けてみて欲しいという希望に沿ってアイデアを出した。

　この場合は、長いファクシミリが日本から順次送られてきて、条件を満たす過程を踏んで最終的なコンプになった。リサーチというのは、あまり広がりを持たないと考えている。

　日米両国の文化が大衆文化のファッショナブルな、使い捨ての面を持っている。日本の主流派は、アメリカと比べて新しいものに対する取り組み方が活発だが、これがコンシューマリズムに関連しているのはもちろんである。グラフィックスとの関連での技術は、アメリカのデザイナーやソフトウェアのメーカーによって進歩しているように思われる。グラフィック・デザインが始まったのはアメリカだから、これが日本のデザインに取り込まれてしまうと、東洋の伝統的なイメージが加えられて、非常に面白いハイブリッドな質が生まれるだろう。

　私たちはプレゼンテーションにコンピュータを使っている。仕事の80%にコンピュータを使い、残り20%がペインティングなどのハンドワークとなる。コンピュータはクライアントがこちらに来た時はそれを使うが、ディスクを送ってしまうこともある。無論、ブラック&ホワイト、カラーをプリントアウトして送ることもある。

　私はデザインにおいてポール・ランドからはスマートさ（頭を使うこと）、ミルトン・グレイサーからはユーモア、キャサリン・マクロイからは勉強することの重要性、エイプリル・グレイマンからは表現の自由を学び、彼らからは少なからず影響を受けている。

Rick Valicenti/President
Thirst
855 West Blackhawk 2nd Floor
Chicago, Illinois 60622
Tel No. 312-951-5251
Fax No. 312-951-8558

ページ
148 プロモ・ステッカー／スティールケース・デザイン・パートナーシップのメンバー
149 クーパー・ライティングのカタログ／スティールケース・デザイン・パートナーシップのメンバー
　　アイデンティティ／リジェンド社
150 ロゴの習作／リビング・カラー・テレビジョン
151 ポスターとロゴ・デザイン／リリック・オペラ・オブ・シカゴ
152 アイデンティティーとプロモーション計画／エッセ、ギルバート
153 プロモーション／コンソリデーテッド・ペーパー
154 デザインイラストレーション／ギルバート・ペーパー・カンパニー
155 全国広告／オッタヴァ、ジャズレコード会社
156 ポスター・グラフィック／スティールケース・デザイン・パートナーシップのメンバー
157 イラストレーション／『ライ麦畑でつかまえて』シリーズ
　　ロゴ／キャピタル・レコードの表現検閲反対
158 アイデンティティ／ゾトス，資生堂

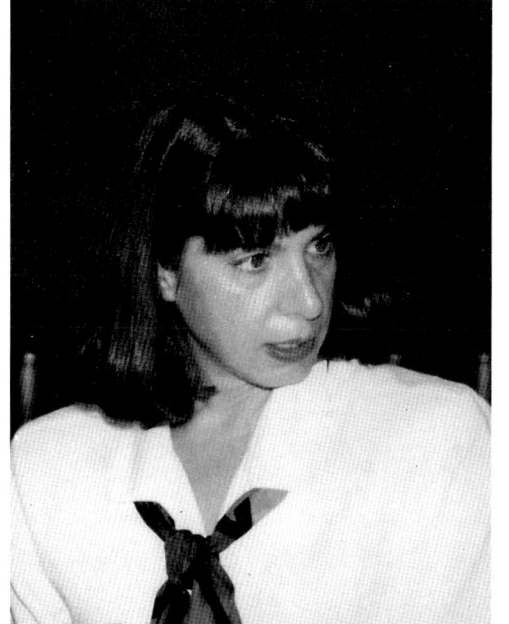

「良いデザインは人の心に訴えるもの」リック・ヴァリセンティ氏

親切に応答してくれたバーバラ・ヴァリセンティ氏

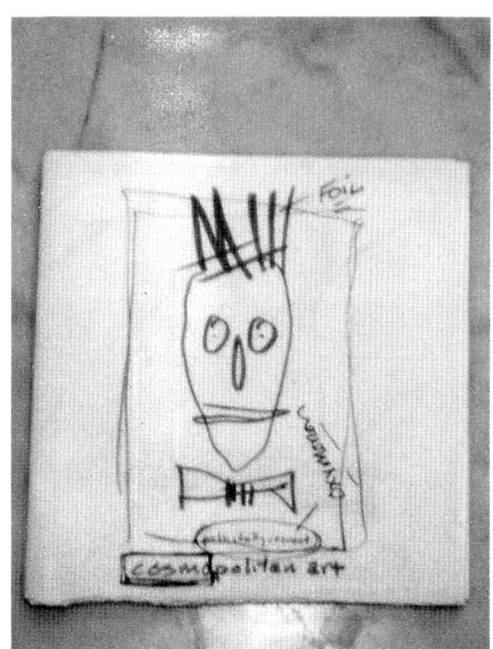

制作中のラフ・スケッチ

promo stickers **Details**/a member of the steelcase design partnership catalog **Cooper Lighting** a member of the steelcase design partnership

identity **Legends Co.**

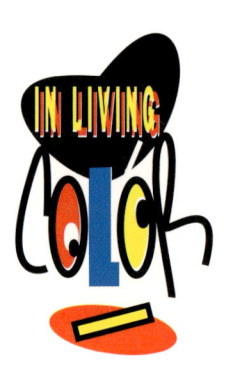

logo studies **In Living Color Television**

poster and logo design **Lyric Opera of Chicago**

TANNHÄUSER
by Richard Wagner (directed by Peter Sellars)

LYRIC OPERA OF CHICAGO 88 89

details **ESSE by Gilbert** an identity and promotion program

152

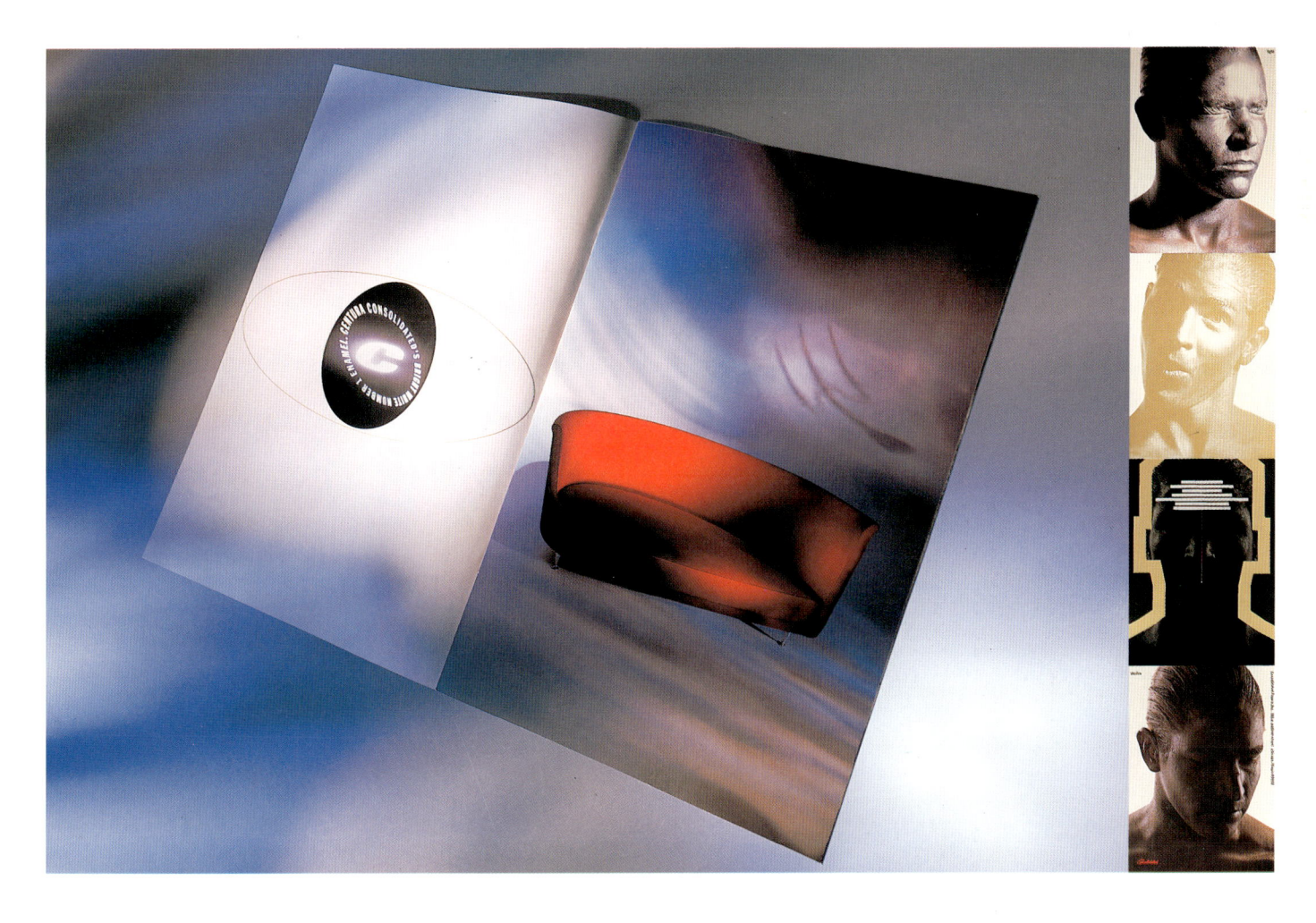

promotion **Consolidated Paper**

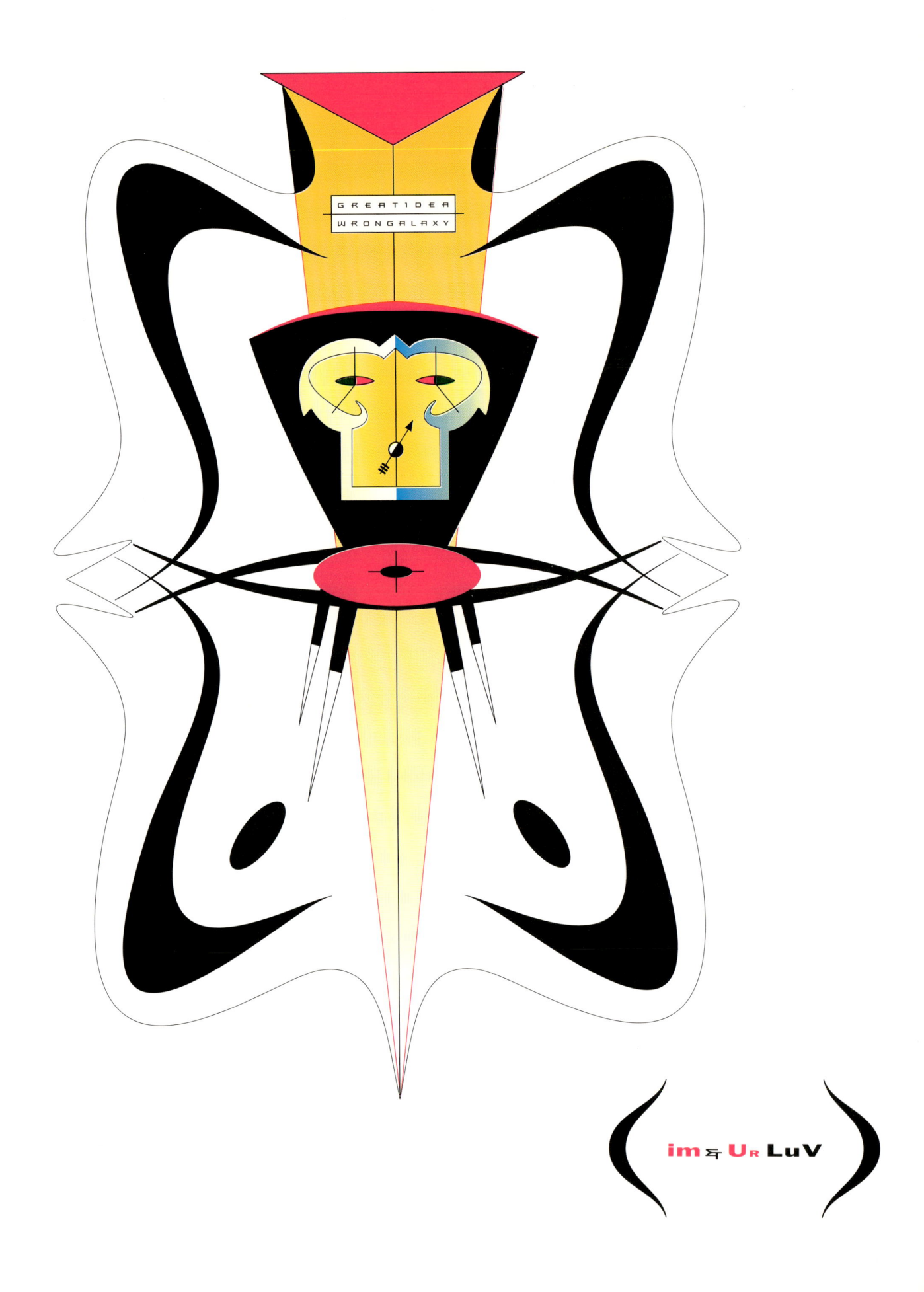

design illustration **Gilbert Paper Company**

GREATIDEA
WRONGALAXY

(im ≠ UR LuV)

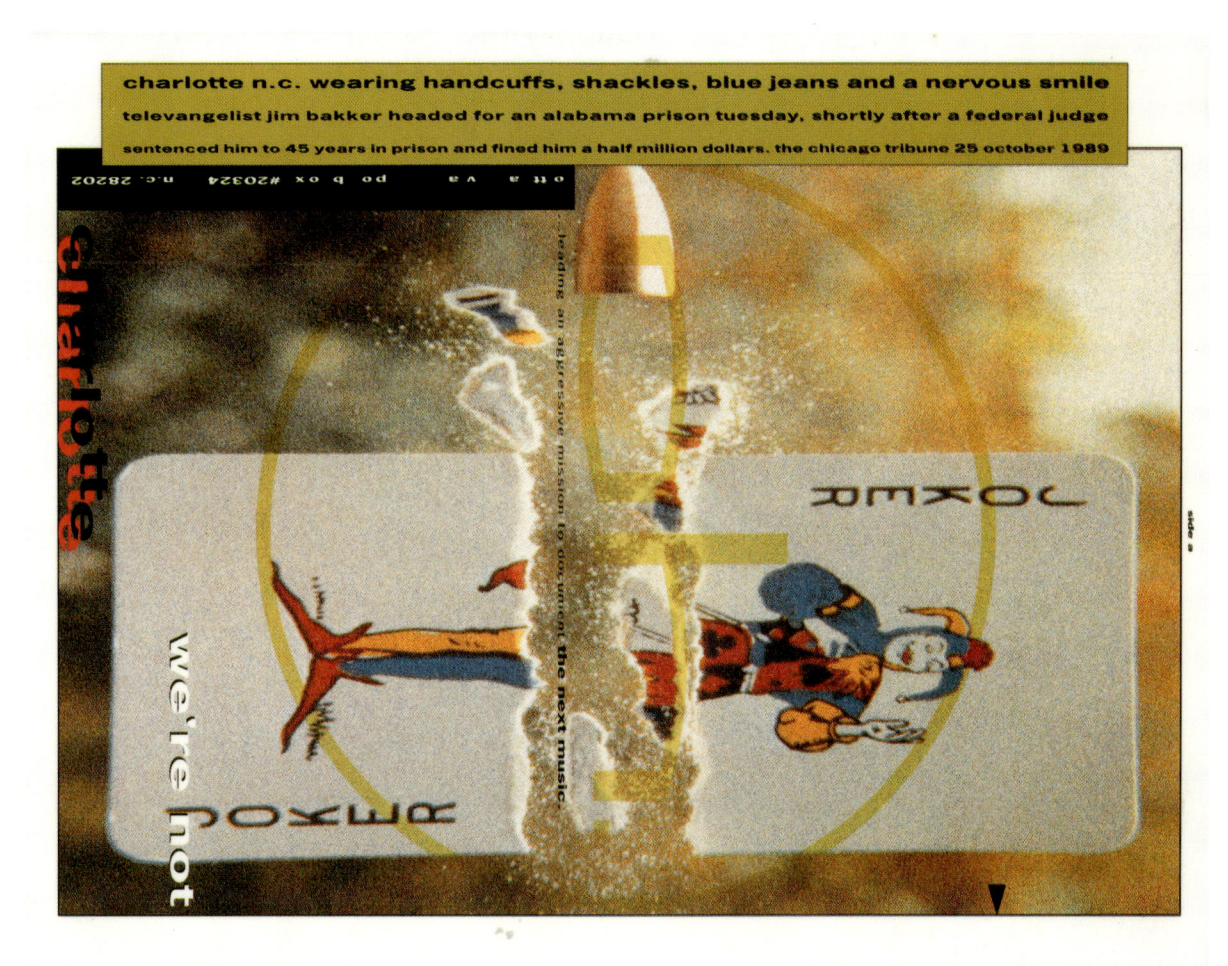

national advertisement **Ottava** a jazz recording label

charlotte n.c. wearing handcuffs, shackles, blue jeans and a nervous smile televangelist jim bakker headed for an alabama prison tuesday, shortly after a federal judge sentenced him to 45 years in prison and fined him a half million dollars. the chicago tribune 25 october 1989

charlotte — otta va po box #20324 n.c. 28202 — we're not JOKER — leading an aggressive mission to document the next music

hate
kills
loVe

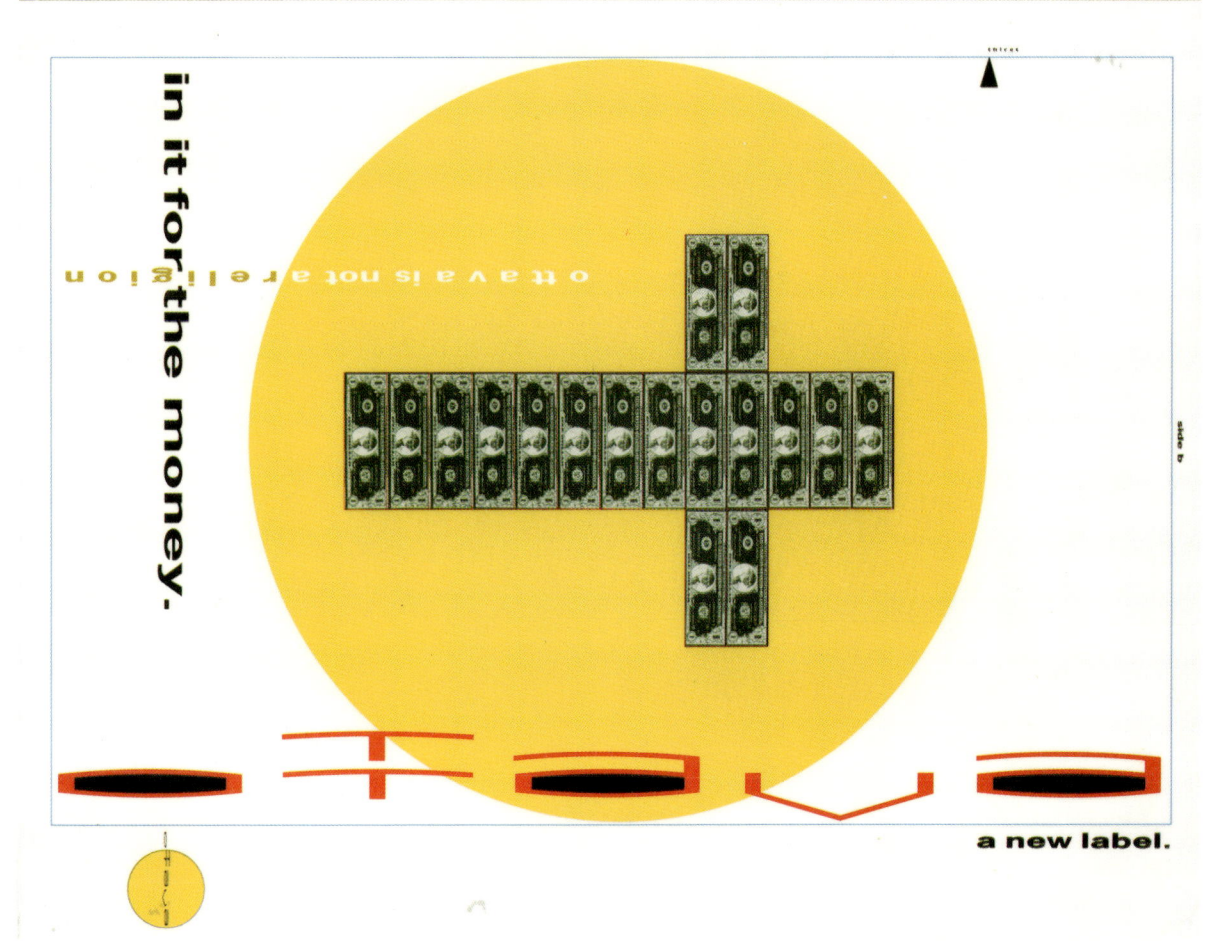

in it for the money. — ottava is not a religion — ottava — a new label.

155

poster graphic **Details** a member of the steelcase design partnership illustration **Catcher in the Rye Series**

logo **Capitol Records** oppose censorship of expression

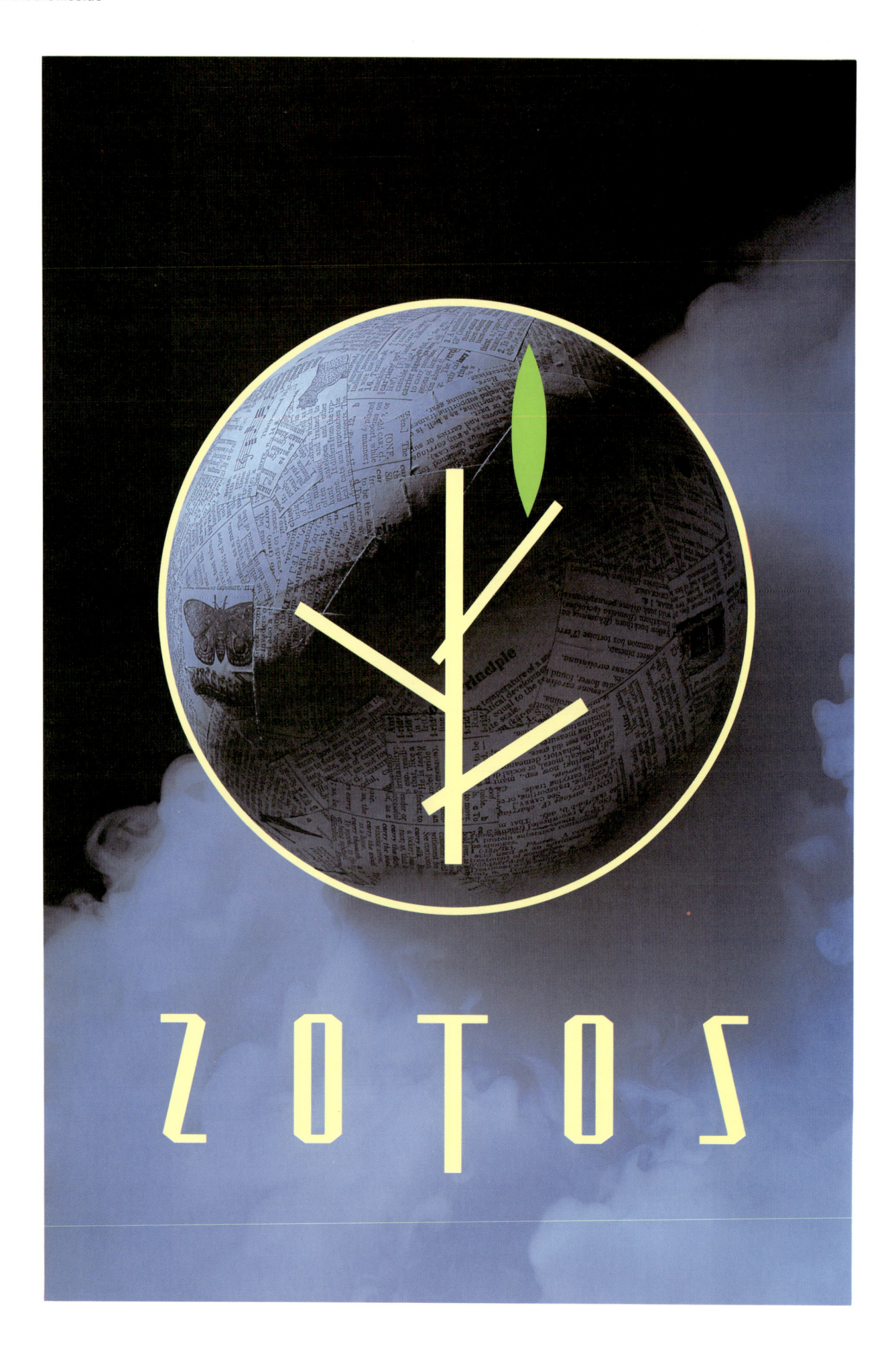

identity **Zotos**/Shiseido

ZOTOS

Samata Associates

"Energy For The 90s And Beyond." That was the theme of this utility's 1989 report. The theme's content consisted of two principal segments: the company's operational summary and forecast, and the advantages derived by customers from the use of gas energy. To convey both stories with equal clarity and impact, we created ongoing two-page spreads. One side featured Peoples' earnings and other key operational elements summarized in clear, easy-to-read text; on each facing page, a full-page photograph and caption dramatically highlighted a specific advantage of natural gas energy. Working together, the two messages created a single, powerful impression.

PEOPLES ENERGY CORPORATION

良いデザインは
自由な発想を促す
Samata Associates

今日デザイナーとしてステイタス・クオに合致するというだけでは十分とは言えない。マーケットに対してインパクトのある、クライアントが雑音に耳を傾けずに目的を果たすよう手助けするということは、一生懸命に仕事をし、新しいアイデアを開発し、ルールを突きやぶり、発想を限りなく広げることである。もし私たちが考えることのリーダーとして雇われたのなら、そのように振る舞うべきである。これが私の哲学であり、いつもそうするように心がけている。そして同じようにそれは楽しみでもあると私は考えている。そして確かにそうなっている。

私は妻のパットとスタジオをスタートした。デザイン・スタジオを開き、1年程して気がついたことは「なんて私はデザインのビジネスサイドのことを知らないのだろう」ということだった。私が知っていたことは、一つには私がどうしてもデザイナーになりたかったこと。二つには私は他の誰かのために働きたくないということだった。私が自分のビジネスを始めるにあたっては、極く自然の出来事であると思えた。

私とパットはシカゴ・アカデミー・オブ・アートを卒業している。シカゴのダウンタウンで仕事をしていたとしたら、私たちは決して私たちが失ってしまったものに気がつくことはなかっただろう。私はダウンタウンとコミュニケートしたり、住んだりはしたくない。ここで働き、住むことは良い選択だったと思える。私たちの仕事が良ければどこで働こうと関係ない。シカゴのダウンタウンに住まないことで、ダウンタウンに住んでいる人々と比べてシカゴのユニークさを感じ取れると思うし、私たちはシカゴを愛している。

私たちは会社をあまり大きな規模にはしたくないと考えている。大きすぎるとそれは私たちの仕事のコントロールを失うからだ。今私たちはデザインの質、方向、共に希望する方向に向けて仕事をしていると思う。私たちは仕事をするにあたって一つの大きな家族のようになって働きたいし、現在のところ、それは成功していると思う。仕事をする仲間が助け合って一緒になっていろいろな仕事を成し遂げる。時には難しいこともあるけれど。それは良い仕事を産みだすばかりでなく楽しみでもある。

良いプロジェクトのうしろには必ず良いクライアントがいる。私の多くのクライアントたちは創造性に対しては自由を与えてくれ、またそれをサポートしてくれる。こういった種類のサポートは良いコンセプトを生み続ける大切な要因である。

私はアルバニア人とアメリカ人の血を受け継いでいるが、その人種的背景は私のデザインに対する感性になんらかの影響を与えていると思う。

Gregory Samata／President
Samata Associates
101 South First Street
West Dundee, Ill・nois 60118
Tel No. 708-428-8600
Fax No. 708-428-6564

Samata Associates staff (pictured left to right): Pat Samata, Kirsten O'Malley,

ページ
159 「90年代以降のエネルギー」というのが1989年度事業報告書のテーマであった。報告書は、事業の概観と展望、ガスエネルギーを使用するメリットの二部に分かれており、内容を明確に伝えるため、2ページ見開きにした。片側はピープル社の収益と主要な事業を読みやすいはっきりした文章で入れ、もう一方のページには、天然ガスの利点をドラマチックに示すキャプションをつけてフルページの写真をつけた。文章と写真があいまって、強力なメッセージとなった。

162 近年成長の著しい健康産業の大手、HMOアメリカは、イリノイ州とインディアナ州の16万7千人の会員に広い範囲のヘルスケアサービスを提供している。同社の1989年度レポートは、先ず、史上最高の収益を生んだ営業戦略を概観し、次に同社の誇るヘルスケアサービス・システムを更に向上し、拡大するための綿密なブループリントを説明する。本文中の大事な点は写真で繰り返し示し、同社のきわめて特殊な事業の説明を目で見て楽しい親しみやすいものにした。

163 リーフ社は、米国とヨーロッパを主な市場とする、国際的なキャンデー・メーカー／ディストリビューターである。現在の規模は、他のキャンデーやガムの会社、3社の買収によって生まれたものである。我々の課題は、リーフ社の前向きなイメージと広いマーケットを如何に伝えるかにあった。実際に米国とヨーロッパのいろいろな年令の消費者を使って、リーフ社の国際的な味を表し、白黒写真の人物のうえにフルカラーの製品を重ねてリーフ・ブランドのもつ魅力と幅の広さを効果的にアピールした。

164 多国籍企業は営業報告書のデザイナーにとって、手ごわいお客である。IMC社は、医薬品、特殊化学品、風味料、香料、家畜用飼料／栄養製品等を製造し、国際的に販売している。面白く読みやすいようなフォーマットで同社の事業を説明するため、「ヴィグネッテ」と呼ばれるグラフィックスを作り説明文の中に散りばめた。その結果、1989年度のIMC事業報告書は目で見てわかりやすく、事実を総合的に伝えるすぐれたものになった。

165 イリノイ・ベル社の1989年度営業報告書は、イリノイ州の456のコミュニティーに住む370万人の顧客のニーズ

Jane McMillan, Jim Hardy, K.C. Yoon, Evan Samata, Susan Mechnig, Rodney Ash, Norm Lee, Elaine Brazelton, Marla Burkart, Ann Teson, Greg Samata.

を満たすために同社が提供している多岐にわたる通信サービスを説明することが主眼点であった。しかし、多くの人にとって通信専門用語は訳が分からないので、ベル社の先端サービス（そして高い競争力）の説明にはイラストを多く使った。その結果、顧客と従業員向けのベル社のサービス説明書は、おもしろく分かりやすい文章にフルカラーの写真が豊富に入った収益中心のレポートになった。

166 ヘレン・カーティス社は、1989年に記録的な売上と収益を得、国際的なパーソナルケア企業の大手としての地位を一層強化した。1989年度概観では大胆な2ページ見開きにして、企業戦略をファッション性の高い写真と一緒に組んだ。こうして、ヘレン・カーティスというブランドのもつ神秘性を強調するとともに成功の陰にある同社の先見性とイノベーションを明確に伝えることができた。そのうえ、従業員の会社にたいする貢献も、ポートレートに個人の名入りのキャプションをつけることによってうまく表現できた。

167 ULは、公共の安全性の向上を専門にする国際的にも最も良く知られた団体である。ULの1989年度事業報告書の製作を依頼された我々の課題は、その画期的な業績と専門知識と高い評価を読み物としておもしろくかつ正確に記述することにあった。ULマークは世界で最も良く知られているシンボルであるにもかかわらず、団体自体は多くのアメリカ人にとってまだまだ謎の存在である。事業自体が高度に専門的であり複雑だからだろう。しかし、結果として出てきたものは誰にでも良く分かるものなのだ。それで、事業報告書ではULの複雑かつ国際的な責任と事業について述べた。

168 過去20年以上にわたって、ケンパー・リインシュアランス・カンパニーは再保険商品と関連サービスを主として仲介業者をつうじて販売しており、ますます難しくなる再保険市場において成功するための要因が何かについて考えてきた。再保険販売において仲介業者を上手に使ったので、1989年度には売上が伸びた。営業報告書では、混乱を極める再保険市場でトップの地位を維持する同社の戦略を象徴するような簡潔でスタイリッシュなイラストレーションを使った。こうして、ケンパーの商品と販売アプローチを効果的に、明確にすることができた。

169 シカゴ第7位の銀行保有会社、ブールバード・バンコープは、ロング・グローブ製菓、オールドワールド自動車用品などの一流の法人を相手に高度な金融商品を提供している。グループの各社は顧客との長期的で堅実な関係樹立に心をくだいている。実際の顧客の例をあげて、同社の営業とパーソナルで先見性に富み価値の高いシステム作りにはげむ意気込みを伝えた。

170 アメリカの総合保険保有会社の最大手の一つであるリンカーンナショナルは五つの子会社からなり、それぞれが損害障害保険、従業員の生命／健康保険、個人の生命保険、生命保険再保険、投資商品を扱っている。1989年度営業報告書を作成するにあたっての我々のアプローチは、保守的であると同時に攻撃的、安定を表すとともに活力を表すフレームワークを採用することにあった。各子会社の業績と戦略を伝統的にコンパクトにまとめ、重役の写真をモザイク風に組み込んだ。画像が入ったため、重厚な基調に現代的で活動的なフィーリングが加わった。

171 アボット・ラボは18年間の長きにわたって毎年売上を更新しているが、1989年度の営業報告書でもしっかりとした性能と技術的な業績についてもう一度述べることになった。同社の国際的な事業について明確で良く整理された文章の両側に、アボットの栄養食品や薬品その他関連製品のお陰で助かった患者のフルページの写真とともに説明を入れた。その結果、この大企業の金銭的な配当のみならず、健康のうえでの配当についても、パーソナルな口調でドラマチックに概観することができた。

172 1984年に、シカゴのYMCAでは、施設、サービス、機構の再活性化という困難な事業に着手した。1989年に、第一期事業は完成し、事業報告書で改善した点についてシカゴ市民に報告することとなった。我々は、YMCAの伝統的な信条『心と体と精神が完璧な人格の3要素である』を使うことにした。そして、会員に提供している幅の広い新規のプログラムについて概観した。目的にしたのは、シカゴのYMCAが施設の整った前向きの姿勢のおもしろい所になった事を知らせることだった。

HMO AMERICA, INC.

An innovative leader in the rapidly growing field of health Maintenance, HMO America provides a broad array of medical and health care services to its 167,000 members in Illinois and Indiana. The company's 1989 report began with a brief overview of the operational strategies that had culminated in record annual earnings. The ensuing narrative supplied the reader with a detailed explanation of HMO America's carefully drawn blueprint for enhancing and expanding its quality health care systems. Key points from the text were reproduced in photos, creating a friendly and appealing visual summary of a very special business.

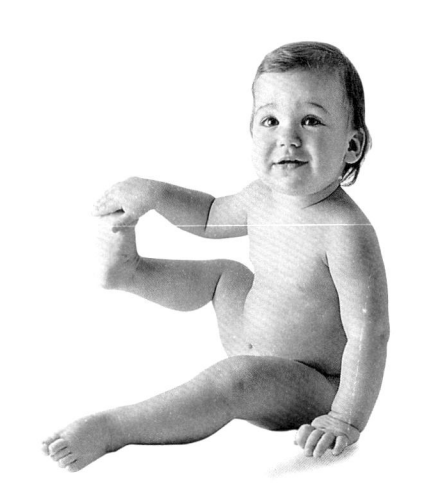

Today, Leaf, Inc. is a very progressive, international candy maker and distributor with major operations and broadly based markets in the United States and Europe. The organization's present structure was created with the acquisition of three other candy and gum companies. Our goal was to communicate Leaf's progressive image, and expanded market. By featuring actual American and European consumers of all ages, we highlighted Leaf's international flavor; and by photographing the consumers in black and white - then adding the company's products in full color - we communicated the broad range and appeal of Leaf's brands in an entertaining, effective way.

LEAF, INC.

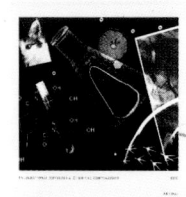

INTERNATIONAL MINERALS & CHEMICALS

A diverse, multinational corporation poses an extra dimension of challenge to the annual report designer. IMC manufactures and supplies medical products, specialty chemicals, flavors and fragrances, animal health and nutrition products and feed and crop nutrients to a worldwide customer base. To organize and communicate this breadth of operation in an entertaining and readable format, we created graphic "vignettes" that were interspersed throughout the text. As a result, IMC's 1989 report was visually informative as well as factually comprehensive.

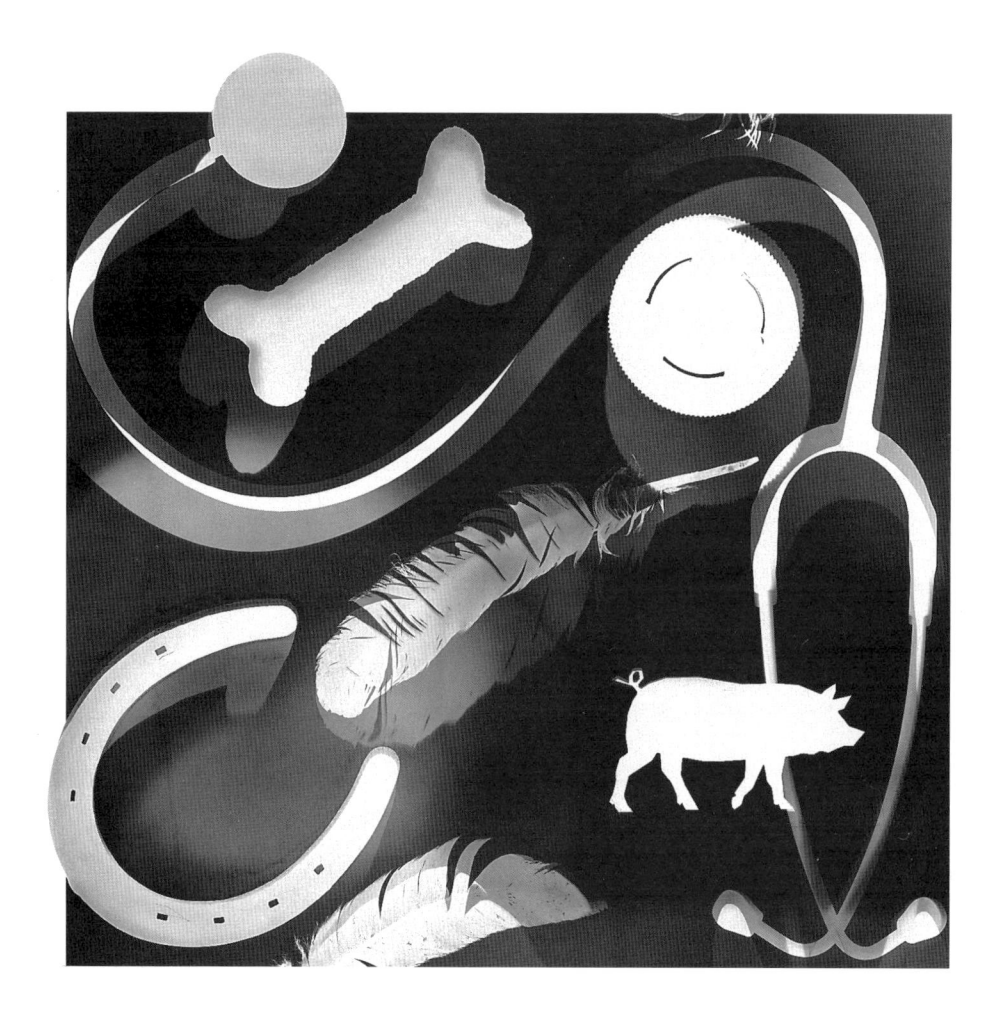

The focus of Illinois Bell's report for 1989 was illustrating the broad range of communication services it provides to meet the needs of its 3.7 million customers in 456 Illinois communities. However, to most of us the language of telecommunications technology might just as easily be Sanskrit. Therefore, we felt that the solution was to emphasize the visual — to tell the story of Illinois Bell's state-of-the-art services (and highly competitive rates) in pictures as much as in words. The result was a benefit-oriented report that featured rich, full-color photography coupled with interesting and easily digestible installments of text about Bell's services, customers and employees.

ILLINOIS BELL

HELENE CURTIS

LEVERAGING OUR
BRANDS

In 1989, Helene Curtis experienced record sales and earnings, and reinforced its already strong position as one of the world's leading personal care companies. In the 1989 overview, by organizing the majority of the text into bold, two-page spreads — each spread addressing a specific corporate strategy and accompanied by dramatic, fashion-oriented photography — we were able to enhance the fashion mystique of the Helene Curtis name while vividly conveying the foresight and innovation behind the company's successes. In addition, the individual contributions of Helene Curtis employees were portrayed in a series of photos and first-person captions.

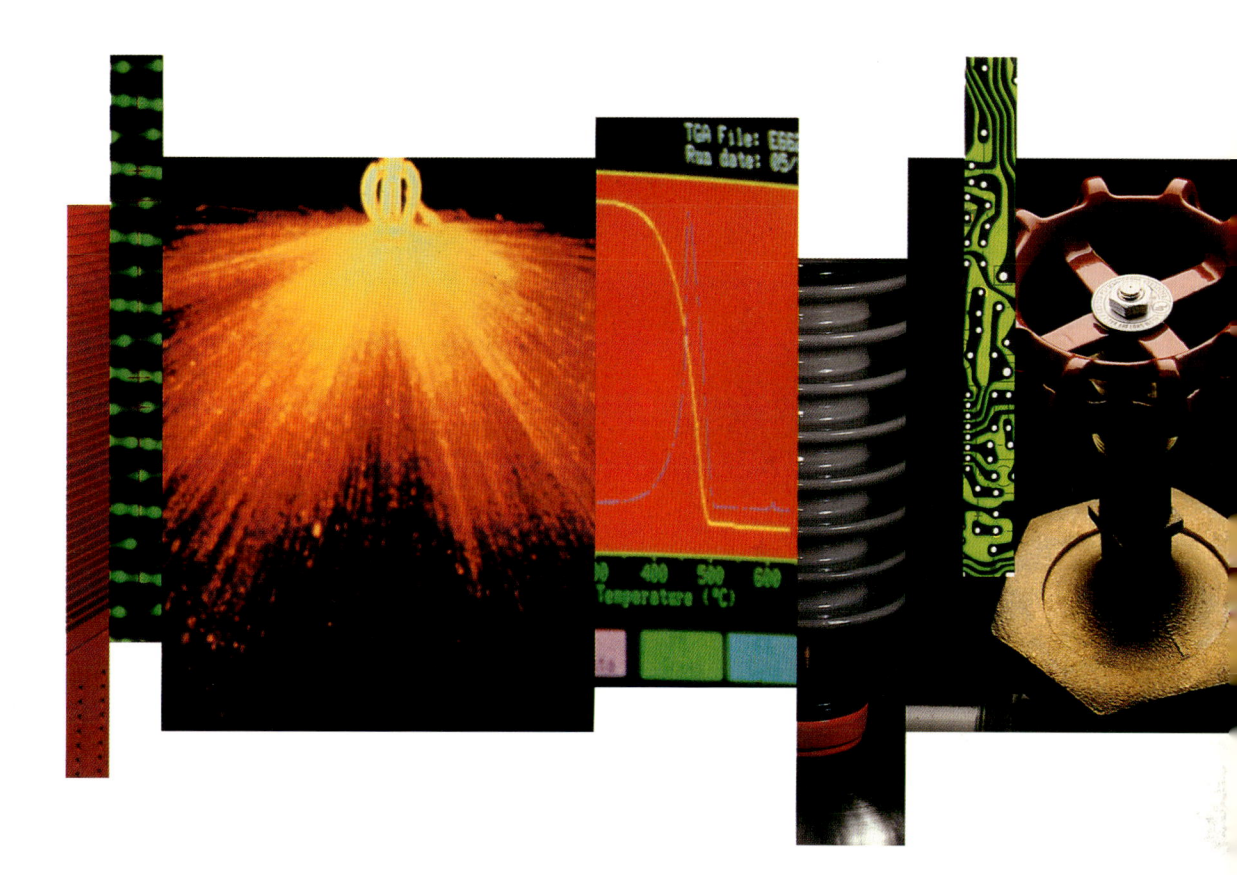

Without doubt, UL is one of the world's best-known companies, an organization fiercely devoted to fostering public safety around the world. Our goal in designing UL's 1989 annual report was to translate the company's remarkable accomplishments, expertise and reputation into a highly readable and informative account. While the UL Mark is one of the world's most recognizable symbols, the company itself remains an enigma to most Americans. Much of its work is technical and complex. But the end result — safety — is universally understood. As a result, the annual report encompassed UL's complex global responsibilities and operations.

UNDERWRITERS LABORATORIES, INC.

KEMPER REINSURANCE

For more than two decades, Kemper Reinsurance Company has marketed reinsurance products and related services primarily through intermediaries and is keenly aware of what it takes to be successful in an increasingly challenging reinsurance market. Kemper Reinsurance saw an increase in sales in 1989, attributable to the company's ability to take advantage of the strengths of the intermediary approach to marketing reinsurance. In the 1989 annual report, we utilized crisp, stylized illustrations to symbolize the company's strategies for staying on top in a tumultuous reinsurance market. In this manner, Kemper's products and selling approaches were effectively and distinctively communicated.

As Chicago's seventh-largest bank holding company, Boulevard Bancorp offers a sophisticated array of financial products and services to a wide range of qualified corporate customers — from Long Grove Confectionery Co. to Old World Automotive Products. And each of Boulevard Bancorp's member banks works hard to build solid, long-term relationships with its customers. By featuring several of the company's real-life customers, we were able to delineate the company's operations and commitment to a more personal, vision and values system.

BOULEVARD BANCORP, INC.

LINCOLN NATIONAL CORPORATION

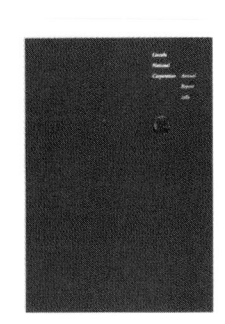

As one of America's largest multiline insurance holding companies, Lincoln National is comprised of five major subsidiaries: property-casualty, employee life-health benefits, individual life, life-health reinsurance, and investment products. Our design approach was to present Lincoln National's 1989 annual report within a framework of both stability and energy — conservative, but at the same time aggressive. A traditional, concise summary of each subsidiary's performance and strategy was positioned alongside "mosaic" portrait photography of company officers. The images brought a contemporary, on-the-move feel to the impressive bottom line.

With record sales and earnings for the 18th consecutive year, Abbott Labs knew that its 1989 annual report would once again be a remarkable litany of technological achievement and bottom-line performance. A clear, well-organized review of Abbott Labs' worldwide operations was flanked by full-page, captioned photographs of patients who had benefited directly from Abbott's nutritional, pharmaceutical and related product developments. The result was an annual report that dramatically summarized — in a more personal way — the fiscal and physical dividends of a very large and complex organization.

ABBOTT LABORATORIES

YMCA OF METROPOLITAN CHICAGO

In 1984, the Chicago YMCA began the difficult job of revitalizing its facilities, services and organizational structure. In 1989, the initial phase was completed, and the first major progress statement to the people of Chicago was conveyed through the association's annual report. We organized the report to coincide with the YMCA's long-standing philosophy that the mind, body and spirit are the three key elements of the complete individual. We then outlined the extensive new range of programs and services available to YMCA members. Our goal was to convey on paper what the Chicago YMCA had become in reality: re-committed, well-equipped, forward-thinking . . . and fun.

What encourages the development of a human mind? One-on-one attention...experiences where knowledge comes from doing...group problem solving...a secure environment where failure is seen as a courageous try...and the all-important commitment of the teacher. At the YMCA, we encourage discovery, impart skills, and quicken the mind through caring involvement from infancy through the years of wisdom.

ART PAUL DESIGN/DRAWINGS

My drawing and my design work are synonymous. They both use similar skills and are quite personal to me though the end results of my designs are for the approval of the client. Throughout my entire career my personal artwork has helped nourish my design sensibilities. I prefer boldness in my art and design solutions. I want both to have strength and imagination.

新しいことへのチャレンジ
Art Paul Design

私は約30年間"PLAYBOY"のアートディレクターを務めた。実際のところ、始めてから2号目までは"PLAYBOY"の今日の成功など考えられなかった。創刊号も、第2号にも、だから私の名前がアートディレクターとして記されてはいない。

私とヒュー・ヘフナーの出会いは、共通の友人を通して私のことを聞いたヘフナーが私のスタジオに出向いてきたのが最初だった。その時の彼は風邪もひいていたし、新しく発刊する雑誌が自分の思っていたような物に仕上がらないので非常に悲しげな様子だった。1953年、彼は私のスタジオに来て、私の仕事を見てとても気に入って雑誌のアートディレクターを引き受けてくれないかと言った。私は当時フリーランスで自分のスタジオで自由に仕事をしていた。はじめ雑誌の名前を彼は"スタッグ・パーティー"＝結婚前の男だけのパーティー、と名付けていたが私はとんでもなくこの雑誌に不向きな名だと思った。彼は新しい雑誌は洗練されていてエネルギーに満ちたものにしたいと語った。だが実際に彼が集めていたイラストを見、レイアウトを見た時、私はこのままでは彼が理想としている雑誌に程遠いことがわかった。「よくわかってる。良くないんだ。だけどどうしたら良くなるかわからないんだ」彼の言葉を聞いた後、私は「良い機会だ」と考え、私たちの関係はスタートした。どちらにしろ、彼は"PLAYBOY"を発刊していなければ別の雑誌を発行していたと思う。

しかし私は創刊号の雑誌の出来には満足できなかったので名前を記すことをためらった。なぜならお金もあまりなかったので、たった4色のカラーセパレートで荒っぽく磨きのかかっていない出来上がりだったからだ。2号目も私は満足できなかった。3号目にしてやっと私は自分の名前を載せた。始めの頃、私たちの雑誌は大変少ない金額のギャラしかイラストレーターたちに払えなかった。そこで彼らにお金か、わが社の株かどちらでも好きな支払い方法を選んでもらった。その時大勢のイラストレーターの中でたった1人だけが株を選んだ。後年彼はこのため何年もの長い間、家族を養う苦労をしなくて済んだのである。

私はイラストレーターであると同時に画家でありたかった。アートとコマーシャル・アートに差別をつけることは理解できなかった。なぜならミケランジェロもレオナルド・ダ・ヴィンチも依頼を受けて画を描きその代価を受けた。パトロンたちは決して「君の望む壁がここにある」などとは言わなかったろう。25年以上にわたって4000人のイラストレーターに仕事を依頼した。既にファーストランクの人もいれば若い名の知られていないイラストレーターも数多くいた。

私の多くの関心は常にアドベンチャラスであること。私は画家であることを求め、彼らが仕事を始める時、多くの制限に取り囲まれ過ぎない方が良いことがわかっていた。私の仕事は興味と同様にコミュニケートに努める。アーティストたちの個人のヴィジョンを支え、アートディレクターとの強い信頼関係が最高の仕事を産む。現在有名になっている多くのアーティストたちも1953年当時は絵が売れずに苦しんでいた。私がヘフナーの希望した雑誌にかかわることで、私はこの多くのアーティストたちの作品を世に出すことができると確信した。私は彼らにこう言ってきた。「コマーシャル・アートはいらない。私が欲しいのは雑誌に頼まれて君たちがする仕事ではなくて、君たちのスタジオの壁にかかっている、自分たちスタッフを楽しませているそういう作品だ」と。始めの頃、彼らは私が冗談を言っているのかと思ったようだ。"PLAYBOY"のイメージや人生へのアプローチが私たちの文化のある一つの主流であった時代が続いた。

創立25周年の時のブロシュアの中の私の言葉から「まだ私たちは何かをしようとしている。毎号がチャレンジ、そしていつも何か試みるための新しい物がある」30年間"PLAYBOY"の仕事をしてきた。もう同じ雑誌に興味をもっている必要はないようだ。また自由に外のことに目を向けている。私は多くの後に有名になった、あるいはその時有名だったアーティストと大変楽しく仕事をしてきた。それは一緒に働くと同時に多くのことを学びながら。

Arthur Paul ／ President
Art Paul Design
175 East Delaware PL. #7511
Chicago, Illinois 60611
Tel No. 312-266-0621
Fax No. 312-944-2306

彼のスタジオにプレイボーイのシンボルが

「30年間プレイボーイの仕事をしたが、もう雑誌には興味がない。私は新しいことにチャレンジする」とアート・ポール氏

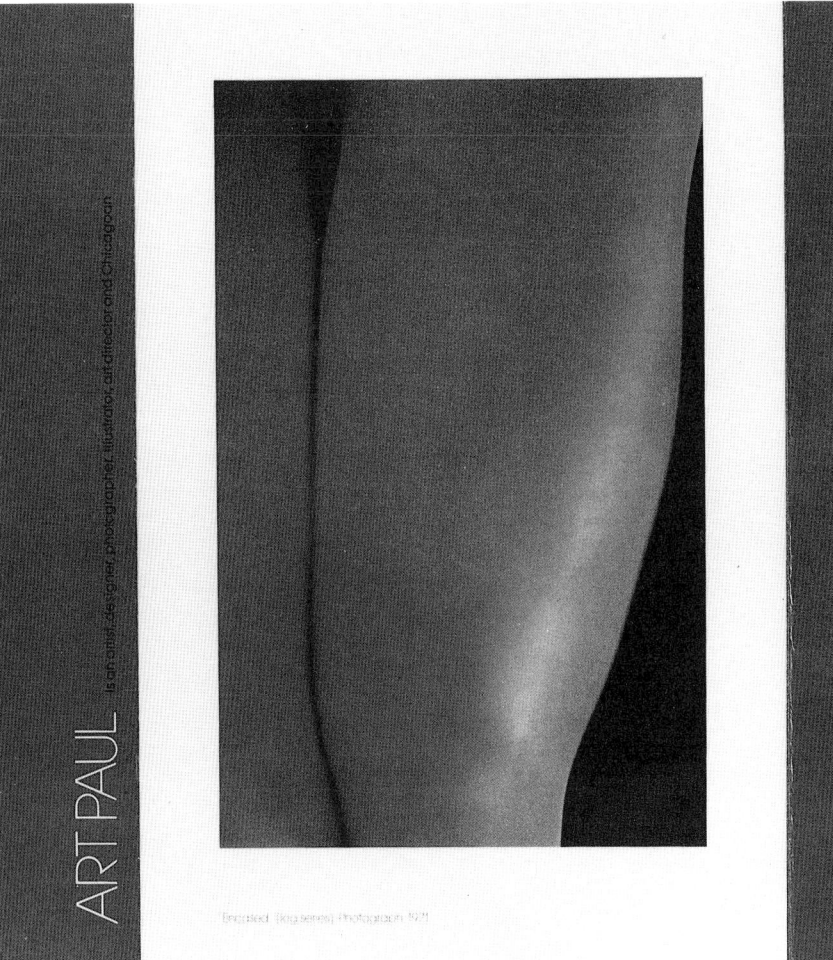

ページ

173 アート・ポール・デザイン/ドローイング:私の場合、絵とデザインは同じ意味を持つ。デザインの場合は顧客の満足を考えるが、必要な技術と思い入れは絵と変わらない。私のキャリアを通じて、個人的なアートワークが私のデザイン感性を育てる肥やしになった。アートとデザインの解決法では、大胆なのがすきだ。強さと想像力の両方が必要だ。

176 アメリカの漫画の主人公、アニーの私なりのイメージ。彼女のビジュアルなイメージを表現するようにしゃべっているところを描いた。

177 ゴルダズホットドッグのロゴ。オーナーの顔を漫画化した。
1953年に私がプレーボーイ誌とプレーボーイエンタープライゼス社のためにつくったロゴの基本デザイン。

178 私のアートとデザインスタジオのために使う予定のロゴのスケッチ
このスタジオのロゴは、大衆向けの作品をやりたいという私の気持ちを表している。ロゴは直接的で明らかに古典的な手法で描かれ、人体の一部に重ねて、デザインの解決法が持つヒューマンな側面を象徴した。

179 シカゴのリリックオペラのためにつくった三つのロゴ。羽根の生えたシルクハットは、オペラという特別なイベントを表している。時間が許せば、デザインとりわけロゴのデザインをする時は、いろいろなアプローチを試みる。沢山のアイディアを思いつくためでもあり、また、複数のものを総合的な状態で見てみたいと思うからである。
シカゴのリリックオペラのためのロゴ。
アルケミカル（錬金術）文字と題するシリーズの中から。手が示す意味が、その位置で変ってくる。

180 想像上のマスクの絵。
広島美術館での展覧会のショシン・ソサエティーのためのポスター
アフガニスタンの危なっかしい平和についてのプレイボーイシリーズ誌の記事の挿絵。

181 戦争が太陽を殺した。

182 "Sequence（連続）"という語の意味を解釈する、シンプソンペーパーのためのポスター。言葉の意味を書き表すために、古典の最初の部分を使った。
ホッパーペーパーのためのプロモーション。写真はブライアン・シード、クリックとジム・マツシク、コピーはウイリアム・ポール

183 ナポリーナポリ '99財団のために製作したナポリ市の文化的イメージを高めるポスター

184 自分の楽しみで、また展覧会に出すことも考えて描いた人物の顔シリーズ
現代美術館のためのロゴ

185 アレキサンダー・テクニック・プログラムのためのロゴとポスター、写真はイズイ

186 アート・ポール/ドローイングズ:デザインしたい顔は沢山あり、デザインが生み出せるファンタジーは無数にある。

Personal interpretation of Little Orphan Annie, an American comic strip character. I show her speaking in a way that expresses her visual image.

ART PAUL

Logo design for Golda's Hot Dogs — image is cartoon face of owner.

The basic version of the logo design I did for Playboy Magazine and Playboy Enterprises, Inc. in 1953.

177

ART PAUL

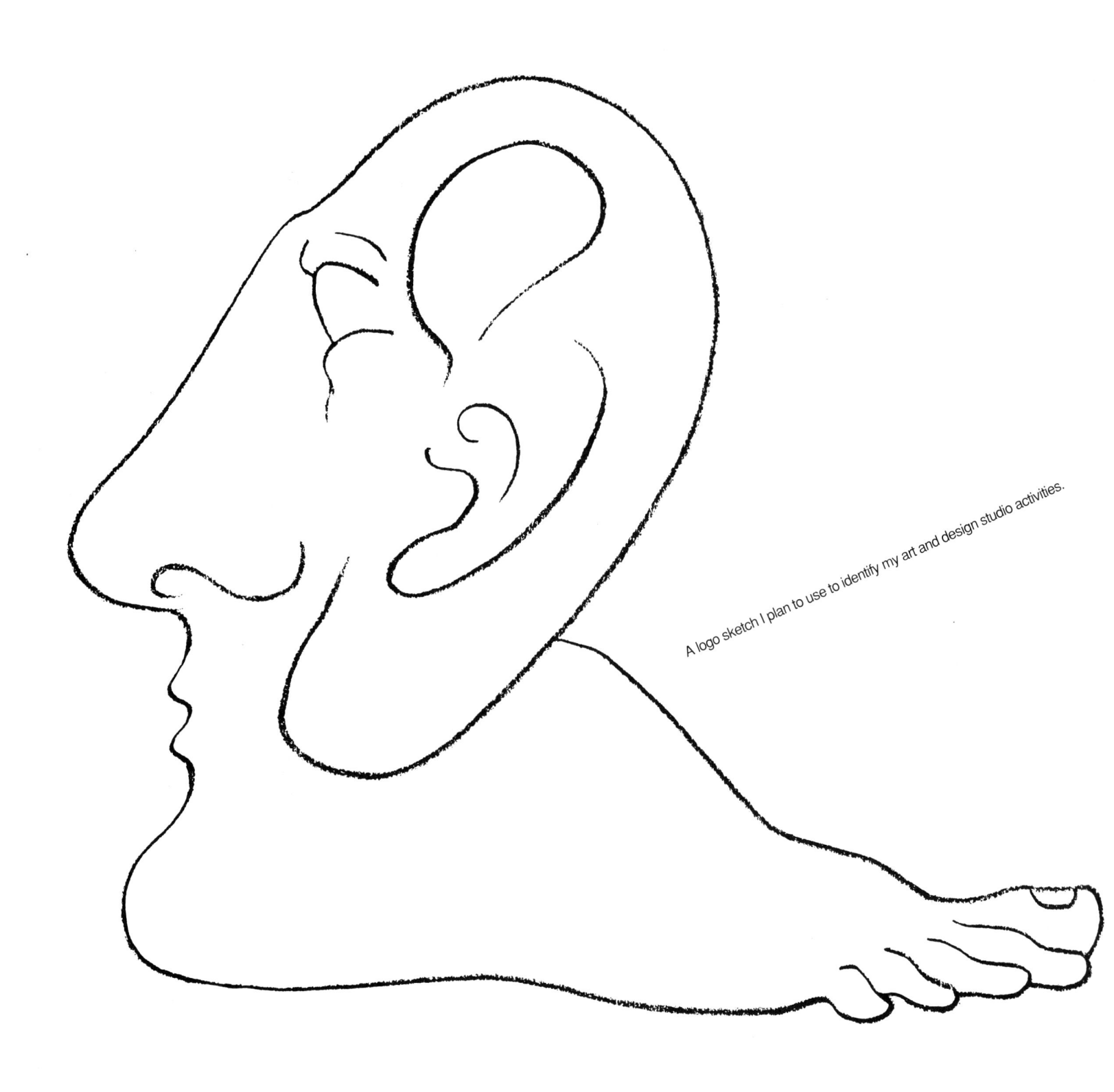

A logo sketch I plan to use to identify my art and design studio activities.

The above sketch of my new studio logo is in keeping with my desire to direct my work toward people-oriented projects. The logo is drawn in a direct and obviously classical manner, and juxtaposes parts of the human body to symbolize the human side of all design equations.

Three suggested logos for the Lyric Opera in Chicago. The top hat with wings indicates to me the sense, of a special and extraordinary event taking place — the opera.

I often approach a design problem, especially a logo design, with multiple solutions and variations if time permits. This is because many ideas come to me and I want to see more than one of them in a comprehensive state.

Three logo images designed for the Chicago Lyric Opera.

From a drawing series, "Alchemical Letters." The meaning of the hand's gesture changes as its position changes.

ART PAUL

Poster for the Shoshin Society, for exhibition in the Hiroshima Museum.

Drawing of an imagined mask.

Drawing for Playboy Magazine for an article about the uncertain peace in Afghanistan.

WAR KILLS THE SUN

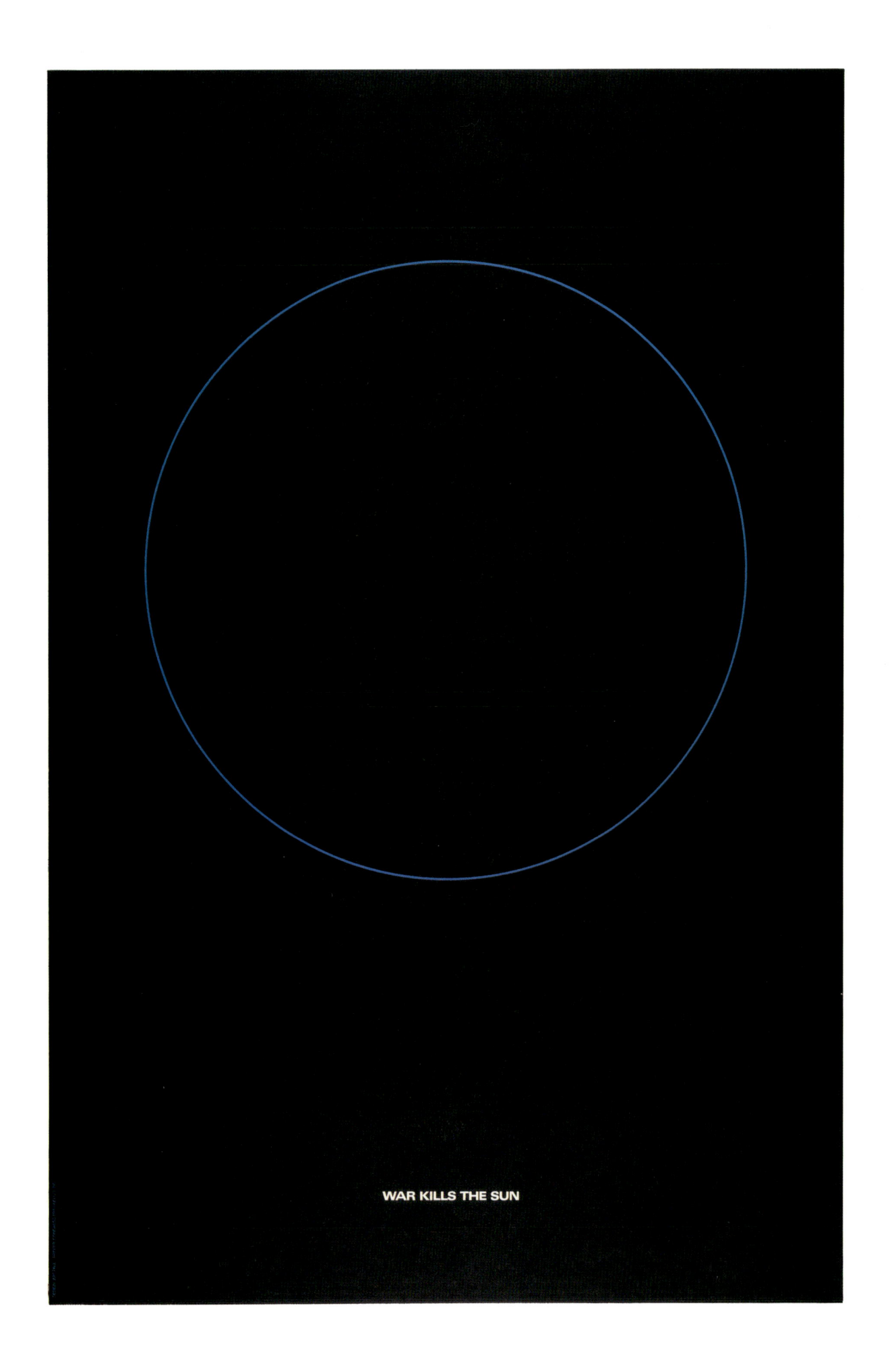

NAPLES poster for the 99 foundation in Naples.

ART PAUL

Poster for Simpson Papers interpreting the meaning of the word "sequence".
I used a classic story beginning to illustrate the idea of sequence.

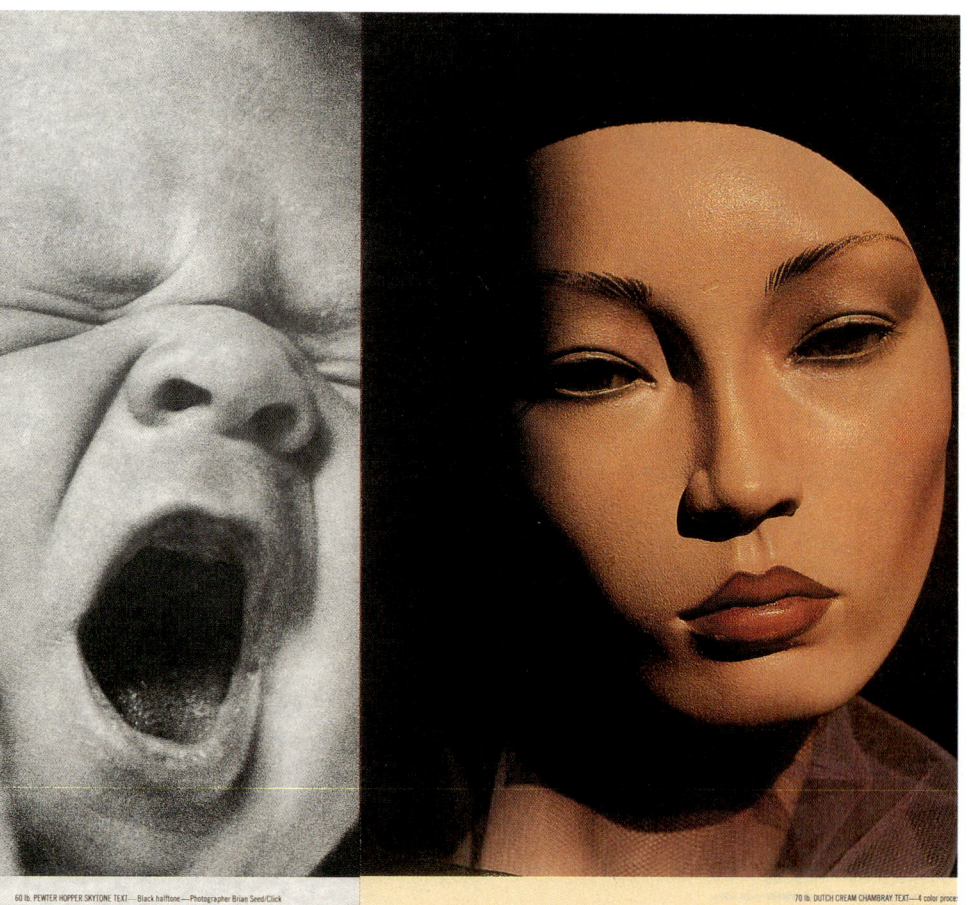

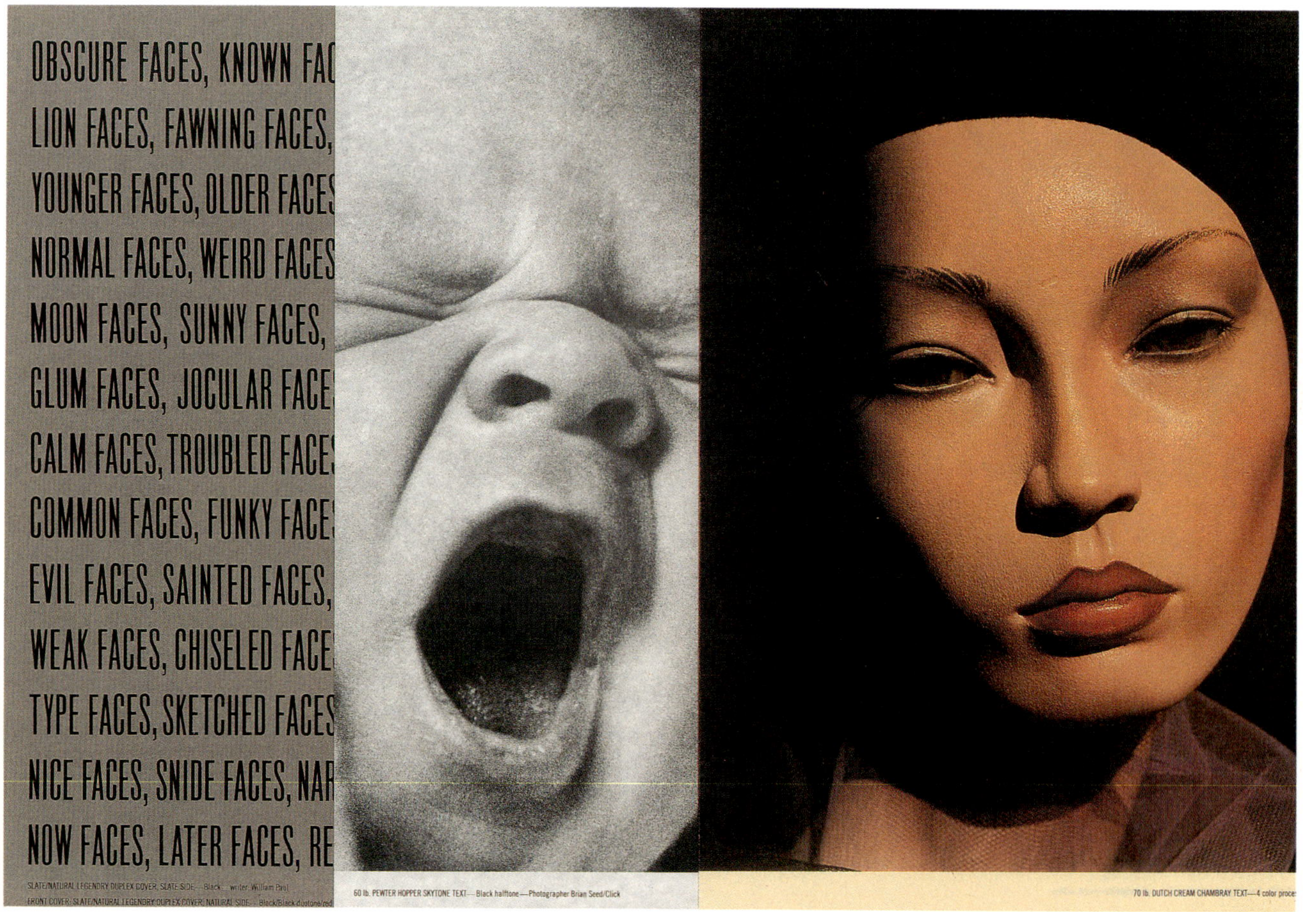

Promotion for Hopper Papers. Photos by Brian Seed / Click and Jim Matusik. Text by William Paul.

NAPLES—"A poster commissioned by 'Napoli '99 Foundation' as a contribution towards the cultural image of the city." **DESIGNER: ART PAUL**

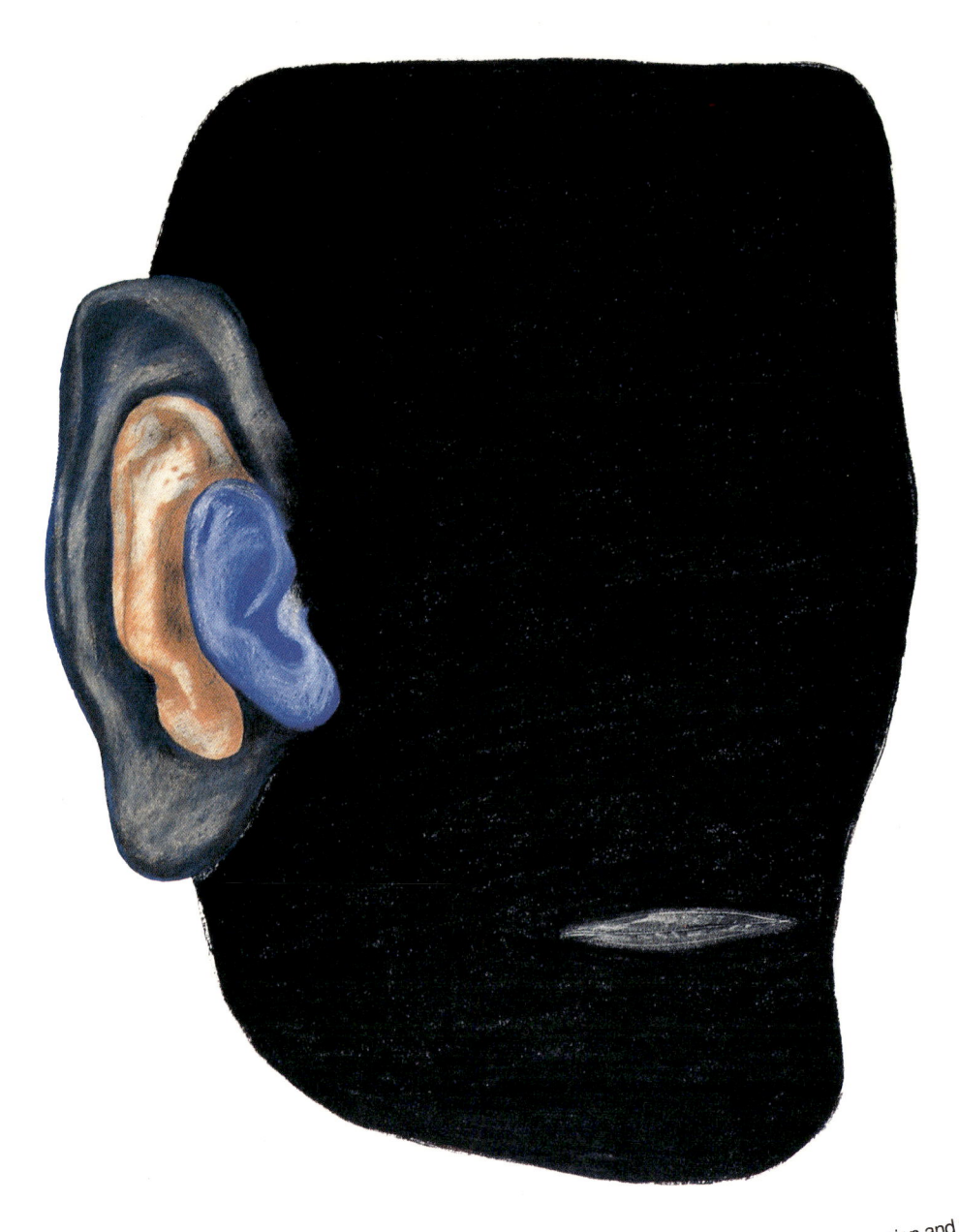

This is one of a series of personal heads I've drawn for pleasure, expression and for possible exhibition.

Logos suggested for Museum of Contemporary Art.

MCA

184

POISE

THE ALEXANDER TECHNIQUE

Logo and poster designed for Alexander Technique Program. Photo by Izui.

ART PAUL

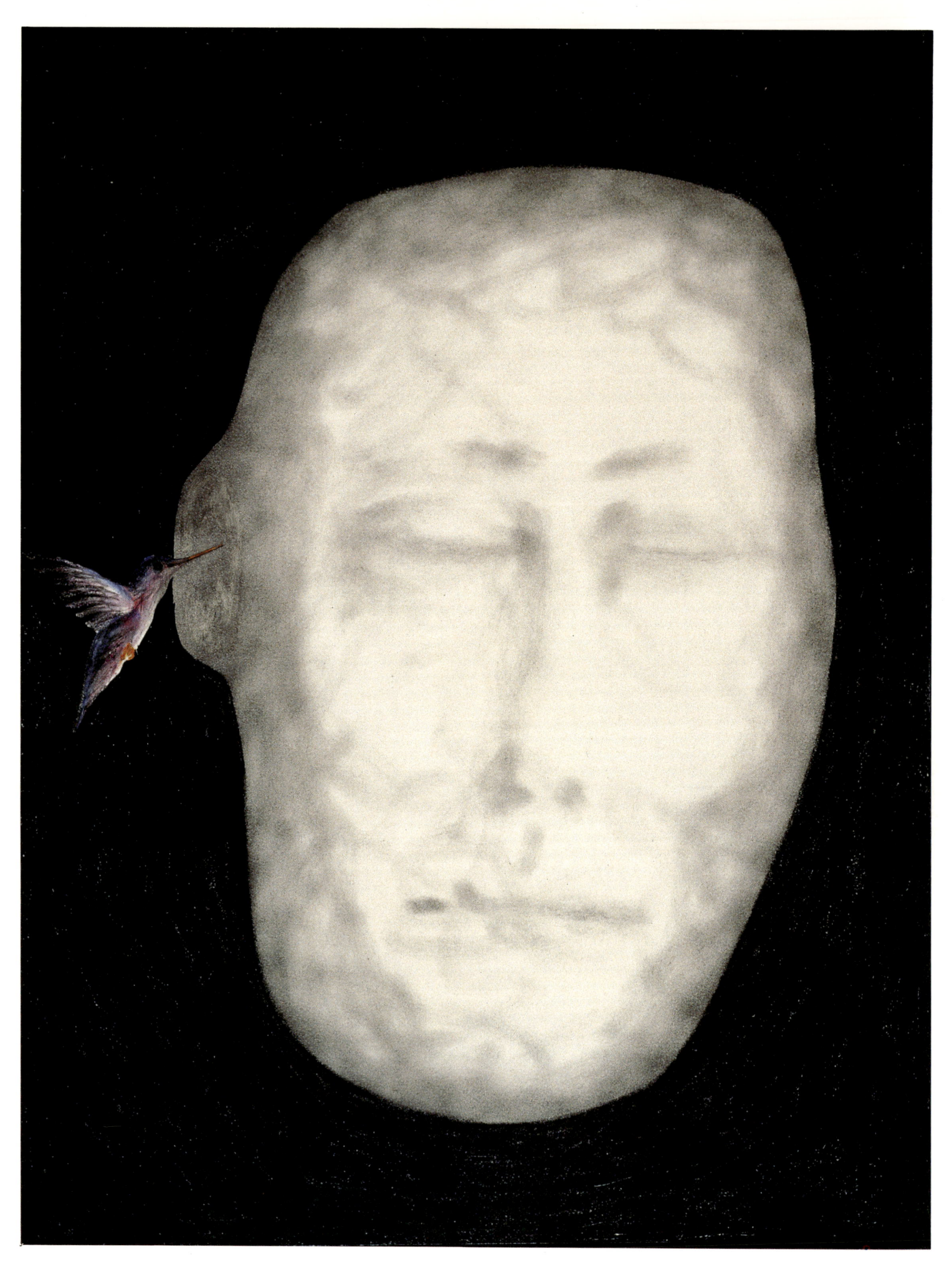

ART PAUL DESIGN/DRAWINGS

There are many faces to design and many fantasies design can touch.

編集後記

　AIGAの会長であるSteven Liska氏にインタビューした際、「なぜシカゴのデザインは、日本に知られていないのか」と質問を受けました。実際、これまでシカゴのデザイン界のことはほとんど日本に紹介されていません。というのも、かつてCCAの人たちのすぐれた仕事を通してシカゴの情報が日本に伝えられていたのですが、同社が解散した後は情報の流れは途絶えたままになっていたのです。インタビューの際に受けた質問に象徴されるように、私たちがこれまで抱いていたシカゴのイメージと現状には大きなギャップがあり、本書で取り上げるデザイナーの人選についてもとても迷いました。そこでかつてPLAY BOY誌のセールス・プロモーションのアート・ディレクターを務め、私の20年来の友人でもあるヨシ・セキグチ氏と相談の上、人選を進めることになりました。

　彼はこの人選にあたって、PLAY BOY誌の創刊以来のアート・ディレクターで画家としても有名なアーサー・ポール氏に相談した上で、最終的に決定しました。こうして本書には、今シカゴのデザイン界で指導的立場にある人たちを中心に選ばれたわけですが、これらのデザイナーはいずれもCCAの黄金時代を築くのに力があった人たちです。ポール氏は現在はPLAY BOY誌を引退し、シカゴでもっとも文化人の集まっていると言われる高級マンション、ジョン・ハンコック・ビルに住んでいます。彼のインタビューで印象深かったのは、PLAY BOY誌創刊当時の社主のヒュー・ヘフナーのエピソードでした。その頃はそれほどお金を持っていなかったヘフナー氏は、ギャラを自社の株券で払っていたそうですが、今彼はその株券のおかげで悠々自適の生活を送っているというのです。ポール氏はPLAY BOY誌を通して多くの芸術家を育てましたが、彼の部屋は彼らの作品によって小さなミュージアムのような楽しさに満ちていました。なおシカゴ編の編集にあたっては、ヨシ・セキグチ氏と奥様に大変お世話になりました。お二人の力添えがなければ本書はできなかったものと思います。また、編集実務面では誠文堂新光社の浜田忠士氏にご協力いただきました。皆様には心より感謝致します。

POSTSCRIPT

　At our interview with Mr. Steven Liska, president of AIGA, Mr. Liska asked, "Why is the Chicago design circle not known in Japan?" Indeed, the Chicago design circle has remained rather unfamiliar in Japan. This is probably because of the dissolution of CCA which had cut the flow of information to Japan about Chicago design through fine works by their people. As this interview symbolically suggests, there was a big gap between what we had envisaged and the actual situation we encountered in Chicago. We hesitated very much over which designers to be featured in the book. We finally decided to leave the selection entirely to Mr. Yoshi Sekiguchi, who once was the art director for sales promotion for "The Playboy" Magazine and a good friend of mine for over 20 years.

　Mr. Sekiguchi consulted with Mr. Arthur Paul, who had been the art director for "The Playboy" magazine from its first issue and a well known painter. Mr. Paul has retired from the Playboy, and now lives in John Hanncock Building, a condominium known for its collection of intellectuals. He gave us his anecdotes on Hugh Hefner and the first days of the Playboy magazine. Hefner was not laden with money those days, and was obliged to pay the guarantee with shares of his company. Now, Mr. Paul lives on the shares and is very well off. He sent many young artists into the world throughout his years at the Playboy. Works of these artists decorate the walls of his rooms.

　The leading figures in the present Chicago design scene are those who were active in the golden years of CCA.

　We owe greatly to Mr. and Mrs. Yoshi Sekiguchi in compiling this volume, without whose assistance this volume would not have materialized. We also express our appreciation to Mr. Tadashi Hamada of Seibundo-Shinkosha for his assistance in the editorial works.

アメリカのコーポレート・アイデンティティ
シカゴ編　　　　　　　　　　　　NDC 674

発行日──1991年12月20日

編著──稲垣行一郎

発行者──小川茂男

発行────㈱誠文堂新光社

　　　　　〒164 東京都中野区弥生町1-13-7

　　　　　　　（編集）電話 03-3373-7285

　　　　　　　（営業）電話 03-3373-7171

　　　　　練馬支社受注センター

　　　　　〒176 東京都練馬区豊玉上2-6

　　　　　　　電話 03-5999-5121

　　　　　　　FAX 03-5999-5120

印刷──大日本印刷株式会社

　　　　東京都新宿区市谷加賀町1-1-1　〒162

製本──株式会社 関山製本社

　　　　東京都板橋区前野町3-36-10　〒174

コード──ISBN4-416-69104-1

Ⓒ 1991
Koichiro Inagaki

落丁・乱丁本はお取り替えいたします
定価はケースに表示してあります

───────────────────────

本社発行の雑誌
アイデア／ポートフォリオ／ブレーン／商店界／子供の科学／天文ガイド／MJ無線と実験／SRハムガイド／CHROMA／シアターリビング／月刊芽／農耕と園芸／フローリスト／愛犬の友／囲碁／Vegeta（ベジタ）／HERB（ハーブ）

雑誌・書籍のご注文は練馬支社受注センターへお願いいたします。